MINHA VIDA

Obras de Zygmunt Bauman:

- 44 cartas do mundo líquido moderno
- Amor líquido
- Aprendendo a pensar com a sociologia
- A arte da vida
- Babel
- Bauman sobre Bauman
- Capitalismo parasitário
- Cegueira moral
- Comunidade
- Confiança e medo na cidade
- A cultura no mundo líquido moderno
- Danos colaterais
- O elogio da literatura
- Em busca da política
- Ensaios sobre o conceito de cultura
- Esboços de uma teoria da cultura
- Estado de crise
- Estranho familiar
- Estranhos à nossa porta
- A ética é possível num mundo de consumidores?
- Europa
- Globalização: as consequências humanas
- Identidade
- A individualidade numa época de incertezas
- Isto não é um diário
- Legisladores e intérpretes
- Mal líquido
- O mal-estar da pós-modernidade
- Medo líquido
- Minha vida
- Modernidade e ambivalência
- Modernidade e Holocausto
- Modernidade líquida
- Nascidos em tempos líquidos
- Para que serve a sociologia?
- O retorno do pêndulo
- Retrotopia
- A riqueza de poucos beneficia todos nós?
- Sobre educação e juventude
- A sociedade individualizada
- Tempos líquidos
- Vida a crédito
- Vida em fragmentos
- Vida líquida
- Vida para consumo
- Vidas desperdiçadas
- Vigilância líquida

Zygmunt Bauman

MINHA VIDA

Fragmentos de uma autobiografia

Organização:
Izabela Wagner

Tradução:
Berilo Vargas

Copyright © 2023 by Zygmunt Bauman

Copyright da introdução © 2023 by Izabela Wagner

Publicado mediante acordo com Polity Press; traduzido a partir da primeira edição, 2023.

Grafia atualizada segundo o Acordo Ortográfico da Língua Portuguesa de 1990, que entrou em vigor no Brasil em 2009.

Título original
My Life in Fragments

Capa e imagem
Bruno Oliveira

Preparação
Angela Ramalho Vianna

Revisão
Thaís Totino Richter
Julian F. Guimarães

Dados Internacionais de Catalogação na Publicação (CIP)
(Câmara Brasileira do Livro, SP, Brasil)

Bauman, Zygmunt, 1925-2017
    Minha vida : Fragmentos de uma autobiografia / Zygmunt Bauman ; organização Izabela Wagner ; tradução Berilo Vargas. — 1ª ed. — Rio de Janeiro : Zahar, 2024.

    Título original: My Life in Fragments.
    ISBN 978-65-5979-183-5

    1. Bauman, Zygmunt, 1925-2017 2. Filósofos — Polônia — Autobiografia 3. Sociólogos — Polônia — Biografia I. Wagner, Izabela. II. Título.

24-204692   CDD: 301.092

Índice para catálogo sistemático:
1. Sociólogos : Biografia   301.092

Cibele Maria Dias — Bibliotecária — CRB-8/9427

Todos os direitos desta edição reservados à
EDITORA SCHWARCZ S.A.
Praça Floriano, 19, sala 3001 — Cinelândia
20031-050 — Rio de Janeiro — RJ
Telefone: (21) 3993-7510
www.companhiadasletras.com.br
www.blogdacompanhia.com.br
facebook.com/editorazahar
instagram.com/editorazahar
x.com/editorazahar

· Sumário ·

Introdução	*7*
1. A história de mais uma vida?	*15*
2. De onde venho	*47*
3. O destino de um refugiado e soldado	*89*
4. Amadurecimento	*131*
5. Quem sou eu?	*171*
6. Antes que escureça	*181*
7. Olhando para trás — pela última vez	*219*
Notas	*225*
Fontes	*237*

· Introdução ·

Izabela Wagner

Minha vida é um livro produzido como uma colcha de retalhos — a partir de retalhos muitos diferentes. Não que, como o subtítulo sugere, Zygmunt Bauman apenas conte histórias da sua vida de maneira não linear. Não se trata da sua autobiografia, ainda que alguns capítulos sejam autobiográficos. Este volume é composto de diferentes textos escritos por Bauman num período de trinta anos. As longas anotações e histórias foram escritas em polonês e inglês — duas línguas que Bauman dominava e usava tanto em sua obra como na vida privada. O status desses textos também varia. Uma parte, que trata da infância e da adolescência, é privada, escrita para as filhas e para os netos, outra parte é pública. Algumas páginas nunca foram publicadas, ao passo que outras saíram em polonês como capítulos de livro ou artigos para a imprensa anos atrás.[1] Montar um volume com escritos tão diversos foi um grande desafio.

A base principal do livro é o texto datilografado por Bauman, com data de 1987, contendo 54 páginas, e o seguinte título:

Os poloneses, os judeus e eu
Uma investigação sobre aquilo que fez de mim
o que sou

A memória do meu pai
confiada à memória das minhas filhas —

62 anos e três meses depois do meu
nascimento

"Fev. 1987" foi acrescentado a lápis por alguém da família como resultado de um cálculo aritmético feito um bom tempo depois: 19 de novembro de 1925 (data do nascimento de Bauman), mais 62 anos e três meses. Só que o autor da nota errou na conta, e o ano da redação do texto foi, na verdade, 1988. O texto foi escrito para os seus. Não há referências; traz segredos de família e nunca tinha sido publicado na íntegra. Agora, a família resolveu compartilhar essa peça única para os estudos baumanianos. Li o texto pela primeira vez em meados de dezembro de 2017, quase um ano depois do falecimento de Zygmunt Bauman, quando a família o enviou para mim em pdf com a permissão para usar citações em *Bauman: Uma biografia* — livro no qual eu estava trabalhando então e que foi publicado mais de dois anos depois. Sou grata à família de Bauman pela confiança, e fico feliz porque agora — graças à decisão dela — esse texto precioso está disponível para os leitores. Confesso que foi difícil escolher trechos do manuscrito para a biografia, pois o relato é todo ele fascinante.

Não só a história era cativante, como também era a primeira vez que Bauman escrevia sobre sua vida e nela se concentrava. Nessas páginas, não se trata de um intelectual falando sobre o mundo, mas de alguém que faz uma confissão à maneira típica de uma pessoa olhando para os estágios finais da vida. As pessoas contam suas histórias para impedir que caiam no esquecimento. O objetivo é a transmissão de geração para geração e a preservação da história da família. Senti-me privilegiada, e tentei o maior número possível de citações na biografia. Lá a voz de Bauman estava entrelaçada com a análise de contextos históricos e políticos, o que ajudava a compreender sua situação e suas escolhas de vida. Aqui o relato, em vez de interrompido, é complementado por outros escritos seus, que se concentram em experiências de vida. "Os poloneses, os judeus e eu" é o único material publicado neste livro que foi escrito em inglês. Isso pode surpreender, se levarmos em conta que todas as lembranças nesse documento dizem respeito à meninice, à juventude e à história da família, e que ele passou a meninice e a juventude em contextos de fala polonesa. Em seguida, Bauman reflete sobre sua identidade (étnica), fazendo a si mesmo a pergunta: por que escrevo em inglês? E a resposta é convincente — na verdade, esse é o principal tema de sua reflexão.

Uma segunda parte do material aqui incluído provém de 24 páginas escritas em 1997 com o título de "Historia jeszcze jednego życia?", "A história de mais uma vida?", em forma de diário. Graças às datas indicadas com clareza sempre que Bauman iniciava uma nota, pode-se concluir que manter um diário não era um dos seus hábitos ou rotinas de todos os dias. Como dizem as filhas, foi uma decisão típica de Ano-Novo, abandonada duas semanas depois. O diário começou provavelmente em 1º ou 2 de janeiro,[2] e terminou em 7 de fevereiro do mesmo ano.

A terceira fonte de material, e a mais longa, foi editada no fim da sua vida e continha 136 páginas, escritas em polonês, começando com um capítulo intitulado "Dlaczego nie powinienem tego pisać", "Por que eu não deveria escrever isto". Tem forma de manuscrito quase pronto para o processo de publicação. As mesmas histórias de família são contadas num registro datilografado em inglês; no entanto, contém algumas mudanças, quase sempre aprofundamentos dos mesmos temas. Aqui Bauman dedica-se a explicar melhor acontecimentos descritos de forma diferente em outras fontes disponíveis.[3] É sempre bom lembrarmos que Bauman servia de bode expiatório para a extrema direita e para movimentos nacionalistas poloneses. Era acusado de apoiar ativamente o comunismo, o que, para todos os efeitos, configura um pecado na Polônia contemporânea. Costuma-se dizer que Bauman jamais "deu uma explicação" sobre o papel que desempenhou na construção do comunismo. Esperava-se que ele apresentasse um pedido de desculpa pelo que supostamente tinha feito (jamais foi acusado de qualquer crime). Foi alvo de uma "caça às bruxas", exemplo extremo do tratamento que indivíduos de tendência esquerdista como ele às vezes recebiam em seu país natal depois de 1989. O texto em polonês é em parte resposta a esses ataques, e Bauman dedica amplo espaço a seus envolvimentos políticos e à recente situação política na Polônia. O texto do manuscrito em inglês nos capítulos 2 e 3 deste livro é redigido num estilo diferente. Outro tipo de narrativa aparece quando Bauman discorre sobre sua identidade — sendo a questão central das suas reflexões a pergunta "Quem sou eu?". Em inglês, Bauman é mais direto, usando o pronome "eu" quando fala sobre ser judeu — "sou um judeu polonês". Em polonês, mantém maior distância, tornando-se parte de um coletivo — parte de um grupo. O texto em inglês tem caráter mais privado, o que era de esperar, pois o público-alvo era sua família; ocorre também que em inglês ele parece se sentir seguro, como se sua língua nativa não pudesse oferecer a mesma firmeza no enfrentamento do antissemitismo.

As três fontes deste livro foram redigidas num período de trinta anos. Não é de surpreender que Bauman começasse a escrever sobre os pais e a meninice em 1987. Dois meses antes de registrar as primeiras páginas das suas memórias, sua mulher, Janina Bauman, publicou o livro autobiográfico *Inverno na manhã*, que assinalou uma virada crucial na vida do marido.[4] O livro — em parte baseado no diário de Janina, milagrosamente preservado ao longo e depois da Segunda Guerra Mundial — relembra a vida de uma adolescente no Gueto de Varsóvia. Ela conta a sua história, a história de uma sobrevivente do Holocausto. Com esse testemunho substancial para os estudos do Holocausto, a família de Bauman ficou sabendo do passado trágico de Janina. A reação

Introdução

de Zygmunt a essa história dolorosa e surpreendente, da qual não tinha conhecimento, foi escrever. Ele o fez de duas maneiras: academicamente — publicou em 1989 o pioneiro *Modernidade e Holocausto* — e privadamente. Esses escritos profundamente pessoais aparecem no presente volume.[5]

Embora o longo texto em polonês contenha material semelhante ao do manuscrito em inglês, este último teve prioridade na montagem deste livro. Pelo estilo da escrita (direto e pessoal, o que é inusitado na obra de Bauman) e devido ao fato de ser o original,[6] pareceu mais apropriado manter a versão em inglês e complementá-la, quando necessário, com fragmentos do texto traduzidos do polonês. No entanto, a composição dos capítulos sucessivos, seus títulos e sua estrutura seguem basicamente a organização de Bauman, que pode ser observada no terceiro texto (o longo manuscrito em polonês). Embora o presente livro seja composto de diferentes registros escritos em momentos variados, tanto em polonês como em inglês e que se sobrepõem em vários sentidos, o material foi integrado aqui numa só obra coerente de sete capítulos, seguindo a lógica evidente no próprio material.

O livro começa com uma reflexão geral sobre a escrita autobiográfica. Os leitores de Bauman se sentirão à vontade, deparando com um texto inédito escrito num estilo típico do autor, que debate com escritores e intelectuais acerca da subjetividade da memória e da influência do tempo no conteúdo das lembranças armazenadas. Bauman guia seus leitores pelo labirinto fascinante do mistério da memória humana, da interpretação dos fatos e da complexidade de uma vida recordada tempos depois — tudo contribuindo para a construção da personalidade do autor. Após esse esboço da moldura teórica, passamos à vida de Bauman — a história da família, a Polônia do entreguerras e, apesar da discriminação antissemítica, uma infância feliz. O terceiro capítulo é a história dos anos de guerra: Bauman é um refugiado adolescente, depois um soldado libertando a pátria da ocupação nazista. Esses capítulos do pré-guerra e da guerra são repletos de detalhes pessoais, e quase não fazem referência alguma a outros autores.

É a sua vida tal como ele a recorda então (em 1988). O capítulo "Amadurecimento" é diferente: nele, Bauman se concentra no começo do seu envolvimento com a esquerda e discute, na condição de intelectual, o período do pós-guerra. A voz do antigo refugiado e soldado é substituída pela voz do sociólogo Zygmunt Bauman, que, com maestria, dialoga com vários autores a respeito de escolhas humanas — são historiadores, sociólogos, escritores e poetas. É um capítulo muito importante, que responde diretamente às alegações de adversários de Bauman na Polônia que reclamavam do silêncio do pensador a respeito do seu engajamento político e de suas experiências do pós-guerra.

O capítulo seguinte se dedica a uma reflexão sobre a identidade étnica de Bauman. É um texto importante, que pode se juntar a outras reflexões clássicas sobre identidades judaico-polonesas e/ou polonesas-judaicas de hoje. A incontestada identidade judaica encontra a contestada identidade polonesa. Bauman rejeita uma categorização simples (em "tribos") e a imposição de uma escolha, invocando os direitos do indivíduo de escolher sua forma de pertencer e viver no nosso planeta. Esse poderoso capítulo será discutido, sem dúvida, basicamente à luz de mudanças políticas atuais e do renascimento de percepções de mundo nacionalistas, simplistas, preto no branco. Depois dessa reflexão pessoal, no sexto capítulo Bauman retorna ao seu papel de intelectual público.

Concentrando-se nas mudanças políticas, o capítulo foi escrito em polonês para um público polonês; no entanto, graças às notas, o texto é acessível a leitores pouco familiarizados com a política na Polônia. Apesar de estar estreitamente ligado a assuntos da atualidade (a primeira década do século XXI), ele traz uma reflexão preciosa sobre autoritarismo e ditadura. Esses fenômenos destroem democracias frágeis não só na Polônia, mas também em outras partes do mundo. Infelizmente esse assunto, tão dramaticamente vivido e tão profundamente pesquisado por Bauman, torna-se cada vez mais parte da nossa vida, em razão dos acontecimentos que testemunhamos. O livro se conclui lindamente, com um último capítulo no qual Bauman aceita as experiências da sua vida. Ele faz as pazes com o passado e com uma história difícil (não particularmente por suas experiências individuais, mas por causa da própria história) e assume total responsabilidade pelas escolhas que fez. É a última mensagem neste livro póstumo, que, espero, não será diferente do que o próprio Zygmunt Bauman teria publicado.

Os textos de Zygmunt Bauman em polonês são incrivelmente difíceis, muito embora sua erudição e suas habilidades linguísticas sejam excepcionais. Ele foi o melhor aluno da melhor escola de Poznań, e também de outras escolas que frequentou. Leitor voraz e "viciado", a vida inteira, tinha uma memória extraordinária, com a capacidade de incorporar em seus escritos muitos vocabulários diferentes (termos específicos de medicina, química, biologia e física), além de referências clássicas — mas também inusitadas — a poesia, filmes, teatro e literatura, não só do mundo de cultura polonesa mas também de outras línguas e culturas. A esse tesouro ele acrescentava muitas expressões correntes, populares, ou mesmo o ocasional termo dialetal ou de gíria — nem sempre atuais, às vezes do século XIX. É por isso que a tradução e a incorporação no inglês e na cultura ocidental eram tão difíceis — tarefa impossível para uma pessoa, sendo necessária a colaboração sucessiva. O esforço coletivo começou com Katarzyna Bartoszyńska, que fez a primeira tradução, incluindo citações do polonês, tiradas de livros não publicados em inglês. Em seguida, Paulina Bożek me ajudou a preservar a riqueza linguística de Bauman. No estágio final, Leigh Mueller aproximou tanto quanto possível o texto traduzido do estilo dos escritos de Bauman em inglês. Finalmente, as últimas correções significativas foram feitas por Anna Sfard. Nossa maior preocupação foi preservar o jeito extremamente erudito de Bauman expressar-se, com alguns elementos de humor, sentidos ocultos e duplos sentidos. Foi um longo processo, no qual tive a sensação de estar rediscutindo e redescobrindo Bauman a partir do zero. Depois de tantos anos de estudos dedicados à sua trajetória de vida, voltei a uma conversa direta, o que me estimulou mais uma vez a refletir sobre a nossa condição humana hoje.

O caráter pessoal dos escritos também foi motivo de muito trabalho, necessário para localizar certas referências. Bauman incluiu algumas notas, mas não muitas, aqui indicadas pelas iniciais "Z. B.". É o caso também das notas acrescentadas por Katarzyna, a tradutora do polonês para o inglês, indicadas por "K. B.". As notas sem qualquer atribuição são minhas. Nessa difícil tarefa (por exemplo citar poemas publicados num jornal polonês setenta anos atrás por um ótimo poeta que, infelizmente, não é tão conhecido assim), fui ajudada por amigos e colegas, aos quais sou muito grata. Agradeço também, pelas valiosas respostas, a Natalia Aleksiun, Alicja Badowska-Wójcik, Izabela Barry, Michael Barry, Agnieszka Bielska, Dariusz Brzeziński, Beata Chmiel, Mariusz Finkielsztein, Andrzej Franaszek, Jan Tomasz Gross, Irena Grudzińska-Gross, Roma Kolarzowa, Adam Kopciowski, Katarzyna Kwiatkowska-Moskalewicz, Joanna Beata Michlic, Jack Palmer, Krzysztof Persak, Adam Puławski, Michał Rusinek, Leszek Szaruga e Natalia Woroszylska.

Por último, mas não menos importante, quero manifestar minha gratidão novamente à família Bauman pela decisão de permitir a publicação do manuscrito privado e pela oportunidade de trabalhar neste livro experimental. Quero agradecer também a John Thompson, que não apenas me apoiou durante esse processo como tomou parte ativamente na organização e no projeto do livro. Obrigada a todos que colaboraram; espero que estejamos à altura do desafio. Estou convencida de que este volume contribuirá para a releitura e para a melhor compreensão da obra de Bauman. É mais um passo, depois de *Bauman: Uma biografia*, para aproximá-lo dos seus leitores. Eles têm a oportunidade de fazer o que até agora só era possível parcialmente: adentrar a vida privada de Zygmunt Bauman e compartilhar de suas lembranças e reflexões mais pessoais.

Aproveitem esta viagem fascinante!

· 1 ·

A história de mais uma vida?

Quem se interessa? E para quê? Uma vida é como outra, uma vida não é como outra...

A gente olha para a vida de alguém — a *história* da vida de alguém — como olha num espelho, mas só para confirmar que nossas espinhas estão do mesmo lado do nariz que as dele; que há menos ou mais rugas nos cantos dos olhos; que as sobrancelhas são mais cerradas, as narinas, mais peludas... Para desvendar, na confusão dos traços, a lógica do rosto. Ou talvez, também, o conforto — se nesses traços, como nos nossos, não existe ordem alguma. É por isso que as histórias de vida são necessárias?

Para narrar uma vida; para transformar uma vida em história; para se convencer de que é possível fazer isso, e portanto aplacar temores ainda mais terríveis porque raramente expressos — de que sua vida não pode ser contada, porque não existe um fio condutor, ainda que haja muitas reviravoltas. O que pode ser contado "tem um sentido". Tanto sentido quanto os enredos têm. Amarrar as contas para fazer um colar, transformar cacos coloridos num mosaico; o colar é o sentido das contas; o mosaico, o sentido dos cacos. Esse sentido é um suplemento, um acréscimo — esse "algo mais" que as contas adquirem quando juntadas. Mas, primeiro, há esferas lisas e blocos desiguais, fragmentos grandes e pequenos, difíceis de manusear, de formatos estranhos. Colares e mosaicos vêm depois. Vivemos duas vezes. Uma vez quebrando e aplainando; a segunda vez juntando as peças e arranjando-as em padrões. Primeiro, vivendo; depois, narrando a experiência. Essa segunda vida, por uma razão ou por outra, parece mais importante do que a primeira. É só na segunda que o "sentido"* aparece.

A primeira é só o prefácio da segunda, o transporte de tijolos para a área de construção. É uma estranha construção — a vida. Primeiro trazemos os tijolos e os juntamos numa pilha; só mais tarde, quando eles acabarem, quando os fornos estão apagados e os oleiros, à beira da falência, é que nos sentamos à bancada para esboçar um plano arquitetônico. A promoção de construtor a arquiteto vem depois que terminamos a construção — porém, diferentemente da lei, ela *retro agit*... É por causa dessa promoção que contamos a história da nossa vida?

A primeira vida passa. A segunda — a vida narrada — perdura; e essa existência é um bilhete para a eternidade. Na primeira, nada pode ser refeito; na segunda, tudo pode. A eternidade é uma extensão da existência (por isso é mais fácil imaginar a eternidade do que o nada; não se tem a experiência que poderia servir como ponto de partida para dizer sobre o nada: "A mesma coisa, só que mais"). Em cada experiência há *alguma coisa*: o sujeito que vive a experiência. O nada teria que ser a ausência do sujeito. A não existência traz o estigma do absurdo; não existe absurdo na eternidade — o ser eterno tem um sopro de empírico. E na eternidade nada acaba, e decerto nada acaba irreversivelmente. Na eternidade não há fechaduras invioláveis e é possível entrar no mesmo rio duas vezes. É por isso, talvez, que ansiamos pela existência. A existência como mais uma chance, a chance de reivindicar chances perdidas. Uma experiência repetida — dessa vez sabendo como terminará. Um final feliz em vez de uma tragédia.

---

* Bauman usa o termo *sens* em polonês. Nesta seção ele joga com essa palavra e, no fim, a emprega como sinônimo de "significado".

Prudência em vez de ingenuidade, sabedoria em vez de estupidez. "Isto ou aquilo poderia ter sido completamente diferente se…" Mas aquilo que poderia ter sido só se torna aparente quando já não é possível. As possibilidades ainda em aberto nos dão dor de cabeça, as excluídas, uma consciência culpada.

Narrar a vida como compensação pela vida que vivemos. Isso é provavelmente o que nos leva a sonhar com a imortalidade. A imortalidade nos tenta com a oportunidade de contar tudo *de novo* — contar tudo *mais uma vez*, tantas vezes quanto necessário, até que não haja nada a ser compensado. A imortalidade nos permite redimir *tudo* o que precisa de redenção (isso não pode ser feito num tempo menor que infinito). É na esperança de uma segunda chance que contamos a história da nossa vida?

Kundera disse que o exílio é um estado de alienação. Não do país aonde chegamos — esse país, pelo contrário, nós domamos sendo domados por ele: o que hoje é distante amanhã é próximo e o estrangeiro, doméstico. No exílio somos alienados do país que abandonamos: "O que era familiar aos poucos se torna estranho". "Só o retorno à terra natal depois de uma longa ausência pode revelar a estranheza substancial do mundo e da existência."[1] Mas tudo na vida é exílio: exílio de cada momento presente, de cada "agora", de cada "aqui". A vida é uma viagem do familiar para o estranho. Sua "estranheza substancial" é revelada pelo mundo a cada momento que passa, imediatamente após o movimento do qual não é possível retroceder, e os movimentos no jogo da vida não podem ser anulados. A inútil esperança na persistência da familiaridade é estimulada pelo pretérito imperfeito — mas, depois de um segundo, o momento passado desmascara impiedosamente a "estranheza substancial" da existência. É difícil não notar essa estranha, teimosa, desfavorável, hostil inércia do mundo. Com o passar do tempo, falamos cada vez mais no pretérito perfeito, cada vez menos no imperfeito, e o futuro do presente desaparece praticamente sem deixar traço. Será possível restaurar aquilo que foi alienado, torná-lo familiar? Podemos tentar — contando a história da nossa vida...

O tema da história não são os velhos movimentos, que já foram livres e agora estão ossificados: são as lembranças deles. Nessa segunda vida deles, recordada, podemos marcar uma linha de fronteira que separa possibilidade e ser; podemos assim restaurar o presente daqueles momentos de "agora" (o "agora" é caracterizado pelo fato de que nele a fronteira entre o que poderia ser e o que irreversivelmente é não pode ser vista — da primeira vez porque não notamos e da segunda porque já a eliminamos). Na primeira vida, ultrapassamos essa linha de fronteira sem saber, na segunda podemos atravessá-la reiteradamente. É como lançar acontecimentos dentro de um cadinho, onde eles voltam a ser macios, suscetíveis à moldagem, obedientes a uma sabedoria recém-adquirida. Narrar a vida de alguém é como ir à guerra contra a alienação, é proclamar audaciosamente que nunca houve exílio. É o mesmo que buscar recuperar o tempo. É por isso que contamos a história da nossa vida? E é uma confirmação da ilusão o fato de que o objetivo que buscamos pode ser alcançado em histórias da vida de outras pessoas?

3 de janeiro de 1997

Isto era a introdução a alguma coisa que eu não tinha certeza se de fato existiria. Até poucos dias atrás, eu não sabia que esta introdução viria a existir. Mesmo hoje não faço ideia do que virá mais tarde, pois, contra os meus hábitos de escritor, desta vez começo sem a menor ideia do que fazer em seguida. Não tenho plano nenhum além da vontade de sentar, dia após dia, das seis da manhã ao meio-dia, como de hábito, diante do teclado e da tela de um obsoleto — pelos padrões atuais — Amstrad* esperando que cada nova frase convoque mais uma...

---

* Uma das primeiras marcas de computadores domésticos. (K. B.)

Tudo por causa do Ano-Novo... Sou uma pessoa supersticiosa — ou seja, tenho minhas superstições preferidas, assuntos sobre os quais gosto de ser supersticioso; a superstição é a melhor maneira que conheço de ter algum simulacro de controle sobre o próprio destino, por isso vale a pena brincar de cabra-cega com ele: de maneira que tento organizar o período de Ano--Novo segundo a forma que espero que o ano entrante tomará, e depois tratar os resultados dos meus esforços como presságio. Dessa maneira, era preciso interpretar como presságio o fato de que, desta vez, meus planos deram em nada, e, em vez disso, me vi diante "da coisa em si" — quer dizer, do destino. Uma nevasca impediu que amigos aparecessem para uma taça de champanha a caminho de uma festa de Ano-Novo; os montes de neve que ela formou impossibilitaram a chegada de algumas almas generosas — amigos agora desamparados e fadados à solidão, sem bate--papo de Ano-Novo; um último telefonema antes da meia-noite trouxe uma notícia sobre a qual tudo o que se pode dizer é que foi um raio riscando um céu azul ou um pé-d'água num dia de sol. O dia de Ano-Novo foi, portanto, precedido e sucedido no mesmo estilo, passado na companhia de duas senhoras, certamente dignas de respeito e gentileza, mas do tipo que faz perguntas só para ter a oportunidade de dar as mais longas respostas; senhoras que, por razões inteiramente compreensíveis, e de forma alguma exclusivamente suas (falta de ouvintes regulares), dessa vez nem mesmo se deram ao trabalho de fazer perguntas. Não é de surpreender que o Ano-Novo não me deixasse otimista. Em vez do "Que continue assim!" anual, ele me informou que "As coisas não podem continuar assim". Alguma coisa tem que ser feita. Alguma coisa precisa mudar. Tem que ser de outro jeito — mas como?

O período do Ano-Novo, tanto por razões racionais como pelos motivos supersticiosos que delas surgem, e as previsões que procuramos neles, é também ocasião para resumir e planejar. Nessa época, nada descobrimos e raramente temos novas ideias. Na verdade, os pensamentos que de há muito rolam em nossa mente — ou naquele local secreto, não muito bem definido, do subconsciente — é que sobem à tona, adornados por palavras, e ganham nítidos contornos. Foi sem dúvida o que aconteceu neste Ano-Novo. Só que, na superfície, dois pensamentos entraram em choque — ambos há muito presentes, mas até agora reprimidos; e o encontro de um com outro produziu qualquer coisa parecida com uma reação química, como se duas substâncias gasosas, incolores, voláteis, se fundissem num corpo sólido, duro, de cores vivas, mas indissolúvel...

4 de janeiro

O primeiro pensamento é sobre a morte. Não tanto sobre ela estar perto (embora tenha chegado mais perto com um salto feroz no momento em que permaneci vivo e meu pai morreu: ele morreu no dia em que fez setenta anos), mas sobre como se comportar diante dela e como arranjar as coisas, e agir da maneira que foi decidida. Sei que não minto para mim mesmo quando digo que o que importa não é quanto tempo vivemos, mas, na verdade, viver o tempo que nos cabe de modo digno e significativo. O pesadelo não é tanto a morte, mas o tipo de vida vegetativa que a medicina moderna insere entre o momento em que alguém deveria morrer e o momento em que os médicos decidem que esse alguém tem permissão para morrer — entre a morte humana e a morte clínica. Com tantas opções, uma pessoa sensata deveria escolher "ir embora por vontade própria". A questão é que, além de bom senso, é preciso ter sorte. Amo a vida: as pessoas com as quais passo a vida, e a contribuição que a minha presença — consciente, ativa — dá ou pode dar; não quero deixar a vida *prematuramente*. Mas como captar o momento exato em que "prematuramente" se transforma em "tarde demais"? E, uma vez captado, como admitirmos para nós mesmos que ele foi captado, ou mesmo aceitar o jogo pascaliano conosco mesmos e aguentar firme? Koestler[*]

---

[*] Arthur Koestler foi um escritor e jornalista judeu húngaro/britânico. Em 1983, ele e a mulher, Cynthia, cometeram suicídio (ele tinha uma doença terminal).

soube fazer isso, Kotarbinski* não soube. Portanto, a melhor solução não é algo com que realmente se possa contar. Resta a segunda melhor: não colaborar com os médicos e, especialmente, não os ajudar — e certamente não os convidar — a demonstrar a arte que tentam aperfeiçoar: a de cultivar couves. Quando uma "doença fatal" aparece (o próprio conceito já é um exantema de tecnologia médica: a ideia é principalmente ocultar o fato de que a única doença fatal, incurável, é a vida), não se opor a ela — se for o caso, dar-lhe uma mãozinha. Há muito tempo tenho vários distúrbios, alguns dos quais, de acordo com os livros didáticos, indicam algo "sério" — mas enquanto não perturbarem o meu trabalho ou interromperem a minha rotina diária, o melhor é não falar deles aos médicos.

No entanto, se é assim, precisamos levar em conta a finitude do tempo, que conhecemos mais ou menos desde o nascimento, mas que, pela maior parte da vida, não precisamos considerar, porque as tarefas que nos impomos se encaixam muito bem dentro de uma "fase previsível da vida". Nada numa vida assim organizada vai nos preparar para transformar a abstração que é a mortalidade humana num problema prático — aprendemos a selecionar as questões a serem tratadas, mas essa seleção está livre do agudo senso de uma decisão final: não é tanto nos resignarmos, mas adiarmos. Se não for hoje, é amanhã... Amanhã parece uma eternidade, porque cada tarefa que exige os nossos esforços pode caber numa quantidade qualquer de amanhãs e de depois de amanhãs. Mas o que acontece quando começamos a ver o fundo do poço dos amanhãs? Então se trata de um tipo totalmente diferente de "seleção", e não há tempo

---

Nos Papers of Janina and Zygmunt Bauman, em Leeds, há artigos de jornal sobre o acontecimento, bem como outros artigos sobre casais de intelectuais idosos que tiraram a própria vida juntos. Janina e Zygmunt Bauman se interessavam pelo assunto.

* Tadeusz Kotarbiński, filósofo polonês, foi uma das principais figuras da Escola Lviv-Varsóvia de Filosofia; morreu com 95 anos, em 1981.

para aprender esse outro tipo. Quando os médicos disseram a Stanisław Ossowski* que ele tinha poucos meses de vida, esse homem do mundo, cuja mirada era capaz de penetrar as profundezas do destino e enfrentar bravamente adversários, confessou ter tido um sentimento inédito de perda e impotência.

> Sempre decidi quais assuntos atacar primeiro, quais assuntos atacar depois, o que escrever primeiro, o que escrever depois, que livros ler imediatamente, quais deixar para depois... E agora, de repente, não existe mais depois, em vez de "depois" o que há é o nunca.[2]

Nem mesmo a experiência de fazer as escolhas mais refletidas entre "agora" e "depois" serve de lição sobre como escolher entre "agora" e "nunca".

Mas, numa certa idade — como a minha —, a pessoa que pensa não deveria esperar um sinal dos médicos para começar a viver como se tivesse que escolher entre "agora" e "nunca". É preciso nos livrarmos da crença reconfortante de que o que é adiado não nos escapará, e, se a vida sem isso é um pesadelo, pelo menos quebrar as presas do pesadelo e aparar suas garras nos esforçando para arranjar os nossos dias de tal maneira que "adiar" pese o mínimo possível em nossa consciência — em outras palavras, fazer apenas as coisas importantes, as mais importantes.

Nessa altura, o primeiro pensamento está suficientemente maduro para encontrar o segundo pensamento...

Li ontem, no terceiro volume dos diários de Maria Dąbrowska, uma frase que resplandece em sua sagacidade, e diante da qual os

---

* Stanisław Ossowski, sociólogo e psicólogo social, era especialista em teoria da cultura e metodologia das ciências sociais. Bauman foi não seu aluno mas sim um colega mais jovem — há cartas trocadas entre eles nos Papers of Janina and Zygmunt Bauman, na Universidade de Leeds.

A história de mais uma vida?

grossos volumes sobre o assunto, de autoria de respeitados sociólogos, não são nada, e merecem mesmo é uma boa gargalhada
e um desdenhoso dar de ombros. (Ela apenas deixou escapar?
Percebeu o poder do que disse?) Por ocasião de uma visita a Nie-
borów em companhia de intelectuais "de origem judaica",[*3] num
quente período pré-outubro,[†] Dąbrowska nota que

> para sermos justos temos que reconhecer que, se existe algum
> tipo de pensamento livre e criativo circulando por aí, é entre eles.
> Nesse momento eles são os mais corajosos "destruidores da or-
> dem imposta pela polícia". Mesmo em conversas sociais, são mais
> interessantes do que os poloneses nativos... Pessoalmente, como
> escritora, devo dizer *qu'ils ne m'embêtent jamais comme nos gens*.[‡4]

E logo em seguida vem esta frase importante: "Com tudo
isso, as pessoas se irritam; como se alguém, que não é inteiramente um de nós, quisesse de todas as formas viver a nossa
vida em vez de nós mesmos".[5] Sim, é disso que se trata, é esta
a questão — o resto é maquiagem/justificativa ideológica. Não
ser inteiramente um de nós não é, por si só, pecado; querer viver
em vez de nós... também não. A combinação cria uma mistura
combustível.

Dąbrowska estava mais bem "posicionada" do que muitos
outros para perceber isso. Seu alossemitismo,[§] típico da aris-

---

[*] Bauman se refere às opiniões antissemitas que Maria Dąbrowska expressava
em seus diários.

[†] Bauman se refere ao "Degelo" de outubro de 1956, período em que o regime
pró-soviético realizou reformas e democratizou-se parcialmente.

[‡] "Que eles nunca me aborrecem como o nosso povo", em francês no original
de Dąbrowska.

[§] Termo criado por Artur Sandauer, crítico literário e ensaísta judeu-polonês,
que define uma forma de antissemitismo baseada numa distinção positiva
(como: "judeus são mais espertos, mais criativos, inteligentes..."); ainda que
a suposição não seja ofensiva, trata-se sempre de um processo de distinção e
divisão entre nós (não judeus) e eles (judeus).

tocracia,* dava aos judeus um lugar de destaque, incontestável: alfaiates judeus, mascates, arrendatários de terras. No contexto dessa alteridade, os judeus eram como qualquer pessoa. Podemos ser excelentes arrendatários de terra, assim como podemos ser excelentes capatazes ou jardineiros; e podemos ser boas pessoas mesmo sendo arrendatários de terra e silvicultores — cada qual à sua maneira. Os judeus que se desviam do seu papel é que causam preocupação e indignação: não querendo "viver para si mesmos", querem também "viver em vez de nós" — uma vida que está reservada *para nós*. E se os judeus tiverem êxito nesses esforços ignóbeis? Se forem "excelentes" na função que nos cabe desempenhar mas que nós, de alguma forma, não estamos ansiosos por assumir? Esfregar sal nas feridas abertas da consciência...

O maldito círculo vicioso: o de que "nossa gente" não pode não sentir como sente, e de que os "étnicos" não podem não se comportar como se comportam. De um lado, assim como a posição social de Dąbrowska aguçou a sua mirada, a posição social dos "étnicos" os torna "destruidores [naturais] da ordem", porque eles é que são atingidos pelos vapores venenosos da podridão, quando outros ainda inalam um ar reconhecidamente rançoso, mas ainda respirável. E, de outro lado, sua margem de manobra é menor que a de outros. Se se recusam a fazer o que o país em estado de guerra com a ordem indesejada considera apropriado, eles serão acusados de estrangeiridade ou de tendência natural à traição; se fizerem, terão que se esforçar mais que os outros, porque o que é aceitável para um voivoda...† E se tiverem êxito e merecerem recompensa... vão dizer que foi roubado.

E o segundo sentimento, que para mim foi ficando cada vez mais difícil de calar, e com o qual me foi sendo cada vez mais difícil conviver, era um sentimento de desilusão e desânimo com

---

* *Szlachta zaściankowa*: nobres estagnados ou pequena nobreza — nobres menos ricos.

† O significado completo do ditado é: "O que é aceitável para um voivoda não serve para os impotentes". (K. B.)

aquela "disciplina acadêmica" à qual pela maior parte da minha vida eu servi — entusiasmado ou cerrando os dentes, mas sempre o máximo que eu era capaz de me permitir honestamente.

5 de janeiro

Sociologia; "ciência social"; quando é que a esperança que foi a sua parteira se transformou em fraude? Tornou-se ela uma fraude praticada conscientemente, e, se isso ocorreu, quando?

Promessa de certeza é fraude. Uma promessa jamais cumprida e sem possibilidade de ser cumprida, mas uma ilusão sempre renovada, galvanizadora, que impede os homens de encarar o que há de mais humano em seus destinos. A promessa de exorcizar as forças mágicas da vida humana, como era feito para as revoluções das esferas celestes ou para as transformações da matéria. A promessa de nos livrar, de uma vez por todas, de segredos, dúvidas, "temor e tremor". A promessa de criar um mundo no qual o trajeto da ação às consequências será sempre e em toda parte igualmente curto e simples, como o de apertar um botão para acender uma tela de TV — um mundo sem acidentes e surpresas, sem decepções e tragédias, mas com um braço direito sempre à disposição para consertar um botão solto e trocar uma lâmpada de telescópio. A promessa de transformar a vida humana numa coleção de problemas a serem resolvidos. A promessa de receitas, ferramentas, especificações para resolver todo e qualquer problema.

Sou sociólogo demais para acusar a sociologia de *produzir* o "viés tecnológico" que tira da vida o seu charme humano, assim como o tormento e o sofrimento humanos, ah, tão humanos. Acusá-la disso seria como dar crédito, direta ou indiretamente, às suas pretensões de consertar o pedestal meio torto no qual ela se colocou (no qual foi colocada?). A sociologia é apenas uma participante modesta e secundária da conspiração tecnológica —

uma mensageira, uma menina de recados, ocasionalmente uma redatora de ata, às vezes autora de folhetos de propaganda. Mas *ela é* uma participante dessa conspiração — mesmo quando entra em conflito com outros participantes, em defesa de métodos de ação coletiva melhores e mais eficientes.

A história do meu desânimo é longa e abrange muitos capítulos. Nos anos da minha juventude marxista, eu não conseguia engolir a ideia da "ideologia científica"; acho que foi por essa razão que saí das fileiras obedientemente alinhadas, de uma ideia de endireitar as rotas sinuosas da história; e usar regras inequívocas para fazer isso tinha qualquer coisa de odor cadavérico. Mas uma natureza rebelde não me permitiu buscar abrigo no campo adversário; os dois campos armavam suas tendas no cemitério da liberdade humana. Sábios críticos marxistas a acusavam de não ser *suficientemente* científica — dizendo que suas previsões não se concretizavam; que, apesar das previsões, ela não garantia o controle das ações humanas; que a rédea que ela punha no cavalo bravo da história estava gasta e não lhe restringia o bastante os movimentos. Alguns queriam "cientificizar" o marxismo; outros, duvidando das possibilidades de êxito dessa abordagem, queriam rejeitá-lo — não pela ideia de ideologia científica, mas por uma cientificidade insuficiente, ou mesmo totalmente inventada, da ideologia. A partir dos meus conflitos com o marxismo das casernas, a estrada levava não a outro campo, mas a um deserto, a um eremitério. Gramsci, que tinha aberto o túnel por onde escapei, seria o líder do comitê de fuga de qualquer dos campos sociológicos daquela época.

E hoje? Estou onde comecei. Dizem os críticos: as pessoas precisam de princípios sólidos, fortes — e você os solapa. As pessoas querem certeza, e você semeia a dúvida. Têm razão. "Princípios sólidos, fortes" — vindos da revelação, ou da interpretação dos segredos da história, ou de uma audiência privada no tribunal da razão — são para mim, no melhor dos casos, mentiras, e no pior outra versão, e equivalente funcional, do "*Arbeit macht frei*" de Auschwitz. Repito isso como profissão de fé, com teimosia maníaca, ano após ano, livro após livro. De várias maneiras, expressado com palavras diversas.

Estou cansado. Cavalguei meu Rocinante até quase matá-lo de esgotamento; mas minhas peregrinações não foram especialmente pitorescas. Foram, na verdade, monótonas demais para merecer um sorriso cervantino, apesar de serem tão bem-sucedidas quanto a missão de Dom Quixote.

Não acho energia dentro de mim para buscar mais um caminho, para encontrar novas palavras. Pior ainda: há essa suspeita de que os donos de moinhos precisam de Dom Quixotes para confirmar a "moinhice" dos moinhos de vento, e, dessa maneira, se livrarem facilmente dos infiéis. Aqui também um círculo vicioso: usando o modo acadêmico de duelar, só dá para participar do duelo acadêmico, e jogando o jogo acadêmico garantimos suas regras. "Não faz sentido infringir as regras de um jogo", adverte Baudrillard, "dentro da recorrência de um ciclo, não existe uma linha que se possa pular (em vez disso, a gente simplesmente sai do jogo)."[6] Um paradoxo: é por isso que elas não passam de convenções, são "apenas" provisórias — fora do jogo sendo jogado elas não têm outras premissas, as regras do jogo são invencíveis enquanto o jogo durar. Os que jogam só são jogadores por causa das regras; os que se recusam a jogar não contam. Quer mudar as regras? Primeiro é preciso jogar o jogo. Mas ao entrar no jogo você endossa as regras... A escolha é entre contribuir para a galvanização de uma ilusão e o silêncio.

Cada um dos meus livros foi, não poderia deixar de ser, uma recriação do ritual acadêmico; e um protesto contra o ritual só pode ser interpretado no templo onde o ritual ocorre como um desvio da liturgia — e a noção de "desvio" endossa o ritual da mesma forma que uma "exceção" confirma a regra. Assim como um protesto contra o ritual tem que ser feito de acordo com o códice litúrgico. Um protesto contra as insanas queixas das ciências humanas sobre a "cientificidade" precisa tomar a forma ditada pelos cânones acadêmicos e ser adornado com todas as caricaturas de argumentação acadêmica exigidas dos adeptos das "ciências humanas acadêmicas".

O nó, se não puder ser desfeito, tem que ser cortado. É assim que as tesouras pensam. Pelo menos aquelas com as quais Alexandre, o Grande, supostamente se armou. Mas os nós, pelo menos os nós górdios, são uma impossibilidade para as tesouras — assim como, de acordo com Kafka, o céu é uma impossibilidade para as gralhas. Kundera — sábio depois que leu Nietzsche, mas também depois de suas próprias perdas e das perdas dos seus compatriotas — escreve:

> alguém que pensa não deveria tentar convencer ninguém das suas convicções; é isso que o coloca no caminho de um sistema; no lamentável caminho do "homem de convicções"; políticos gostam de se descrever assim; mas o que é uma convicção? É um pensamento que se imobilizou, que coagulou, e o "homem de convicções" é um homem restringido; o que o pensamento experimental busca não é convencer, mas inspirar; inspirar outro pensamento, fazer o pensamento se movimentar.

Kundera faz um apelo por "dessistematizar sistematicamente [...] o pensamento, chutar a barricada".[7] Esse apelo, que nada tem de estranho, é feito aos *romancistas*. Quem quer que responda a essa convocação só pode ser chamado "romancista". Contador de histórias. Com uma piscadela, meio a sério, meio de brincadeira. Zombar da seriedade e ser sério na zombaria. Uma poeta: Szymborska:

> Mas o que é mesmo poesia?
> Mais de uma resposta vacilante
> já tombou desde que a pergunta foi feita pela primeira vez.
> Mas continuo não sabendo, e me agarro a isso
> como a um corrimão salvador".[8]

Agarrar-se a isso! Para que não se cumpra a profecia de Maria Dąbrowska:

O presente é como uma peça complexa tocada num piano com muitas teclas mudas, silenciosas. E haverá cada vez mais teclas mudas, e ninguém saberá que peça a história está tocando, apesar de haver muitas palavras, mas será uma língua falsa, como os ouvidos dos surdo-mudos.[9]

Um paradoxo. Um trocadilho. Uma expressão figurada — absorvente e porosa. Autocontradição. Uma substância contendo o seu oposto, coletando-o e dissolvendo-o. Esses elementos incluiriam a lógica das humanidades, adaptada ao tamanho do próprio assunto. Ou uma rede, capaz de conter a experiência de ser humano. Outras lógicas são mais simples e mais harmoniosas; outras redes são mais grossas e têm nós mais apertados. E que tal... se essas outras lógicas se desintegrarem quando usadas, e essas outras redes voltarem da pescaria meio vazias?

Essa lógica e essa rede podem ser testadas numa vida individual... Mas por que a minha? Porque eu a conheço melhor do que outras. O que não quer dizer que eu a conheça. E certamente não quer dizer que eu a conheça *bem*. O objetivo do esforço é, entre outras coisas, descobrir se conheço — e como.

Esse é, na verdade, o único argumento a favor da escolha. Há pouca coisa mais que fale em sua defesa, e há muita coisa sugerindo que a escolha é infeliz.

6 de janeiro

A escolha não é a mais fortuita, porque era uma vida periférica. Nas laterais de grandes acontecimentos e longe das grandes figuras que são o sal e a pimenta das "histórias interessantes". Como se uma ameba descrevesse uma tempestade no mar, ou um mourão de cerca, uma inundação gigantesca... Um mourão de cerca que, entre outros mourões, não se distinga por nada em particular, e não seja um contador de histórias particularmente brilhante (meio século de preparo sociológico não passou sem deixar suas marcas: o mundo do sociólogo é composto de "variáveis", "fatores" e "indicadores", e a linguagem do sociólogo serve para descrever as interações nas quais eles entram). O mundo do sociólogo é enganosamente parecido com o mundo de *O processo*, de Kafka, que Kundera chama de "extremamente não poético" — ou um mundo no qual "não existe mais lugar para a liberdade individual, para a singularidade do indivíduo, onde o homem é apenas instrumento de forças não humanas: da burocracia, da tecnologia, da história".[10] Mas, justo para revelar o quanto o mundo é "extremamente não poético", Kafka criou uma linguagem que é, na verdade, "extremamente poética". Com isso, esperava permitir que janelas tapadas com persianas retomassem sua função original — a função de janelas.

9 de janeiro

Lévi-Strauss escreveu a respeito do drama do antropólogo: quando há alguém a quem perguntar, eles não sabem ainda o que perguntar; quando sabem a pergunta, não sobra ninguém para responder. Como um antropólogo do passado da minha família — passado que era o presente da minha família —, vivo esse drama na própria pele. Quando meus pais eram vivos, não perguntei. Quando minha cabeça está repleta de perguntas, não há mais a quem perguntar.

Quando minha mãe ou meu pai recordava sua juventude (o que era raro), eu escutava com um ouvido, ou não escutava de jeito nenhum, já aborrecido com histórias de um mundo que, sem sombra de dúvida, não era o meu, e no qual eu não sabia como entrar, nem tinha a menor vontade de entrar. Talvez para salvar minhas próprias filhas da sensação de impotência e miséria que tomou conta de mim depois da morte do meu pai, e, junto com ele, da última oportunidade de espiar por aquela porta irremediável e fortemente fechada — talvez por essa razão eu me sentei exatamente nove anos atrás para escrever (em três cópias, uma para cada filha) algumas informações sobre o mundo que foi meu, mas não delas. Escrevi, naquela época, esta introdução a elas dirigida:

> Por que resolvi escrever a história da minha vida? Acho que cheguei à idade em que se escrevem histórias de vida. Já estou neste mundo há mais tempo do que minha mãe esteve. Não falta muito para eu me igualar ao meu pai, que morreu aos setenta. Se há um momento certo para fazer um resumo e prestar contas, esse momento é agora.[11]

Pelo menos é o que as pessoas parecem achar, o que dá no mesmo. Viver perto da morte torna a vida absurda. Imagino que escrever memórias seja um ato de desespero. Como história, a vida faz sentido; se a história é boa, pode até ter alguma lógica.

Ou talvez eu tenha resolvido escrever por outra razão qualquer. Ou, quem sabe, não há razão nenhuma, só uma necessidade e um impulso. Para falar com franqueza, não sei. E acho que para mim tanto faz.[12]

Claramente, o "momento certo" passou, porque hoje não senti dentro de mim nenhuma necessidade esmagadora, nenhuma pressão interna. Então, cumpri a minha tarefa — passei adiante, para minhas filhas, o que lembrava do mundo que existia antes de elas aparecerem e fazerem dele o seu mundo, tecendo-lhe a imagem, cada qual à sua maneira, com os fios das próprias experiências e esperanças. Talvez algum dia olhem estas anotações — quando chegarem àquele momento em que lamentei a ausência de anotações que eu pudesse ler. Meu objetivo foi alcançado, e, nesse caso, por que contar de novo essa história? Em nome de quê? Para quem — e o que tenho a oferecer, contando-a? Não sei como responder a essa pergunta e, desta vez, a falta de resposta me incomoda. Ou melhor, me deprime, me tira a energia — ou a coragem!

No entanto, a questão não é que "não vejo o destinatário" — independentemente do que escreva, escrevo com um "leitor" em mente, um leitor-interlocutor, um coautor dos significados que laboriosamente componho, frase por frase; tento dividir com o leitor os dilemas que não consigo desvendar, os quebra-cabeças em que não consigo penetrar, as dúvidas com que vivo mesmo que (ou talvez porque) não consiga lidar com elas. Esse leitor-interlocutor não é bem o "leitor modelo" de Umberto Eco: não é meu reflexo no espelho, eu em outra roupagem, eu olhando por cima do meu ombro enquanto escrevo, eu me ouvindo respeitosamente enquanto falo sobre como me entender, a mim, o escritor. Na verdade, ele não me lembra ninguém. Entre os que perambulam por livrarias e bibliotecas, cada qual escolhe seus parentes (parentes por escolha: uma tradução ruim de *Wahlverwandtschaft*,* e essa frase é pleonástica no pior sentido — sempre se entra num parentesco por escolha; a descoberta paradoxal é a de laços sanguíneos por escolha). Minha escrita é "por ser escolhido". Toda ela é uma meditação sobre a experiência da vida, e interessará àqueles que experimentam o mundo da mesma maneira e que, virando as páginas, encontrarão experiências parecidas com as suas. É quem escolhe que decide se há laço de sangue, e se é forte o bastante para passar mais um tempo com o livro. É esse leitor que está sempre diante dos meus olhos. Se alguma vez existiu, existe agora. Se era para ser ainda encontrado, não vai fazer falta agora. Só que tenho cada vez menos coisas para lhe dizer. Já dividi com ele meus pensamentos sobre o que, em minhas experiências, poderia prendê-lo com sua ressonância, ou como contraponto, semelhança ou diferença. Costumávamos andar lado a lado, enfrentávamos os mesmos obstáculos. Hoje, ele chegou mais longe. Eu fiquei preso. Minhas pernas não me levam, ou será que não quero ir? Estou ficando surdo ou tapando os ouvidos? Seja como for — no mundo em que ele vive agora, provavelmente não vou entrar, a esta altura. Portanto, nem harmonia, nem contraponto. Uma a uma, as pontes desabam, as clareiras onde nos

---

* Esse é o título em alemão do livro de Johann Wolfgang von Goethe *As afinidades eletivas*.

A história de mais uma vida? 33

encontrávamos são tomadas pelas ervas daninhas. Percorremos caminhos diferentes; ou melhor, ele percorre caminhos por onde jamais andei. Se leões pudessem falar, como Wittgenstein argutamente observou, nós não os compreenderíamos. Não sei quem é o leão aqui, mas pressinto que haverá problemas de tradução.

11 de janeiro

Roland Barthes fazia distinção entre *l'écrivain e l'écrivant* — o "escritor" e o "autor".[13] Geralmente, o escritor escreve para escrever e o autor, para outra coisa qualquer — por exemplo para estimular os ânimos ou elevar a alma, mas, na maioria das vezes, o objetivo é transformar o mundo para melhor. Barthes dividia os aspirantes a escritor com base em suas intenções autorais. Não está perfeitamente claro como as divisões feitas a partir dessa perspectiva se compatibilizam com as de outras perspectivas — o tipo de produto escrito ou as atitudes do leitor, e os "efeitos tangíveis" da existência da obra, imediatos ou de longo prazo. Rorty não avalia os motivos de Conrad quando debate maneiras de ler *Coração das trevas*; é, antes de tudo, a perspectiva do leitor que "faz a diferença". Pode-se ler como um açougueiro, esquartejando uma carcaça de porco, ou como um burocrata, separando arquivos em pastas. Pode-se também ler de uma maneira que — comungando com Kurtz — "mude a nossa vida".* Mas a questão é a seguinte: todo e qualquer livro se presta a ambas as interpretações? E, especialmente, alguém pode desejar ser "escritor" sem se tornar, quando interpretado, "autor"? E os propósitos do "autor" têm alguma chance de ser alcançados se o autor não for ao mesmo tempo — inicialmente, desde o começo — "escritor"? Ser "escritor" parece a mesma coisa que estar aberto ao tipo de interpretação que permitiria ao leitor "mudar sua vida" (estar aberto a isso também em momentos e circunstâncias do tipo que o autor não pode prever e que não pode ser parte das suas moti-

---

* Kurtz é personagem do romance de Joseph Conrad, publicado em 1899.

vações; essa discrepância entre escalas de tempo torna difícil, ou mesmo impossível, comparar as categorizações, conduzidas a partir de diferentes perspectivas). A obra que se presta a essas interpretações faz do criador um "escritor". O efeito prático é que só um "escritor" pode ser "autor".

Ortega y Gasset comentou que, na questão das gerações, uma coisa importante não é que cada uma delas carregue o fardo de experiências diferentes, e, portanto, pense e se comporte diferentemente das outras, e sim que, a cada momento, várias gerações vivem lado a lado — umas com as outras. Sorte da cultura — mas também tormento dos seus criadores e portadores. A cultura sai lucrando, porque toda tentativa de retirar a ambiguidade do que é múltiplo, de fechar o que é aberto, de fixar o que é volátil (e a esses esforços a cultura, o que é de fato cultura — ou seja, uma agência de padrões e normas —, não pode renunciar) está desde o início condenada ao fracasso. O que a cultura mascara a multiplicidade das gerações revela. Os fracassos da cultura não são sintomas de crise — ou, para ser mais exato, a "crise" é o estado normal da cultura, e sintoma de saúde. A cultura deve buscar a multiplicidade de sentido, mas não tem permissão, sob pena de atrofia e morte, para alcançá-la. O que é redenção para a burocracia... é tormento para os burocratas. O que para o escritório (e seu cliente!) é um ganho, para a equipe de funcionários é uma perda. Leis e estatutos envelhecem quando são emendados. Os parágrafos discutem uns com os outros e começam novas disputas assim que se reconciliam. As regras, quanto mais precisas, menos eficazes... O que foi prometido aos burocratas (ou aquilo com que sonharam) — um estado de harmonia e bom humor, no qual não ocorrerá a ninguém contradizer o sentido de uma ordem ou proibição — acaba sendo um horizonte que, quanto mais corremos em sua direção, mais se afasta de nós.

É bom quando os que estão em conflito sabem contra o que lutar. Melhor ainda quando sabem pelo que estão lutando. Na esperança desse conhecimento, foram criadas as mesas redondas, comissões e conferências, e alguns filósofos até criaram um cânone do discurso perfeito. Mas o conhecimento só raramente vem; e, quando vem, raramente tem a ver com as questões mais importantes. E, na falta desse conhecimento, a diferença não pode se transformar em disputa. Em pé à beira do precipício, não conseguimos ver o outro lado — portanto, não só não podemos construir uma ponte como também não podemos sequer projetar uma ponte. De qualquer lado que olhemos, do outro lado há apenas leões.

Estou em pé à beira desse precipício. Na falta de uma ponte, tentei construir uma luneta (telescópio?); alguns até me elevaram à condição de mestre das lentes — mas o que isso importa quando a paisagem do outro lado da luneta não pode ser vista sem ela, e, quando ao vê-la numa fotografia, não reconhecemos os montes e vales percorridos e atravessados a pé? Isso é o quanto uma imagem tem em comum com o litoral fotografado: tanto quanto os vislumbres à espera de Platão fora da caverna têm a ver com a sabedoria dos seus moradores permanentes — e Platão temia, não sem razão, que suas visões fossem consideradas pelos moradores da caverna uma fraude, ou um sinal de uma mente debilitada.

Recentemente certo sociólogo idoso se interessou pela vida sexual da geração dos estudantes da idade dos seus netos; para aprender a respeito dos seus costumes, que lhe pareciam exóticos, ele não podia, entretanto, fazer perguntas diferentes das que havia feito aos pais deles e, antes ainda, a si mesmo, quando tinha a idade deles. Assim, descobriu o quanto os costumes sexuais dos estudantes de hoje diferem dos de seus pais e avós. Mas não aprendeu coisa alguma sobre o que é o sexo na vida deles, como o veem e como o vivenciam. Esses leões sabem falar — mas ele não entende o que dizem. E ele, claro, tem a sua própria linguagem leonina — e será que eles conseguem entendê-la?

Pode-se dizer o mesmo sobre o que aconteceu comigo, quando quis descrever e compreender o mundo que para mim é território virgem e que, para aqueles cujas experiências eu gostaria de entender, é sua casa. Chamei esse mundo de "pós-moderno": ou seja, um mundo que veio depois — ou melhor, que substituiu — o mundo que foi minha casa.

12 de janeiro

Para mim, portanto, pós-modernidade é, antes de tudo, *pós*-modernidade, ou melhor, pós-*modernidade*. E para eles? Não é "pós" coisa alguma: poderíamos chamá-la igualmente (ou com igual inépcia) de época pós-alexandrina, ou pós-napoleônica. Eles não viveram aquele lusco-fusco no qual minha coruja abriu as asas, porque não viveram o dia que precedeu o lusco-fusco. Para mim, o mundo deles é, antes de tudo, o que não é: não é nada daquelas coisas que compunham o meu mundo (o mundo deles não pode ser para eles o que é para mim: para eles, simplesmente é, e ponto-final). O que para mim são cores contrastantes, para eles é cinza sobre cinza. Não viveram aquele último e desesperado esforço para botar uma coleira no mundo, a guerra que era para ser a última, tempos de jactância e loucura, a cegueira tida como visão, o culto da humanidade e o desprezo pela pessoa; tempos em que um totalitarismo se impunha a outro, e só um totalitarismo poderia esmagar outro; nada de estranho no fato de não poderem levar essa época a sério, mais ainda, que a tomem como uma tela na qual os contornos da sua devam ser desenhados, a fim de avaliá-la corretamente (por contraste, singularmente). Sabem melhor do que eu (diferentemente de mim) o que é o mundo deles; não sabem tão bem (diferentemente de mim) o que ele não é. Mas descrever *para eles* o seu mundo usando o passado que vivi como referência é como explicar o que é água martelando-lhes na cabeça que não é uma substância dura.

E o mais importante — eles não têm dedos queimados; e, se têm algumas bolhas, não é desses incêndios; se lambem as feridas, são feridas produzidas por outras lâminas. Os velhos pesadelos são a aventura de hoje; a velha sabedoria, ingenuidade; e a velha ingenuidade, um pecado. É difícil para eles, no fulgor desses incêndios, acreditar na agudeza daquelas facas. Como poderiam compreender aquelas esperanças, aqueles dilemas, aquelas frustrações? Não podemos culpá-los por isso. Mas como falar com eles?

E às vezes penso comigo: é mesmo *necessário* falar (conscientizar as pessoas, prevenir, alertar)? Não é fato que a ignorância é um privilégio? Que a plenitude do conhecimento implica uma vontade totalmente paralisada? O esquecimento não será mais criativo do que a memória?

E às vezes penso comigo: minha sabedoria, se eles a aceitassem, aumentaria a sabedoria deles? Talvez fosse o oposto — ela os enganaria, desviaria sua atenção de questões que são mais importantes no mundo deles, os levaria a soprar fornos já frios e a ignorar os que estão queimando, em brasa, quentes ao redor deles? Talvez seja melhor não conhecer o passado, para não adquirir uma arrogância que pode ser suicida, a sensação de que sabemos como as coisas funcionam, o que precisa ser feito e o que deve ser evitado — que não é necessário estar em guarda contra o futuro, que ele já está sob controle?

Je n'écris plus, je m'occupe — escreveu Martin du Gard perto do ocaso da vida.* Talvez esse melancólico julgamento tivesse motivação parecida. Ou talvez a ideia fosse outra, mais pessoal: o enfraquecimento dos sentidos com os quais percebemos o mundo e a atrofia das ferramentas que transformam essas impressões sensoriais em pensamentos. Em suma: velhice, quando as ondulações na água se tornam ondas ameaçadoras, colinas suaves se transformam em montanhas de altura exorbitante e arvoredos dispersos se adensam em florestas inconquistáveis.

Talvez a ideia fosse outra coisa ainda. Devem-se trazer crianças para um mundo superpovoado, devem-se acrescentar palavras a um mundo que se afoga num excesso de palavras? Neste mundo, os textos morrem antes dos seus autores; quando se trata de textos, o progresso da civilização é avaliado pelo crescimento desenfreado da mortalidade infantil e pela abreviação violenta de uma vida previsível.[14] O caminho da vida está entulhado de

---

* A frase de Martin du Gard, escritor francês que recebeu o prêmio Nobel de literatura de 1937, está em francês no original e significa "Não escrevo mais, mantenho-me ocupado [cuido de mim mesmo]".

túmulos de livros; a maioria não recebe lápide — anda-se com dificuldade através de pensamentos, pisando nos cadáveres de textos anônimos; cada passo do caminho intelectual está coberto dos ossos apodrecidos de pensamentos pensados por alguém, em algum momento, ativamente, laboriosamente, com uma concentração singular na escrita. Os textos nascem no cemitério e raramente saem dele antes de morrer. É difícil acreditar que o que um dia motivou os escritores foi o desejo de vencer a morte... Que a palavra era como um passaporte para a eternidade.

Je n'écris plus, je m'occupe. Não sei viver sem pensar; não sei pensar sem escrever. Condenei-me a escrever; agora cumpro minha interminável sentença diante da tela de um processador de texto. Cada vez menos vivo para escrever, cada vez mais escrevo para viver: para que, depois de hoje, haja um amanhã; para pegar no sono na esperança de acordar e, ao acordar, alegremente sentir água na boca só de pensar nos sabores do dia que amanhece.

Je n'écris plus, je m'occupe.

16 de janeiro

Ontem no ICA:* fui, embora contra os meus princípios, porque era difícil recusar um pedido pessoal de Giddens. Eu sabia muito bem o que me esperava, por isso só posso culpar a minha fraqueza de vontade. Um sentimento esmagador de estranheza. Que tenho a ver com essa feira de vaidades? Com esse bando de pessoas apaixonadas por elas mesmas, contemplando o próprio umbigo e convencidas da sua superioridade intelectual, dizendo ao mundo e às pessoinhas que o habitam como viver para não serem repreendidos por elas? Ou com aquela ralé de aduladores pagos, que chegaram em grandes grupos, como sempre fazem nessas ocasiões, na esperança de mordiscar um pedacinho da fama dos outros, ficar perto da vela — e, quem sabe, umas gotas de cera caírem e se agarrarem à sua pele?

---

* O Institute of Contemporary Arts, em Londres.

Detesto rebanhos. E sociedades de adoração mútua. E estrelato. E o mercado de trocas da publicidade. E as disputas de popularidade. Lá no topo o ar é rarefeito demais para mim, ou perfumado demais para respirar. Não nasci no topo, e não adquiri o gosto de subir. A escalada sempre tem gente demais, e não tolero multidões. Elas sempre me empurram na direção oposta ao movimento da multidão. Busco sempre os salões que são desertos e não barulhentos. Penso comigo mesmo que é por isso que nunca me estabeleci em nenhum grupo de "uma mão lava a outra", em nenhum dos ninhos de seda acadêmicos de sabedoria patenteada; fugi o máximo possível desses lugares. O que tem, afinal, seu lado bom. Os resmungos, as zombarias que me chegam vindo dos ninhos passam ao largo dos meus ouvidos; os baldes de água suja são como água nas costas de um pato. Qualquer jovem presunçoso, quando apoiado por uma multidão, tem coragem de me dar um chute; não há perigo para ele. Mas não há perigo para mim também! Nada tenho a perder, além do respeito por mim mesmo.

O "evento" no ICA foi mais uma amostra do declínio da consideração pelos outros, da reflexão, da argumentação, dos árduos esforços para compreender a essência das coisas — tudo aquilo que antigamente abrangia o fenômeno do "debate" ou da "discussão". O programa estava sobrecarregado, mas com a intenção exclusiva de incluir o máximo possível de nomes e assegurar que ninguém com nome importante ficasse ofendido. Para uma exposição calma e sensata do problema, nenhum dos palestrantes teve tempo — mas vamos e venhamos, provavelmente ninguém esperava isso deles. A única coisa que importava eram as "frases de efeito" e os comentários espirituosos. O "evento" foi apenas mais uma cerimônia, recriando ritualisticamente a divisão entre quem fala e quem escuta — os que foram ouvidos e os que ficaram mudos. (A presença do som é desagradável; ninguém pode "desviar os ouvidos", eles não podem sequer ser adequadamente tapados. A presença de seres que não fazem barulho pode ser cancelada simplesmente com um desvio do olhar.)

28 de janeiro

Na Tate Gallery: um quadro de Constantin A. Nieuwenhuys. Repleto de monstrinhos predadores e sedentos de sangue à Hieronymus Bosch, só que, apropriadamente para uma era moderna, amontoavam-se numa multidão incrivelmente densa; não há espaço verde onde os monstrinhos perambulam, como há em Bosch; em Nieuwenhuys, o mundo transborda de monstros: eles são o próprio mundo. A tela, por decisão do autor, recebeu nomes diferentes em diferentes épocas. Em 1920, o pintor lhe deu o título de *To Us, Liberty*! Em 1950, mudou para *After Us, Liberty*![15] Trinta anos é muito. É muito mais do que o tempo de vida da esperança. A esperança perambula para essa eternidade que nos aguarda depois da morte, diante de nós. Vamos atrás dela.

Por acaso deparei com um artigo de Romana Kolarzowa[*] (soube por Anka[†] que ela faz doutorado em Poznań) e, nele, com estas sábias palavras — é estupendo que tenham saído de uma pena tão jovem:

> É uma vergonha que raramente passe por nossa cabeça que zombar de uma posição intelectual afirmando que "praticamente ninguém a compartilha" deveria ser entendido como o reconhecimento de uma força; proclamar convicções que quase todo mundo compartilha não é nenhum tipo de esforço intelectual, mas a recitação de banalidades. A coragem das convicções, abafada pela intenção de não ofender ninguém com o seu conteúdo [...], lembra o exercício de curvar-se sem jamais dar as costas para ninguém.

Mais ainda:

---

[*] Filósofa polonesa e professora da Universidade de Rzeszów, com interesse especial por identidade coletiva, nacionalismo e antissemitismo.
[†] Diminutivo de Anna, aqui se referindo à professora Anna Zeidler-Janiszewska.

Levando em conta que o conformismo é o estado mais ardentemente desejado, é difícil não haver crise de valores: o conformismo é ensinado na prática, não importa como. Simplesmente para que ninguém se destaque — de modo que não faz sentido ter paixões e apegos próprios, nem fé, nem mesmo opinião.[16]

Opa, eu disse "é estupendo que tenham saído de uma pena tão jovem". Mas como é mesmo isso? Para quem é mais fácil ser não conformista? Quem é capaz de se rebelar mais prontamente contra o conformismo? Sussurra o senso comum que são os jovens: os jovens ainda não sabem quais são os riscos (como aquele pretensioso aprendiz de joalheiro Shlomo, que, sem duvidar um instante e sem tremer as mãos, abriu um furo na pérola rara em que os mestres do ofício não queriam tocar porque, diferentemente de Shlomo, sabiam o valor dela); e eles têm menos a perder — nenhuma família para sustentar, nenhuma hipoteca para quitar, nenhuma carreira para preservar. Mas será que essa sabedoria comete erros? Daria para apresentar alguns argumentos contra ela.

O primeiro é que os jovens violam as regras quase por desânimo: provavelmente não sabem ainda o que elas são; e essa falta de conhecimento explica mais o seu comportamento do que a ignorância do castigo que espera quem viola as leis ou o descaso para com o dano infligido. Quando os mais velhos se queixam do inconformismo dos jovens, quase sempre tem a ver com a ignorância comum e com a lentidão para aprender. Erroneamente interpretamos como sinal do "inconformismo dos jovens" a dissonância que vem não tanto de uma falta de vontade de cantar no coro, mas das vozes ainda indefinidas.* Destoar do coro não basta para fazer de alguém um solista.

O segundo, a propósito, é que não encontraremos entre os jovens um desinteresse por cantar no coro. Muito pelo contrário, é só num coro — e um coro apinhado de gente — que eles encon-

---

* Bauman usa a expressão polonesa *nieustawiony głos*, relativa ao treinamento vocal (ligada ao termo italiano *impostare della voce*).

tram sua voz. E não há nada de estranho nisso: uma voz frágil não vai longe sozinha; é preciso que haja uma quantidade de gargantas para compensar a fraqueza das cordas vocais. E num coro é mais alegre, mais alta, e mais importante; uma nota falsa se dissolve e desaparece no barulho geral, e uma voz débil é apoiada pelas outras, arrebentando os tímpanos com o seu eco. Tanto nos casos em que, por uma mescla de repulsa e medo, atravessam a rua ao verem jovens mascarados, como quando espiam pelas cortinas da sala os gritos e as pedras atiradas contra os que estão no poder (este poder, outros poderes — mas sempre os que hoje são culpados de estarem no poder, aqui e agora) e milícias juvenis, "adultos" acusam erroneamente os jovens de falta de respeito por valores, e de violação das regras; eles observam de longe as sucessivas lições da mais importante de todas as escolas de conformismo.

O terceiro é que uma coisa é rebelar-se contra o que aqui e agora é conformismo; outra, bem diferente, é opor-se ao conformismo como tal: ir contra o *princípio* da obediência, de cerrar fileiras e de entrar na linha. Uma coisa é rejeitar a sabedoria do rebanho outra é negar sabedoria ao rebanho. Uma coisa é revoltar-se contra o ambiente sufocante, outra é protestar contra a proibição de abusar da sorte… É um erro confundir essas duas atitudes dando-lhes o mesmo nome. Arrancar uma gola apertada demais é diferente de desprezar um uniforme. Talvez seja apropriado distinguir um não conformismo útil de um não conformismo autotélico. Kolarzowa saiu em defesa do segundo. É surpreendente que isso venha de uma pena tão jovem…

Pois bem, e finalmente: ser inconformista e insistir no inconformismo… É terrivelmente fácil cair no inconformismo por desinteresse e desatenção — isso acontece com muita gente, aquecendo-se prazerosamente na massa do inconformismo, e muitos são atraídos pelo calorzinho. Mas é bem mais difícil persistir no inconformismo quando as massas galopam sob uma bandeira diferente, ou quando já se pagou o preço do inconformismo — quando o corpo está coberto de cicatrizes e ainda cuida de feridas não cicatrizadas. Essa dificuldade, pela própria natureza, aumenta com a idade. Quanto mais feridas, mais dor. Ou talvez seja o contrário? Talvez a gente se acostume à dor? Eu, por exemplo, me acostumei. Ou será que só acho que me acostumei?

30 de janeiro

Os tormentos espirituais de Dąbrowska são fascinantes. Talvez não tenham sido vividos por ela como tormentos, porque as referências a eles, ou melhor, as frases que o atestam aparecem sem ligações claras, espalhadas por uma obra de múltiplos volumes, separadas umas das outras por meses, às vezes até por anos. A ansiedade: que o mais importante — o mais alegre, o mais excitante — já ficou para trás. Ontem, quanto mais a carregavam nos braços, mais os olhos de meninos e meninas se iluminavam ao vê-la, mais altos os aplausos em salas superlotadas para suas leituras, mais as necessidades dela aumentavam, mais altas eram as expectativas, mais forte os olhos precisam brilhar hoje, e mais sonoramente os aplausos precisam soar, para que ela note. A fama é um narcótico, precisamos de doses cada vez maiores. E essas doses trazem cada vez menos alegria — há apenas um mero lampejo de conforto na ideia de que ainda não é o fim, de que ainda podemos sentir êxtase, de que o jogo continua e ainda há alguma coisa a ser conquistada... Ou as lembranças dos velhos tempos, quando a droga tinha mais efeito, porque ainda não havia tanta droga no passado, e cada dose era como se fosse a primeira — cada uma era uma revelação.

Pensaríamos que, como estímulo, a fama deveria seguir o seu curso rapidamente; quanto mais há, menos diverte. As cores desbotam; o êxtase é mais breve, mais raso, às vezes nem vem. E aos poucos a amargura suplanta a delícia; a amargura por haver menos do que antes — ainda que esse "menos" seja uma ilusão, ainda que se trate de um aumento ligeiramente menor, outro exemplo da lei da diminuição da produtividade do solo? É preciso fazer um esforço gigantesco para produzir o efeito que antes se obtinha (ou assim parecia) sem nem mesmo tentar! Mas é só o excedente que cresce, não o esforço...

E assim Dąbrowska — reverenciada, querida, coberta de honrarias e sufocada de gratidão humana — reclama de poucas em poucas páginas que já não consegue fazer nada, que sua escrita não vai bem, que já não consegue extrair nada de si mesma. As reclamações são sinceras, a preocupação é real — embora só ela mesma possa confirmar a sua veracidade. Os leitores não entenderão sua dor. Cada palavra que lhes dirige traz as lembranças de todas as palavras anteriores que foram ditas e escritas, cada palavra sucessiva é mais espaçosa e ampla do que a anterior, até que finalmente as palavras brilham intensamente antes de serem escritas, soam claramente antes de serem ditas: cada uma delas é a palavra *daquela Dąbrowska*, que se torna, ela mesma, com suas próprias palavras, de uma palavra para a palavra seguinte, cada vez mais poderosa, gigantesca — que há anos tem sido esse meio que é em si uma mensagem mais forte do que todas as outras mensagens.

Escritor — uma pessoa poderosa?

31 de janeiro

Estou aqui meditando sobre qual será mesmo a autoridade do escritor. Na ordem natural das coisas, é uma ficção. O escritor[*] só tem autoridade em certo meio se aceita de antemão todas as opiniões desse meio. Se diverge em suas opiniões, perde a autoridade naquele ambiente e ganha autoridade no grupo contrário. Provavelmente jamais houve um caso de escritor tido como autoridade em certo ambiente que mudasse a opinião desse ambiente. Tudo o que está ao seu alcance é reforçar essa opinião, apoiá-la com argumentos. E aí está a impotência do indivíduo diante dos "vínculos sociais". A

---

[*] Dąbrowska utiliza a forma masculina, que ainda hoje é usada em polonês para abarcar todos os gêneros sempre que se faz uma generalização.

A história de mais uma vida?

única fonte inquestionável de autoridade é a chamada limpeza das mãos — a honestidade do indivíduo, tanto artística como intelectual. Mas hoje nem mesmo esse traço é assim tão apreciado.[17]

Então o escritor não é uma pessoa poderosa,* e sim um bardo, um cortesão, um cronista de ambientes? Um solista no cântico de um coro? O produtor de espelhos criativos onde o rosto deles — mas não exatamente o rosto deles, porque livre de espinhas e cravos e mais agradável aos olhos — será submetido à admiração de leitores ternos e agradecidos?

A ideia do poder do escritor vem quando outras pessoas — com cacarejos de aprovação de humilde adulação — repetem as palavras do autor. Mas elas só repetem as palavras que já estavam procurando, de modo que seus sentimentos ainda nus, ainda não prontos para serem exibidos nas ruas, sejam cobertos com as roupas costuradas sob medida pelo autor. Sem um alfaiate, não haveria chance — quem duvidaria da utilidade do alfaiate? Mas o alfaiate tem apenas o renome que os fregueses agradecidos lhe concedem. O alfaiate costura sob medida, sob medida! Ou fecha a alfaiataria.

E você aí, alfaiate, pode parar de se preocupar com fregueses, medindo cinturas e quadris. Pode arranjar um violino, subir no telhado, pegar o arco e perfurar os tímpanos dos transeuntes — de que adiantará desviarem os olhos? Romana Kolarzowa pergunta: "De que serve um intelectual?". E responde: "De nada, claro. Pensar é um grande luxo, por isso um bem 'supérfluo', e, mais ainda, quase sempre totalmente desnecessário".[18] Mas quantos alfaiates se sentirão à vontade no telhado? Quantos aceitarão o desconforto? E os que aceitam — quanto tempo duram, ao vento, na chuva? Para se permitirem esse luxo, precisam primeiro ganhar o suficiente para satisfazer as necessidades básicas, e isso só conseguem com o trabalho de alfaiate. De ruídos estridentes no telhado ninguém vive; já de autoridade... e como!

---

* No original, *mocarz* (polonês para "homem poderoso") é também uma figura masculina.

No fundo disso tudo espreita uma trivialidade: as pessoas escutam o que querem. Anseiam por confirmação, e não por conversão. Passeiam até um livro desconhecido com esperanças iguais às dos britânicos quando tiram férias na Costa Brava: que o garçom tagarelando numa língua estrangeira lhes sirva salsichas inglesas, de cheiro tão familiar, e uma caneca de cerveja inglesa. Essa qualidade humana explica por que a ideia do McDonald's acabou se revelando uma galinha dos ovos de ouro. McDonald's não vende hambúrgueres, vende a sensação de estar em casa, um produto muito mais caro do que todos os outros, porque mais desejado do que todos os outros. Satisfaça esse desejo, e os clientes vêm aos montes bater às portas e janelas. Seguros de que em qualquer lugar a placa do McDonald's estará perto, adquirem coragem para viajar a países que não conhecem. E quando viajam procuram a placa com ainda mais facilidade. Todos os anos multidões multilíngues permutam território, cada uma procurando o McDonald's na terra da outra. Reconhecer autoridade confirma a realização de esperanças. Não é uma ordem particularmente honrosa. Mas, reconhecidamente, com alto valor de troca: aumenta as tiragens e os incentivos fiscais.

Dąbrowska sabe disso.

Mas Dąbrowska sofre. E muitos como ela, junto com ela.

Não minta, não diga que você não sofre porque você entendeu. Dizendo isso, até vocês mentem — vocês, escritores, que se importam com algo mais do que tiragens.

E dessa maneira vi em Dąbrowska o que eu queria ver.

7 de fevereiro

Mergulho na linguagem, afundando, rolando.[19]

· 2 ·

De onde venho

Sei pouco do passado da minha família. Tão pouco que dá vergonha, em nossos tempos de escavação de raízes. Pouco demais para retirar do esquecimento o que foi olvidado, ou nunca sabido. Quanto a documentos de família, não sobrou nenhum, pois se perderam em sucessivos exílios, e deles não resta nenhum traço. Não preciso explicar o que não farei com eles. E portanto não haverá descobertas que cheguem tarde demais para ter importância, ou para mudar alguma coisa. Nas correntes do parentesco, muitos elos se fundiram e desapareceram, os anéis distantes que sobreviveram estão espalhados por todo o globo — indiferentes, indetectáveis, estranhos. Para um judeu polonês como eu, a árvore genealógica exala odores de serragem e madeira queimando, não de vida.

O que sei dos meus pais tem muitos buracos, e um arquivista habilidoso sem dúvida desqualificaria esse conhecimento. Mas o que invalida o conhecimento não desacredita a memória. A memória está sempre repleta e intacta. Minha memória não tem furos, nem espaços em branco; assim como a sua. É só quando confrontamos nossas lembranças que elas parecem incompletas. Isso seria relevante se eu quisesse reconstituir a sua vida. Aqui não é, pois a vida que vou narrar é a minha. Desta minha vida, sou o único residente. Só eu posso apresentar um relatório íntimo. Na minha lembrança da vida não há lacunas. Se houvesse alguma, não pertenceria à minha vida.

Assim sendo, não vou desperdiçar o tempo da Divisão de Pessoas Desaparecidas. Não vou contratar detetives particulares. Não vou caçar parentes que não conheci e dos quais nunca ouvi falar para vasculhar suas lembranças em busca das joias que faltam nas minhas coleções. Não vou caçar testemunhas reais ou supostas, de cuja existência eu não estava ciente, contando com a possibilidade de que, consultando a memória delas, eu encontre alguma coisa que falta na minha — e que dessa maneira eu possa saber como foi que as coisas *de fato* se passaram: isso porque esse método de complementar e corrigir diminuiria a força do acerto de contas de *minha* vida: aquilo que *vivi*.[*] Não contaria a história da *minha* vida. Se sua memória guardou alguma coisa que a minha deixou de lado, essa coisa é parte da sua vida e não da minha.[†]

Por que resolvi escrever a história da minha vida? Acho que cheguei à idade em que se escrevem histórias de vida. Já estou neste mundo há mais tempo do que minha mãe esteve. Não falta muito para eu me igualar ao meu pai, que morreu aos setenta. Se há um momento certo para fazer um resumo e prestar contas, esse momento é agora.

Pelo menos é o que as pessoas parecem achar, o que dá no mesmo. Viver perto da morte torna a vida absurda. Imagino que escrever memórias seja um ato de desespero. Como história, a vida faz sentido; se a história é boa, pode até ter alguma lógica.

Ou talvez eu tenha resolvido escrever por outra razão qualquer. Ou, quem sabe, não há razão nenhuma, só uma necessidade e um impulso. Para falar com franqueza, não sei. E acho que para mim tanto faz.

---

[*] Bauman joga, no original, com o fato de *przeżycie* significar tanto experiência como sobrevivência. (K. B.)
[†] Lembremos que Bauman escreveu este texto para membros de sua família.

De onde venho

Como meus pais se conheceram?

Eles não me contaram. E eu não perguntei... Pelo que sei, estavam juntos *desde sempre*. E, antes de esse sempre começar, o que havia para mim? Um prêmio Nobel triplo aguarda o sábio que explique o que causou o Big Bang, o protótipo de todos os começos de eternidade. Não me surpreende que meu pai não me contasse. Era um homem discreto, sem senso de humor, taciturno. Jamais se gabou de alguma coisa, jamais se queixou. Acho que não se respeitava o suficiente para achar que sua vida valesse uma história. Também não acreditava que alguma coisa que lhe tivesse acontecido podia ser interessante, mesmo para os filhos — para mim e minha irmã, sete anos mais velha do que eu. Não lembro de meu pai falando de sua meninice ou de sua juventude — na verdade, não lembro de ele falar dos seus sentimentos, das suas alegrias ou tristezas. Acho que em seu vocabulário não constavam as palavras que outras pessoas usam para compartilhar emoções. Imagino que seu silêncio tinha outra razão, talvez mais profunda: dignidade. Meu pai achava que recebeu o que merecia, que não merecia mais nada, e que desejar alguma coisa que não merecemos é indigno, ou mesmo blasfemo. E assim não se afligia, nem resmungava. O silêncio o ajudava a reter a dignidade: a vida não humilha um homem que não reclama. Nada é humilhante, a menos que vire uma queixa. Só para constar: meu pai se queixou, sim — uma vez. Durante suas últimas semanas de vida, eu me sentei à cabeceira da sua cama num kibutz israelense, onde ele foi morar depois da morte da mulher. Um dia, sem que tivesse nada a ver com o que vínhamos conversando, ou com o que viria a ser dito, meu pai falou: "Quando eu estava na *kheder*,[*] às vezes eu chorava. Nosso *melamed*[†] nos segurava na escola o dia inteiro, com uma breve interrupção para almoçar. Todas as crianças traziam sua comida. Outros meninos tinham pão e molho; mas

---

[*] *Kheder*, que Bauman escreve *cheder* em polonês, é uma escola religiosa judaica que oferece educação primária para crianças de quatro anos em diante.
[†] Em hebraico e iídiche, "professor".

meu pai só me dava pão seco. Eu chorava de inveja". Em seu rosto pálido espalhou-se um rubor, talvez pela última vez — e, se não me falha a memória, também pela primeira vez. Não sei dizer se era meu pai reclamando da crueldade do destino ou reconhecendo, diante da morte, um pecado ignóbil.

O silêncio de minha mãe sobre esse primeiro encontro não se coadunava com o seu caráter. Ela era tudo o que meu pai não era: animada, exuberante, incapaz de segurar a energia que transbordava em surtos de inexplicável alegria e de raiva igualmente obscura. Diferentemente do meu pai, achava que a vida tinha sido dura com ela. Os sonhos de infância, que ela considerava expectativas legítimas, nunca se realizaram. A vida foi tudo menos a existência livre de preocupações, céu de brigadeiro, à qual ela cresceu acreditando que tinha direito.

E a vida que teve foi repleta da miséria infindável de se virar com o que tinha e fazer economias para comprar sapatos e roupas decentes para os filhos. Uma luta diária para sobreviver; dias que nada tinham de diferente dos dias anteriores e que ela aos poucos parou de esperar que fossem diferentes dos que viriam; o ritmo aborrecido, monótono da rotina diária não deixava espaço para o inesperado, para o insólito, para o fora do comum — nada na infância a preparou para aquele tipo de vida. Por isso sofria, mas, ao contrário do meu pai, sofria ruidosa e desafiadoramente, com frequência desabafando sua dor em cima do marido (ele a adorava, vendo nela uma magnífica dádiva de Deus — de forma alguma algo conquistado por suas virtudes —, e nunca duvidou que ela tivesse direito a um destino melhor que o dele), o que o fazia refugiar-se ainda mais na muralha protetora do silêncio. Mas ela não se rendia; recusava-se a desistir da convicção de que a vida poderia ser diferente, se ao menos... Não parava de fazer suas cobranças — cobranças sem destinatário, apenas imagens pitorescas do que a vida poderia ser se não fosse o que era. Em sua fantasia, ela vivia outra vida, paralela, imune às provações, e consequentemente incontaminada pela realidade diária. Essa vida imaginária era enérgica, pitoresca, romântica. Acima de tudo, pronta para o que desse e viesse, cheia de promessas, voltada para um amanhã diferente de hoje. Daquela vida sem atrativos o marido escapava para o silêncio e ela, para o devaneio. Imagino que sonhasse com uma aventura romântica. Portanto, deduzo que conhecer o homem que seria seu marido não foi nada disso. Desconfio que não foi romântico, e que não prometia aventuras. Ela tinha 24 anos quando casou; devia sentir-se já um pouco solteirona nessa altura, por isso mesmo com pressa de cumprir o que lhe diziam que era seu dever na vida. Em suma, ela não falava do passado simplesmente porque, afinal, o que havia para lembrar? E para que mexer numa ferida não cicatrizada?

Assim sendo, não sei dizer como foi que meus pais se conheceram. Lamento agora não ter insistido mais numa resposta. O encontro deles foi, em todos os sentidos, altamente improvável. Desconfio do dedo de um casamenteiro. Sem intervenção externa, teriam continuado sendo o que eram: absolutamente incompatíveis.

A família do meu pai vivia numa parte da Polônia que, durante as Partições, coube à Prússia, para ser herdada posteriormente pela Alemanha unificada. A família da minha mãe vivia na parte da Polônia de que a Rússia se apropriou. Com a Segunda Guerra Mundial, as tropas alemãs, em seu avanço, empurraram a fronteira para o leste, pondo os dois domicílios sob uma mesma administração. O que elas não fizeram foi nivelar as diferenças sociais, culturais, entre outras, que separavam as duas famílias.

O pai do meu pai era comerciante num vilarejo — um ramo menor de um tronco familiar que, em outros ramos (pelo que ouvi dizer), exibia alguns rabinos eruditos e *zaddiks** de renome. Ele abriu seu negócio no vilarejo de Zagórów,† mudando-se

---

* *Zaddik* ou, em transliteração polonesa, *cadyk* é um líder espiritual judeu hassídico, ou ainda pessoa santa ou justa de acordo com a fé e a prática judaicas.
† Vilarejo quinze quilômetros ao sul de Słupca, em 1921 habitado por 3715 pessoas, incluindo 807 judeus.

para o centro regional de Słupca* mais tarde.[1] Pelo que me consta, meu avô não tinha instrução alguma além da fornecida pela *kheder*. Quando a mulher morreu, no começo dos anos 1930, ele encerrou o que restava do seu negócio e veio passar os últimos anos de vida conosco em Poznań. Lembro que era um homem alto, com uma barba comprida, que seria branca se não fossem as manchas amarelas de tabaco. Não falava quase nada de polonês — ou de qualquer outra língua além do iídiche. Nossa comunicação, portanto, era limitada. Ele insistia em me ensinar a Bíblia, da qual eu tinha apenas uma ideia muito vaga. Como eu não lia nem entendia hebraico, ou aramaico, e seu conhecimento de polonês se restringia às poucas palavras usadas por alguém que passa a vida basicamente atrás de um balcão, a Bíblia continuou sendo para mim um mistério total por muito tempo depois das instruções religiosas do meu avô. Eu tinha medo de abri-la — associando-a aos terrores da *kheder* que meu avô improvisou para um aluno meio estúpido no apartamento 5 da rua Prus, número 17. Ele se recusava a reconhecer a diferença entre Poznań e a *shtetl*[†] em que passou a vida. Todos os dias, se o tempo permitisse, andava algumas centenas de metros até um jardim público perto da praça Asnyk, onde, sentado num banco, fumando um cigarro atrás do outro (era minha tarefa diária enrolar cigarros para ele e meu pai com tabaco "médio"), observava os passantes e as crianças brincando na caixa de areia. Os antissemitas locais ficavam tão chocados com a visão de um judeu de *bekishe*[‡] (visão que os jovens de Poznań só conheciam de cartuns nos jornais, e que os mais velhos já tinham envelhecido o suficiente para ter apagado da memória) que se esqueciam da sua obrigação de zom-

---

* Cidade polonesa, setenta quilômetros a leste de Poznań, habitada no entreguerras por cerca de 6 mil pessoas, um quarto delas judias.

† Em iídiche, "cidadezinha". *Shtetl* ficou sendo um símbolo da vida judaica antes do Holocausto.

‡ Longo casaco de seda preto usado por judeus chassídicos (Bauman emprega o termo polonês *chałat*, que vem da palavra árabe *chalit*; em iídiche, *kapote*).

bar. Na cidade praticamente *Judenrein** (no nosso bairro, Jeżyce, éramos a única família judia), reduto da violentamente antissemita Nacional-Democracia,[†2] que lutava contra o demônio da conspiração judaica clandestina, um velho exibindo descaradamente sua judaicidade desarrumada e provinciana não correspondia de forma alguma à imagem do inimigo. Assim, meu avô fazia seu passeio diário sem ser perturbado — o que era muito mais do que eu conseguia.

Relutantemente, meu avô concordou em apoiar a educação secular — mas só no caso do filho mais novo. Meu pai não era o filho mais novo, e portanto, como a maioria dos irmãos, teve o *melamed* da aldeia como único professor. No entanto, todos os filhos — menos o primogênito, que ficou com o pai na loja — se rebelaram e saíram de casa, um depois do outro. Um emigrou para os Estados Unidos; outro para a Alemanha; o mais novo e favorito, apropriadamente chamado Benjamin, para a Palestina. A rebelião do meu pai tomou outra forma e não incluiu mudar de lugar. Sabia muito bem polonês. Aprender línguas era a sua paixão — assim como ler livros, nos quais mergulhava sempre que sobrava tempo e devorava sem esperança de saciar a fome que a cada nova leitura só fazia aumentar. A combinação das duas paixões produziu um curioso conhecimento de línguas: por escrito, mas não falando (em parte por influência da introversão inata do meu pai, e do seu caráter reservado, mas também pelo fato de ter estudado todas as línguas por conta própria, substituindo professores

---

* Em alemão *Judenfrei*, "purificado [ou livre] de judeus": termo nacional-socialista usado na "Solução final da Questão Judaica".

† O Partido da Nacional-Democracia, o chamado Endecja (Narodowa Demokracja, ND), foi criado no fim do século XIX por Roman Dmowski; foi construído com base numa ideologia nacionalista e em fortes sentimentos patrióticos. Um dos seus objetivos e principais slogans propagandísticos no país multicultural era a "libertação" da sociedade polonesa dos judeus. Forte antissemitismo e franca hostilidade a poloneses não cristãos (em 1931, 75,2% da população era de católicos romanos) eram as forças motrizes do ND, cujo poder cresceu ao longo dos anos 1930. Era especialmente popular na região de Wielkopolska, cuja capital era Poznań.

por dicionários). Dominava o alemão e falava russo com fluência. Era muito versado em francês e inglês (repito: entendia os textos que lia; mas falando era bem pior). Aprimorou o conhecimento do hebraico, mas em sua forma bíblica embolorada.

Dominar o hebraico era uma proeza nada comum numa época em que a linguagem da Bíblia se limitava ao ritual religioso e era vista pela maioria dos falantes de iídiche como misteriosa invocação mágica, cujo significado não se deveria explorar (Gershom Scholem,* que viria a ser o maior erudito judaico do século, aprendeu hebraico mais ou menos na mesma época; os amigos dele, muito mais esclarecidos e tolerantes do que os do meu pai, viam nisso outra manifestação da arrogância de Scholem). Meu pai lia avidamente em todas essas línguas, mas se apaixonou pelo judaísmo quando descobriu que este ia muito além da rotina tediosa e pouco inspiradora das orações diárias e das regras alimentares.

Pouco antes de deixar a Polônia em 1957, meu pai trabalhou alguns meses no Instituto Histórico Judaico em Varsóvia como — que outra coisa poderia ser? — contador. Mal tinha tempo para desempenhar suas funções propriamente ditas, uma vez que os experientes e eruditos estudiosos do Instituto o importunavam o tempo todo explorando seus conhecimentos hermenêuticos. Mais tarde, no kibutz Givat Brenner, ele encantava os bibliotecários com seu estilo hebraico — como meu pai, eles também eram relíquias vivas do sonho de renascimento do hebraico da Diáspora. Foi para ele que pela primeira vez tiraram das prateleiras

---

* Gerhard (Gershom) Scholem foi um destacado estudioso moderno do misticismo judaico. "Sua contribuição abrange cinco áreas distintas porém interligadas: pesquisa e análise da literatura cabalística, estendendo-se da Antiguidade tardia ao século xx; fenomenologia da religião mística; historiografia judaica; sionismo; e a condição espiritual e política do judaísmo contemporâneo e da civilização judaica. Publicou mais de quarenta volumes e quase setecentos artigos" (*Stanford Encyclopedia of Philosophy*).

volumes de poesia de Jehuda Halevi[*] ou de Agnon,[†] espanando a poeira acumulada em muitos e muitos anos. Tentava também se comunicar com os netos. Perplexos, eles escutavam aquele belo fluxo de sons e a harmoniosa melodia da gramática; queixavam-se à mãe de que "vovô fala como os Profetas" — pesadelos de sua meninice, cujas profecias se esforçavam inutilmente para compreender nas aulas do Pentateuco.[‡] Eles próprios só dispunham de algumas centenas de palavras do *sabra*[§] moderno para responder.

Acredito que o sionismo do meu pai — sincero, vitalício e essencial à sua visão de mundo — era parte dessa rebelião; *era* a sua rebelião. Não tenho como saber ao certo, mas imagino que sua visão luminosa e fragrante de Sião foi construída apenas de ausências, como a antítese do mundo no qual foi jogado e que vivenciava todos os dias — e assim continuaria até o fim. Sião era alguma coisa em que não havia espaço para a monotonia e a imundície da *shtetl*, para a ganância e a insensibilidade, para

---

[*] Jehuda Halevi, ou Judah ben Samuel Halevi, foi "o mais importante poeta hebreu da sua geração na Espanha medieval. Ao longo de cinquenta anos, do fim do século XI a meados do XII, escreveu quase oitocentos poemas, tanto seculares como religiosos. No entanto, por ser uma época de intenso conflito religioso caracterizado por agitação física, social e política, procurou também desenvolver uma defesa bem fundamentada da religião judaica, então sob ataque em todas as frentes" (*Stanford Encyclopedia of Philosophy*).

[†] Shmuel Yosef Agnon, nascido Szmuel Josef Czaczkes, foi um escritor israelense contemplado com o prêmio Nobel de literatura de 1966.

[‡] Pentateuco (literalmente "cinco volumes"): primeira parte comum das escrituras judaica e cristã, abarcando Gênesis, Êxodo, Levítico, Números e Deuteronômio. Em hebraico, e às vezes também em outras línguas, é conhecido como Torá.

[§] Fruto de um cacto nativo. Wlodek Goldkorn o descreve assim: "Sabra: planta, doce e delicada por dentro, aparentemente um tanto áspera e ácida; o estereótipo do judeu nascido em liberdade, falando hebraico desde o nascimento, não infectado pelo mal da Diáspora e pela vergonhosa gíria iídiche — um bravo judeu e ao mesmo tempo bom agricultor e homem bonito, de preferência louro de olhos azuis" (W. Goldkorn, *Dziecko w śniegu*).

sovinices e pessoas exploradas como burros de carga. Significava uma espécie de fraternidade e bondade universal, imagino, onde trabalhar, criar e travar debates filosóficos eram as únicas alegrias que importavam para as pessoas. Não encontrou sua Sião em Israel quando finalmente lá se estabeleceu. E essa foi a maior e derradeira frustração de uma vida repleta de calamidades.

O pai da minha mãe era um homem instruído, sofisticado, com vastos interesses culturais. Construtor por profissão, desenvolveu um próspero negócio de materiais de construção em Włocławek, cidade de porte médio a oeste de Varsóvia. Havia cidades como essa espalhadas pelo enorme território da Polônia pré-Partição: suspensas sobre um imenso mar camponês, isoladas de cidades parecidas por dezenas de quilômetros de estradas quase sempre intransitáveis e, dessa maneira, entregues à própria sorte. Para os vilarejos e propriedades da vizinhança, praticamente desempenhavam as funções de capital, como Kalisz para a heroína de *Noites e dias** — e, sem a menor dúvida, as de repositório supremo de cultura e de tudo o que havia de moderno e progressista. Seus moradores olhavam com desprezo os "aldeões", e os "aldeões" raramente erguiam os olhos para as alturas onde a gente de Kalisz e de Włocławek se empoleirava.

Aquelas cidades de província abrigavam um número desproporcional de intelligentsia — de pessoas com muita instrução, no mesmo nível da intelligentsia das grandes cidades, e sem dúvida com ambições comparáveis —, para não falar no senso de vocação social. Meu pai me dizia que, se eu estivesse procurando por Deus, só O encontraria numa sinagoga pequena; eu pessoalmente acho que cidades como Włocławek deveriam ser a primeira etapa da jornada para desvendar o ethos da intelligentsia nativa. A claustrofobia multiplicava exponencialmente o efeito de condensação: o pequeno grupo de moradores de Włocławek,

---

* Em polonês *Noce i Dnie*, livro muito popular (em quatro volumes) publicado entre 1931 e 1934 por Maria Dąbrowska, rendendo indicações ao prêmio Nobel de literatura em 1939, 1957, 1959, 1960 e 1965.

assim como o pessoal de Płock ou os moradores de Siedlce, Krzemieniec ou Kowel — todos eles famintos de cultura —, tinha que construir a "civilização completa" ali mesmo. As cidades tinham prósperos teatros, com as últimas novidades encenadas poucos meses depois da capital; cafés que não perdiam em nada para os refúgios de ociosas ruminações filosóficas ou acalorados debates políticos das cidades grandes.

Essas pessoas eram professores de ensino médio que as universidades mais renomadas teriam adorado contratar como docentes de ensino superior, se houvesse mais dinheiro para educação. O provincianismo dessas cidades se manifestava principalmente na seriedade mortal com que a cultura e a educação eram tratadas; e no volume numérico da intelligentsia local. Grande parte desta última era judaica. Na verdade, judaico-polonesa, melhor dizendo; ou, mais especificamente, judaica por destino, polonesa por escolha; polonesa no conteúdo e na forma, apesar de judaica pela origem.[3]

O grande surto assimilatório do fim do século XIX ainda reverberava nessas cidades na época em que minha mãe formava sua ideia do mundo e do objetivo da vida humana. A linha de progresso da *shtetl* conduzia diretamente à cultura polonesa, e a língua polonesa era o principal veículo da jornada. O impacto cultural e educacional dessas cidades devia boa parte do seu ímpeto ao zelo e à dedicação dos recém-chegados, avidamente poloneses, provenientes do gueto judeu.

O amor deles era tanto mais fervoroso e dedicado quanto menos um podia contar com sentimentos recíprocos do outro — nascido das ruínas da nação polonesa, que muitos fundadores preferiam ver como uma nação de poloneses que não precisava de recrutas vindos de entre os assimilados, da forma como os assimilados foram necessários para os que defendiam e lutavam pela independência polonesa, para fortalecer a resistência às intenções e ações desnacionalizantes dos invasores durante as Partições. Os administradores da nação recém-criada, em conformidade com a maioria do povo — ainda inseguro da sua liberdade — e uma porção significativa da intelligentsia da nação, se inclinavam, no entanto, a perceber nas ações e declarações dos dedicados pretendentes a intenção perversa de apoderar-se do patrimônio cultural do qual gostariam de ser reconhecidos como guardiães. Não lhes agradava o fato de que o florescimento da cultura e da educação polonesas em centenas de cidades pequenas da *Rzeczpospolita** se devia em grande parte à energia e devoção de exilados dos guetos judaicos. Os assimilados, imortalizados por Kafka em sua alegoria, assemelhavam-se, portanto, a um garanhão galopante que acabou de libertar as patas traseiras do pântano em que estavam atoladas poucos momentos antes, enquanto os cascos dianteiros ainda estavam suspensos no ar, buscando em vão terreno firme onde se apoiar. Nesse flagrante, o corcel foi capturado por Kafka em pleno voo — inutilmente...

O pai da minha mãe foi um desses "pioneiros do progresso, cuja confiança no caráter progressista de suas habilidades e ações era reforçada e multiplicada pela crença no caráter progressista da sua recém-adquirida condição polonesa. Minha mãe recebeu uma educação rigorosamente polonesa, muito parecida com a das quatro irmãs e do único irmão; tinha do iídiche apenas o conhecimento absorvido no barulho das ruas de Włocławek — suficiente para contar ao marido, posteriormente, os segredos que não queria que os filhos ouvissem. Além disso, foi criada numa atmosfera de decência e decoro, mais próxima do padrão da aristocracia polonesa que da tradição da *shtetl*. Foi apresentada aos romances românticos, à arte de conversar no estilo dos salões — elegante, transbordante de humor. E a ensinaram a gostar de ópera, teatro, música clássica.

No entanto, o patriarcalismo do pai era severamente bíblico. Só me encontrei com ele uma vez, durante sua única visita a Poznań. Eu era jovem demais para lembrar os detalhes. O que ficou

---

* Polonês para "república". Neste contexto, é uma versão mais curta de *Rzeczpospolita Polska* ("República Polonesa"), o nome oficial da Polônia entre 1918 e 1939 e, depois, de 1989 até hoje.

na lembrança foi um cavalo de madeira que ele me deu — mas muito mais vívida, na verdade eclipsando tudo o mais, é a lembrança das longas semanas de tensa expectativa e de preparativos para a sua chegada. Tudo em nossa vida virou de pernas para o ar: minha mãe de repente ficou desatenta; não parava de esfregar o chão, tirar poeira, polir copos e pratas; e, acima de tudo, estava apavorada — um medo que eu nunca tinha visto antes e nem vi depois, em situações muito mais ameaçadoras do que uma inspeção paterna... Do comportamento da minha mãe naquela época, e de alguns fragmentos de outras lembranças, deduzo que o pai a tratava com "cruel benevolência". Como se não fosse um pai vindo ver a filha, mas um Inspetor sinistro; ou alguém da família real, que não perdoava o mínimo desvio da rigorosa cerimônia de submissão e obediência. O pai da minha mãe infundiu altas expectativas nas filhas; ao mesmo tempo, mantinha-as sob rédea curta. Era uma cruel benevolência que envolvia tudo e não tolerava ser contrariada. O resultado foi muita energia reprimida, sonhos insatisfeitos e talvez uma ou duas vidas destruídas. A irmã mais nova teve de aceitar um casamento de que se ressentia profundamente; imediatamente depois da morte do meu avô, divorciou-se do marido indesejado e casou com o homem que amava desde adolescente. As outras irmãs aceitaram sem resmungar — ou pelo menos aceitaram — os maridos que o pai escolheu. Todas se casaram com homens de negócios razoavelmente bem-sucedidos e relativamente abastados.

Minha mãe também. Ou pelo menos era o que se esperava. Como meu pai vinha de uma respeitada família de negociantes, deviam considerá-lo uma boa aposta comercial. Esperava-se que o dote da minha mãe servisse de pontapé inicial. O resto era por conta dele.

Talvez ninguém tenha examinado direito — por isso passou despercebido, imagino, que meu pai combinava uma rica vida espiritual com uma ausência alarmante de senso prático e uma repulsa à hipocrisia. Aquele homem sonhava em ser um sábio;

queriam que fosse um comerciante. Seu brilhantismo foi confundido com tino para negócios.

O casal incompatível casou e foi morar em Poznań no momento cheio de esperanças em que a cidade voltou à administração polonesa depois de mais de cem anos de ininterrupto domínio prussiano-alemão. Quando Poznań se tornou novamente uma cidade polonesa, foi dada aos moradores a oportunidade de escolher entre a cidadania polonesa ou alemã. Quase todos os judeus poloneses — e praticamente todos os judeus ricos de Poznań — optaram pela Alemanha e foram embora (para serem obrigados a cruzar a fronteira polonesa de volta vinte anos depois).* Em Poznań, restaram apenas algumas centenas de famílias, totalizando cerca de 2 mil almas. Todos eram relativamente pobres, ou pobres mesmo — na maioria artesãos e lojistas, alguns vendedores ambulantes, uns poucos *Luftmenschen*.† Todos moravam no centro da cidade, numas poucas ruas ocupadas por judeus desde os tempos medievais. Havia aqui e ali alguns homens instruídos — na maioria para exercer a supervisão pastoral da comunidade e para servir a suas necessidades religiosas.

A briga da minha mãe com a realidade permaneceria inalterada a vida inteira — e também não levou muito tempo para se desenvolver. Manifestou-se já de início no aluguel de um apartamento numa área residencial que evitava acolher judeus ao longo dos séculos da conturbada história da cidade. Era um distrito sossegado, limpo, iluminado, respeitável, com todas as ruas batizadas em homenagem a luminares nacionais ou locais da cultura polonesa, habitadas por profissionais, servidores públicos,

---

* Aqui Bauman se refere à Polenaktion de 1938: "No fim de outubro de 1938, o regime nazista ordenou a prisão de cerca de 17 mil judeus com cidadania polonesa que viviam no Reich alemão. Os judeus foram expulsos e levados com violência até a fronteira polonesa. Essa expulsão com uso da força, em alemão chamada de Polenaktion ("Ação Polonesa"), foi a primeira deportação em massa de judeus do Reich alemão" (Judisches Museum Berlin).
† Iídiche para uma pessoa pouco prática e nada realista.

militares, cavalheiros e damas — algumas viúvas deixadas pelos maridos ilustres para resplandecer na sua antiga glória. Olhando para trás, dou-me conta de que a única coisa em nossa vida que se comparava à aura do distrito era a ambição de minha mãe. Tudo o mais que nos dizia respeito devia parecer — e estava mesmo — fora de lugar. Pertencíamos à categoria dos que eram vistos desdenhosamente, com um desprezo e uma zombaria mal disfarçados, tanto pela intelligentsia como pelos descendentes da nobreza que, juntos, definiam o caráter do bairro. Éramos judeus, claro, no meio de pessoas que, por gerações, tinham lutado para manter sua cidade polonesa livre de levas sucessivas de *Kulturkämpfe.**
Éramos também, para todos os efeitos, comerciantes — membros da raça que oferecia à promissora intelligentsia profissional e aos nostálgicos herdeiros da outrora poderosa fidalguia rural uma das suas poucas chances de união espiritual: a experiência compartilhada do desdém e do desprezo.

Ao mesmo tempo que minha mãe se entregava a devaneios, o silencioso sofrimento do meu pai começou. Ele a idolatrava, sempre pronto a ceder-lhe em tudo e a desistir de tudo o que lhe era precioso em nome da felicidade dela. Imagino que o apartamento foi escolhido contra a vontade dele. Ele não tinha como ficar feliz com a perspectiva de morar a cinco quilômetros de distância da família judia mais próxima, menos ainda de uma instituição judaica. Havia pouca coisa que lhe desse alegria na época, além da mulher — pelo que consta e pelo que atestam velhas fotografias, uma mulher verdadeiramente sedutora, com um rosto eslavo que nada tinha de judeu, imponente, com uma belíssima figura curvilínea e um temperamento radiante — e de uma filha, que a eles se juntaria pouco mais de um ano depois do casamento. Quanto ao resto, a desconcertante estrangeirice

---

* Poznań era parte da Prússia e estava sob domínio da *Kulturkampf* (plural *Kulturkämpfe*), a luta do estado prussiano contra a Igreja Católica Romana (1872- -87), luta que assumiu a forma de leis destinadas a submeter educação, casamento etc. ao controle do Estado.

do distrito devia ser a menor de suas preocupações. Como fonte de agonia, não chegava a competir com aquilo a que se esperava que ele dedicasse a vida — pelos pais, pelos pais da mulher, por sua etnicidade, pela lógica econômica da terra, pelo destino. A loja de tecidos que ele abriu na zona comercial da cidade era o seu inferno, a sua prisão. Ali, seus sonhos se reduziram a cinzas, suas esperanças murcharam — substituídos por um incômodo sentimento de inadequação, de fracasso diante de si mesmo e da família. A loja passou a ser um lugar de humilhação e penitência. Mas não por muito tempo. Nem todos os comerciantes de tecidos de Poznań eram eruditos frustrados, e no geral se saíam melhor. Mesmo antes do início da Grande Depressão, meu pai foi declarado falido. O que sobrou do estoque foi confiscado; todos os móveis do apartamento foram carimbados pelos oficiais de justiça para serem leiloados em benefício dos credores.

Meu pai juntou os últimos trocados que restaram da debacle, fez alguns empréstimos e partiu para Paris — não o primeiro nem o último dos muitos que acham que conseguem fugir de si mesmos mudando de lugar. Durante sua ausência, nos alimentamos durante semanas à base de sopa de repolho — gentileza da mulher do zelador, que generosamente nos emprestou uma vasilha de repolhos em conserva tirada do seu próprio estoque. Depois de um tempo, chegou um telegrama, e ouvi minha mãe — até aquele momento exuberante, como de hábito — chorar de soluçar. Nunca li esse telegrama, mas sei de cor o que dizia. Com todo o seu dinheiro roubado pelos espertalhões parisienses que fingiam alugar-lhe uma loja, enquanto por trás se acabavam de rir daquele otário incorrigível, meu pai perguntava a minha mãe se ela ainda o aceitava de volta.

Esta é a primeira lembrança totalmente minha, vívida, inapagável: batidas fortes à porta e depois a maca, e nela meu pai — a barba por fazer, num sobretudo encharcado e pingando água suja, coberto de capim e lama.

Ao voltar de Paris, e depois de alguns dias percorrendo sem destino certo os escritórios dos comerciantes judeus mais abastados, implorando por um emprego, meu pai foi até a bela e histórica ponte sobre o rio Varta e pulou. Mas os infelizes não têm permissão para escapar dos seus infortúnios — por mais que tentem, até mesmo o suicídio. Um pelotão de escoteiros ia passando. Eles mergulharam na água gelada e pescaram meu pai — contra a sua vontade.

Um recorte da imprensa local foi guardado entre as recordações de família (até ser perdido, como tudo o mais, em 1939): "Judeu tenta suicídio. Salvo por escoteiros poloneses". Os azares do meu pai agora eram de conhecimento público, e uma questão pública. O sentimento comunitário dos judeus locais fora desafiado. Mal meu pai se recuperou da pneumonia contraída nas águas geladas, lhe ofereceram o cargo de contador na maior loja atacadista judaica da cidade. Meu pai se mudou para outra prisão. Pelo menos dessa vez não lhe exigiam que fosse seu próprio carcereiro.

Para minha mãe, eu era a única companhia durante quase todo o dia, e talvez a única promessa de que a vida ainda poderia ser mais interessante e prazerosa no futuro. Não tinha muitas esperanças em minha irmã; minha irmã era uma menina — a única coisa que uma menina poderia esperar era um bom casamento, e encontrar um bom casamento significava, antes de tudo, não precisar mais ver os pais...

O amor de minha mãe pela filha se manifestava, portanto, na busca febril de um marido adequado. Começou a sério muito cedo — quando minha irmã mal tinha completado dezoito anos. Minha mãe devia achar que o assunto não permitia delongas e deveria receber prioridade incondicional. Éramos pobres, e minha irmã não tinha dote. Isso significava que ela deveria casar por amor, mais do que por uma decisão racional, o que por sua vez significava uma vida de apertos, de dinheiro contado, como a da minha mãe. Uma mãe amorosa não desejaria esse destino para a filha, e minha mãe amava a filha.

Dessa maneira, o preço pago por minha irmã pela modéstia dos nossos recursos teve que ser um casamento precoce, arranjado — sem amor, se não houvesse jeito, mas garantindo segurança material, se possível. Eu ainda era uma criança, e não um juiz confiável da beleza feminina, mas dava para ver que minha irmã se tornava uma moça deslumbrante, com um corpo esguio, suavemente curvilíneo, e grandes olhos ardentes. Adicionava um tempero exótico ao nosso distrito de cabelos uniformemente louros e rostos pálidos. Amigos homens começaram a bater à nossa porta bem cedo na vida dela, o que só dava mais urgência ao sentimento materno de que alguma coisa precisava ser feita, e rapidamente, para dar ao futuro de minha irmã alicerces sólidos.

Eu normalmente ficava trancado do lado de fora durante as longas horas que minha mãe e minha irmã passavam conversando em voz baixa no começo dessa campanha, e por isso não sei dizer exatamente como minha mãe desempenhou sua tarefa. Mas por um tempo ela consumiu toda a sua energia. Só tive permissão de entrar uma vez. Permitiram que eu me juntasse a minha mãe e minha irmã numa viagem de trem a um lugar distante da cidade, algumas centenas de quilômetros ao sul de Poznań,[4] para a grande propriedade rural de um membro de uma raça extremamente rara: a dos proprietários de terra judeus, relíquia da classe outrora mais numerosa de judeus germanizados que se estabeleceram na terra durante o domínio prussiano-alemão. Num ambiente que para nós, implacáveis citadinos, parecia a coisa mais próxima de um paraíso bucólico, encontramos um homem gordo, calvo, feio, beirando os cinquenta, viúvo, com filhos da idade da minha irmã, tentando nos impressionar com a grandiosidade dos seus bens num monólogo enfadonho, proferido num polonês indistinto, abastardado, pesadamente mesclado de palavras alemãs, que ao menos eu não consegui entender. Lembro que minha irmã chorou no trem durante toda a viagem de volta. Acho que minha mãe não a amava tanto, porque queria forçá-la a aceitar aquele casamento.

Depois dessa visita, Tosia se rebelou, recusando-se a cooperar em qualquer outro esforço para arranjar casamento. Ela queria (e isso de forma alguma era um desejo comum entre mulheres daquela época) aprender uma profissão e assumir o controle da própria vida. Além disso, terminou com sucesso o curso de jardinagem — mas suas chances de ser contratada nesse setor eram praticamente zero.[*5] Ela tinha consciência de que não poderia ser sustentada financeiramente pelos pais por muito tempo; o dinheiro quase já não fluía e, para piorar, o irmãozinho estava indo para o ensino médio; se fosse aceito, as precárias finanças da família ficariam mais sobrecarregadas ainda pela necessidade de uniformes, material escolar e despesas imensas — em relação ao orçamento da família — com mensalidades.

Como se veria, as preocupações de minha mãe foram resolvidas, e o destino da minha irmã foi selado puramente por acaso. Em 1938, uma grande exposição nacional foi realizada em Poznań. Os figurões da cidade fizeram o possível e o impossível para promover o evento em toda a Europa e reabastecer os cofres municipais vazios com o dinheiro de turistas estrangeiros que a exposição poderia atrair — os anos 1930 foram os anos das exposições, e visitá-las era um passatempo popular entre jovens ricos e ociosos, dispostos a aceitar a ideia de que "viajar alarga os horizontes". Um dos visitantes da exposição em Poznań era um descendente, ainda jovem, de um antigo clã sefardita secularmente estabelecido em Jerusalém. Como bom judeu, ao chegar ele procurou o Conselho da comunidade judaica. O secretário do Conselho, parente distante de minha mãe, sugeriu que ele alugasse um quarto no nosso apartamento — morávamos perto do lugar da exposição, e minha mãe melhorava um pouco o orçamento familiar alugando um quarto para estudantes; a exposição foi realizada nos meses de verão, quando os estudantes estavam fora. O visitante de Jerusalém apareceu e apaixonou-se por minha irmã.

---

* No fim dos anos 1930, na Polônia, vários setores de emprego eram regulados pelo chamado "parágrafo ariano", que excluía de certos trabalhos e profissões pessoas tidas como judias.

E assim minha irmã, tão polonesa quanto possível, sem jamais ter dedicado um pensamento à terra dos seus antepassados, acabou se casando e indo para a Palestina. Imagino que essa reviravolta súbita tenha aquecido o coração do meu pai: finalmente um ponto de apoio seria estabelecido no país dos seus sonhos. Minha mãe sem dúvida estava feliz; alguém que podia se dar ao luxo de perambular pela Europa sem objetivo definido certamente seria capaz de dar à sua filha todos os confortos de que ela própria sentia falta. Para minha irmã, o visitante dever ter parecido o anjo salvador, protegendo-a de todos os viúvos gordos, calvos e feios ainda desconhecidos dispostos a pagar um bom preço por seus encantos. Para o recém-chegado, amor à primeira vista. Para Tosia, a oportunidade de deixar de ser um fardo para os pais. Para a mãe, a sensação de uma responsabilidade materna cumprida com êxito. E, finalmente, para meu pai, um pé na porta da Sião com que tanto sonhara. Semanas depois, minha irmã desapareceu da minha vida. Mas não por muito tempo.

O casamento e um visto de saída para a Palestina vieram numa velocidade estonteante, mas logo depois as coisas tomaram um rumo que nem a recém-casada nem sua família previram. O clã que residia há muitos anos na Terra Santa era, na verdade, uma relíquia centenária, na qual as mulheres eram mantidas atrás de muros sob o olhar vigilante da matriarca do clã e liberadas apenas a pedido do marido para cumprir outra rodada de obrigações matrimoniais. Campos e *lagers* ainda eram um fenômeno desconhecido, e provavelmente foi por essa razão, entre outras, que Tosia não associou sua vida vegetativa nesse novo lugar, atrás dos muros do gueto das mulheres, com uns ou com outros. Tivesse aquilo o nome que tivesse, ela sofreu horrivelmente. Só que, tendo a mãe que tinha, não estava disposta a sofrer calada. Rebelou-se, enfrentando o marido e a matriarca do clã, que ficou furiosa com essa rebeldia inédita; e, em flagrante desrespeito a essas regras severas, Tosia escapava dos muros do *Frauenzimmer** sempre que tinha von-

---

* Termo alemão que descreve mulheres burguesas (em tom humorístico). Literalmente significa "quarto feminino".

tade. Quando repreensões e castigos ainda mais duros falharam, e as esperanças de conversão ou arrependimento da pecadora se revelaram inúteis, ela foi tachada de vergonha da linhagem ancestral, o que atribuía à prisioneira a vexaminosa condição de dissidente, e a submetia a um regime ainda mais severo. A mocinha de dezoito anos não desistiu. Traçou um plano na cabeça: e se ela convencesse o marido a visitar Poznań, seduzindo-o com uma soma considerável de dinheiro que os pais pretendiam conceder-lhe quando nascesse a primeira neta? Então, uma vez em Poznań, nenhuma força do céu ou da terra a obrigaria a sair de lá novamente. A aposta na avareza do marido funcionou, e o plano deu certo. Perto do fim de agosto de 1939, o sonho de Tosia — sonhado contra e a despeito de todos — se realizou: ela voltou para a cidade natal e para a casa da família.

Semanas de horror começaram — um horror diferente daquele do qual tinha escapado. Percebendo que havia sido cruelmente enganado, que o generoso dote só existia na imaginação da jovem e fora inventado a fim de atraí-lo para a arapuca de uma viagem cara e inútil, coroada com a perda de uma mulher e uma filha, o marido de Tosia foi tomado de um acesso de insanidade de que Poznań só tinha ouvido falar no folclore medieval e nas histórias de exóticas vendetas ancestrais. A casa era abalada por berros e pancadas de projéteis improvisados. Tosia ficou coberta de hematomas; meu pai (desesperado, mas procurando em toda a cidade, igualmente sem sucesso, um empréstimo para reembolsar e apaziguar o homem enfurecido) e minha mãe (condenada a ficar em casa) temiam pela filha e pela própria vida. Todos foram salvos por outro acaso: a invasão da Polônia por Hitler ocorreu duas semanas depois da volta de Tosia para Poznań.

Agora precisamos voltar trinta anos no tempo.

As dívidas comerciais já se acumulavam, as perspectivas não eram boas, e minha mãe fez o que pôde para se livrar da gravidez indesejada. Naquela época, no entanto, não havia muita coisa que se pudesse fazer, e o abastecimento da raça humana com novos membros dependia muito mais da vontade divina que de um exercício de liberdade feminina.

Esforços homéricos para pôr fim à gravidez indesejada passaram a fazer parte do folclore familiar — mas, até o fim da vida, no seu leito de morte, em 1956, lutando contra as complicações de muitos anos de severa diabetes, minha mãe me garantiu, fervorosamente, que o fracasso dos seus esforços a deixou muito feliz. Tenho certeza de que muitas outras mães ficariam igualmente felizes, se não fossem impedidas de descobrir isso por conta própria pela tecnologia bastante aprimorada.

Quando a tecnologia então disponível se mostrou inadequada, e eu nasci, meus pais ficaram embriagados de alegria, o que encheu minha irmã, quase sete anos mais velha, de desespero. Ela corretamente viu um concorrente perigoso em alguém que era ao mesmo tempo do sexo masculino e mais novo (e muito provavelmente o caçula). Não tinha como sentir prazer em compartilhar as atenções, até então exclusivas, dos nossos pais. Suas piores premonições acabaram se justificando. As atenções continuaram a ser exclusivas, só que na outra direção. Essa é uma daquelas culpas que jamais vou conseguir expiar. Durante toda a meninice, nadei no caloroso amor dos meus pais. Ele mantinha o frio lá fora. Pensando bem, no entanto, havia toda sorte de motivos para sentir frio.

Para começar, eu era gordo. Ingressei no mundo exterior num formato que já de longe nos transforma em párias, e que torna o que fazemos irrelevante em comparação com o que somos. Ou melhor, com um formato que torna o "somos" tão flagrantemente claro que o "fazemos" pode tentar pouca coisa, e realizar menos ainda. Entre os meus amigos, eu exercia um papel que não precisei buscar para mim e pelo qual não tive que lutar. Azar o meu se não gostasse. Eu teria que fazer um grande esforço para ser visto como qualquer outra coisa que não fosse o que eu já era: "o gordinho".

Minha gordura era feita de amor. Minha mãe me amava profundamente, e era natural que quisesse ter mais de mim. Era uma cozinheira requintada. Seus produtos não eram exatamente padrão Cordon Bleu — ela precisaria de muito mais recursos à sua disposição para ter o direito de dar asas à imaginação culinária. Na ausência desses recursos, sua arte culinária consistia em fazer os alimentos mais básicos terem um sabor delicioso, ou uma fatia de carne encher o estômago de quatro glutões de respeito. Há duas maneiras de fazer comida de primeira: uma delas é comprar ingredientes finos e caros, outra é passar muito tempo na cozinha. Tendo pouco dinheiro e muito tempo livre, minha mãe se tornou senhora suprema do segundo método. Isso lhe foi muito útil mais tarde, quando toda a sociedade se viu na mesma situação que ela — na Rússia durante a guerra, ou na Polônia depois da guerra: seus talentos culinários eram disputados, e ela fez brilhante carreira como instrutora e gerente de cozinha, reconhecida especialista em culinária de baixo custo. Antes que isso acontecesse, no entanto, minha gordura era o único testemunho tangível da sua arte. Minha mãe passava quase o dia todo na cozinha e eu sentado à mesa — desenhando, lendo, fazendo barulho ou apenas emburrado. Eu exercia as funções de provador de comida, e era solicitado a julgar a qualidade dos pratos que emergiam da fascinante liturgia da criação.

Nas sucessivas etapas dos mistérios culinários que duravam horas, eu servia como gourmand adjunto de minha mãe, o que, em combinação com a extrema raridade das minhas saídas de casa (minha única possibilidade de ter aonde ir era a caixa de areia na praça Aznyk, à qual minha mãe me levava quase todos os dias) e com o fato de eu não praticar nenhum esporte, me desqualificava ainda mais aos olhos dos colegas e amigos em potencial: isso acrescentava a vergonha da obesidade à vergonha do meu nascimento.

Além disso eu era judeu. Ser judeu me colocava numa categoria à parte, tanto quanto ser gordo. Na verdade, ainda mais do que ser gordo. Nos meus primeiros doze anos de vida, vi outros meninos gordos (meninos gordos identificam outros infalivelmente em qualquer multidão, por mais densa que seja — como o fazem as mulheres grávidas), mas praticamente não conheci outros meninos judeus. A condição de judeu era para mim quase assunto de família — outros membros da família eram os únicos judeus que eu via e conhecia. Isso fazia da minha judaicidade uma questão prática, mais do que teórica. O que a tornava ainda mais prática era o mundo fora da família. Raramente eu ouvia na rua outros meninos comentarem minha gordura; mas poucos deixavam de registrar devidamente minha judaicidade.

Pelos padrões poloneses, Poznań era de fato uma cidade excepcional. Conseguia combinar uma ausência quase total de judeus com os mais virulentos sentimentos antissemíticos. Sem o freio das praticidades da coabitação, os antissemitas locais podiam se dedicar inteiramente ao próprio refinamento: atingiam sutilezas teóricas e um fervor religioso que só uma fé transcendental e milenarista consegue atingir. Poznań tornou-se força motriz e reduto da Nacional-Democracia — partido que buscava conquistar apoio emocional e intelectual do resto do país com a sedutora visão de uma vida sem judeus. A sofisticação dos projetos teóricos se beneficiava imensamente da falta de oportunidades para sua aplicação prática.

Bem, eu era uma dessas oportunidades — uma das pouquíssimas, e, portanto, particularmente preciosa. Acho que, para os antissemitas da minha parte da cidade eu devia ser uma dádiva divina; provavelmente comentavam entre eles que, se eu não existisse, teria que ser inventado. Pareciam competir entre si pelo privilégio da caçada. Eu era uma presa rara demais para ser compartilhada. As gangues que no momento se impunham na competição desempenhavam a função dupla de caçadores e protetores — contra os planos de caça clandestina das gangues rivais. A gangue mais importante estudava meus hábitos de vida, aguardava pacientemente que eu aparecesse na rua e me seguia durante todo o trajeto para a escola, para a loja, para a biblioteca, e de volta para casa, proferindo insultos muito bem direcionados, ou berrando termos os mais grosseiros, de vez em quando me estapeando, chutando ou jogando pedras. Para ser justo, nunca ultrapassavam certos limites. Eram não apenas caçadores, mas também guardiães dos animais. Quando duas gangues garantiam o monopólio por períodos um tanto mais longos, nossas relações se tornavam verdadeiramente pessoais. Nós nos cumprimentávamos com algo parecido com alegria: uma prévia do ritual familiar, no qual todos os atores sabem de cor o seu papel, que não pode dar errado e que, no fim das contas, confirma mais uma vez que o mundo é um lugar ordeiro e, de modo geral, seguro.

Por alguma razão, não me lembro dessa experiência com horror. Perto do que fiquei sabendo depois, o drama da minha infância parece mais uma coisa grotesca. Uma espécie de antissemitismo de fabricação caseira, digamos assim. Inepto, amadorístico e ineficiente. Um passatempo supérfluo, ocioso — às vezes bem-humorado. Depois disso, vi muitos outros ódios ritualizados. Muitas outras pessoas desempenhando papéis não criados por elas. Treinadas e doutrinadas para descarregar o aluvião venenoso de uma vida dura contra alvos que não selecionaram. A maior parte dos rituais de ódio que testemunhei era muito mais sinistra do que minha experiência de infância.

Os encontros mais traumáticos com meus perseguidores designados tiveram forte impacto no resto da minha infância, rasgando de uma vez por todas o véu da falsa segurança. Certa vez minha mãe foi me buscar na escola, depois de fazer suas compras. Os detentores momentâneos do privilégio da caça — dois adolescentes desocupados, um alto, ligeiramente curvado, com o andar apático e matreiro dos ladrões, o outro, atarracado, com o crânio pequeno de um macaco abaixo do padrão — estavam no lugar de sempre. Nós quatro pegamos juntos o caminho de casa. Dessa vez, a dupla manteve-se alguns passos atrás, mas fora isso sua postura não foi nem um pouco afetada pela presença de minha mãe. Executaram seus movimentos já tradicionais e produziram, na ordem prevista, todos os sons então já familiares.

Olhei para minha mãe: ela me manteve mais perto, mas enfiou a cabeça entre os ombros, o olhar fixo nas pedras do calçamento, evitando calculadamente olhar para trás em direção à nossa escolta. E de repente me ocorreu que minha mãe, que tudo podia e tudo sabia, não tinha poder para me defender, não sabia como agir! Estava humilhada e com medo! A partir de então, e durante anos, vivi com medo.

Meus pais não costumavam sair de noite, mas de vez em quando meu pai tinha que ficar até mais tarde no trabalho, ou em reuniões às quais comparecia. Em alguns casos, ele perdia o último bonde e, sem dinheiro para o táxi, voltava para casa a pé. Com minha confiança na onipotência dos pais destruída, eu não conseguia dormir quando ele estava ausente. Eu me lembro de ficar horas em pé à janela, de pijama, espiando a rua escura e silenciosa lá embaixo, esperando, ansioso, o barulho familiar dos saltos do meu pai na esquina. De soluços aliviados que me explodiam na garganta quando ouvia o ruído. De voltar para minha cama na ponta dos pés e me enrolar no calor suave da felicidade recuperada.

Nos anos imediatamente anteriores à guerra, o antissemitismo ficou mais venenoso, buscando mais e mais saídas práticas. A morte de Piłsudski,[*] que jamais permitiu que o antissemitismo fugisse do controle, e que tinha poder suficiente para manter as rédeas sobre ele; uma situação econômica em contínua deterioração num país com um setor camponês cronicamente superpovoado e uma indústria fraca demais para absorver a pobreza rural; o nazismo vitorioso do outro lado da fronteira — ao mesmo tempo o exemplo que criava uma tendência e um acúmulo de nuvens sobre a insegura liberdade do país: esses fatores, e talvez muitos outros, imprimiam urgência às demandas antijudaicas. Com o governo ainda firmemente contrário à adoção de métodos violentos, mas presidindo um boicote econômico contra os judeus e

---

* Jozef Klemens Piłsudski foi um "revolucionário e estadista polonês, o primeiro chefe de Estado (1918-22) da Polônia independente estabelecida em novembro de 1918. Depois de encabeçar um golpe de Estado em 1926, rejeitou uma oferta de assumir a presidência, mas continuou influente politicamente enquanto servia como ministro da Defesa, até 1935", quando morreu (*Enciclopédia Britannica*).

pregando a emigração maciça de judeus da Polônia, os crescentes movimentos antissemitas foram ficando mais confiantes e impacientes. Líamos sobre a violência física cada vez maior — sobre os espancamentos de estudantes judeus nas universidades; sobre minipogroms num crescente número de áreas rurais e em pequenas cidades de província; sobre autoproclamados soldados fascistas marchando por *shtetls* judaicos sob o olhar apático da polícia, que não estava particularmente ansiosa para se envolver. Um dia, dois artesãos apareceram no nosso apartamento; minha mãe os chamara para instalar duas pesadas barras de ferro na porta da frente. Depois daquele dia, nosso apartamento passou a ser protegido por barricadas todas as noites — não contra ladrões (quase não havia nada para roubar em nossa casa), mas contra arruaceiros, que, segundo se dizia, iam invadir casas de judeus só para assustar os moradores e, com isso, incentivá-los a ir embora. A partir daquele dia, desenvolvi uma obsessão. Eu não conseguia ir para a cama sem antes abrir a porta da frente e dar uma espiada para ter certeza de que não havia bandidos vigiando a escada. No entanto, nem mesmo esse esforço para aplacar meu medo era suficiente para afastar os pesadelos.

E eu também era pobre. Quer dizer, meus pais eram pobres. Não vivíamos na pobreza. Não em comparação com a miséria e a esqualidez abjetas a poucos quarteirões dali, onde precárias oficinas esperavam em vão por um freguês extraviado e os filhos de operários desempregados e migrantes da zona rural reviravam a lama de ruas não pavimentadas com os pés nus. Não me lembro de ter passado fome — nem mesmo durante as memoráveis "semanas de sopa de repolho". E, apesar disso, nossa vida era uma luta contínua pela sobrevivência, com minha mãe se esforçando desesperadamente para equilibrar as contas, sempre com pouco dinheiro na segunda quinzena do mês, e até mesmo os luxos mais simples rigorosamente fora do nosso alcance, sendo que tudo, à exceção do básico, era luxo. Depois que meu pai faliu, meus pais pararam completamente de sair ou de receber visitas. De alguma coisa era preciso abrir mão — e tudo que servisse de diversão para eles logo foi cortado. Lembro que meu pai viajava quilômetros de bonde todos os dias para almoçar. Comia sentado sozinho à mesa, depois dizia "*Also*" ("Tudo bem" em alemão), cruzando os braços em cima da mesa, apoiando a cabeça no braço direito e pondo-se imediatamente a roncar. Depois de um cochilo de uns quinze minutos, levantava-se e ia embora, voltando às oito da noite. Comia dois sanduíches e ia para a cama. Às nove nossa família estava dormindo. E assim foi, dia após dia, ano após ano. O pai carregava sua cruz sem reclamar. Acho que se sentia feliz porque de alguma forma conseguia sustentar a família. Culpava-se por não poder oferecer nada além da sobrevivência, e por isso via a própria vida como uma tentativa de expiar essa culpa. Sua existência cinzenta, insípida, sem alegria, lhe parecia uma parte evidente da expiação. Com minha mãe a história era outra. Ela não desistia facilmente dos sonhos. Diariamente absorta em sua mágica doméstica — extraindo refeições nutritivas de recursos que uma dona de casa menos frugal ou sensata dificilmente consideraria suficientes para um lanche —, de vez em quando ela ainda cedia à tentação e levava minha irmã, e logo a mim também, ao cinema da esquina. Da sua infância, minha irmã sem dúvida se lembrava de tempos melhores. Quanto a mim, eu não conhecia outra vida. Consequentemente, não tinha sonhos e não sofria. Achava natural que livros, sapatos e meias fossem coisas que a gente ganha de presente de aniversário. Não lembro de ter tido brinquedos — livros, que durante anos foram meus únicos amigos, eu pegava emprestados de uma biblioteca a poucas quadras de distância.

E eu lia. Muito, com vontade, embora em nossa casa não houvesse pilhas de livros, nem de qualquer outro tipo de guloseima. Aprendi a ler, pelo que me disseram, entre os quatro e os cinco anos, e quase por conta própria, sem incentivos ou lembretes. Eu lia qualquer coisa que me caísse às mãos — principalmente jornais, ICK[*] todos os dias, e, uma vez por semana, *Nasz*

---

[*] *Ilustrowany Kurier Codzienny* (Correio Diário Ilustrado), jornal lançado em 1919 em Cracóvia; era uma publicação progressista.

*Przegląd** (com um suplemento infantil editado por Janusz Korczak,[†] que eu devorava da capa à última página). Para a compra de "literatura para crianças e jovens" não havia um centavo sobrando. A hora de Karl May, Jack London e James Fenimore Cooper só chegou mais tarde, quando (em meus tempos de escola) ingressei na biblioteca da Towarzystwo Czytelni Ludowych. Essa Associação Popular de Salas de Leitura era uma organização sem fins lucrativos destinada a tornar livros acessíveis para pessoas que não tinham condição de comprá-los. Mantinha uma rede de bibliotecas, onde era possível fazer empréstimos regularmente mediante um pagamento simbólico mensal (equivalente ao preço de dois ovos). A bibliotecária da nossa filial (uma moça taciturna, já meio solteirona, que ruborizava por qualquer coisa e era evidentemente amante dos livros) parecia valorizar muito a minha assiduidade, e me enviava o que havia de melhor na sua modesta coleção.

Mas, antes disso, na hora de dormir, meu pai lia para mim os arrepiantes relatos de Sven Hedin sobre suas escapadas polares (arrepiantes sobretudo, mas não só, por causa dos montes de neves e dos icebergs que descreviam). Dessa maneira, ele instilou em mim minha persistente atração, ainda hoje insatisfeita, por

---

* *Nasz Przegląd* (Nosso Panorama) era o jornal judaico-polonês mais popular na Polônia do entreguerras (publicado em polonês para a comunidade judaica), ligado ao sionismo. Os pais de Bauman eram assinantes do periódico.

† Janusz Korczak, nascido Henryk Goldszmit, dedicou a vida à luta pelos direitos da criança. Foi criado numa família de judeus progressistas (o pai, advogado, era membro do Haskala, movimento intelectual judaico fortemente influenciado pelo Iluminismo que se propagou entre meados do século XVIII e meados do século XIX, a partir da Alemanha, e foi popular nas várias partes da diáspora judaica). Korczak recebeu uma educação geral russa (Varsóvia, nessa época, estava sob domínio czarista). Foi também renomado pedagogo e publicou textos dirigidos a crianças, mas também a pais e educadores. No orfanato do qual foi diretor, as crianças criaram sua própria república e seu próprio parlamento, seu sistema judicial e seu jornal. Durante a ocupação alemã, rejeitou ofertas de ajuda para fugir e permaneceu no Gueto de Varsóvia com suas crianças até serem deportados para Treblinka, onde morreu, em 1942 (L. Berger, *Korczak: Un homme, un symbole*).

tudo o que tivesse a ver com "o topo do mapa", talvez porque o explorador e a paisagem do Ártico estivessem associados aos únicos momentos de proximidade com meu pai — muito mais raros do que eu gostaria... Quando o abre-te Sésamo fez os portões da biblioteca se abrirem para mim, eu me joguei em cima de tudo o que brilhava de neve e reluzia de geada, e que emanava o calor de seres humanos amontoados — um calor que, na aura ártica, parecia brilhar mais intensamente e aquecer mais suavemente do que no clima temperado da Grande Polônia. Além de Jack London, eu devorei tudo o que pude encontrar de Andersen e Selma Lagerlöf, e, driblando a vigilância da bibliotecária, atenta protetora da virtude infantil, consegui até compartilhar as experiências do protagonista de *Fome*, de Knut Hamsun, de "O visitante real",* de Henrik Pontoppidan, e do *Peer Gynt* de Henrik Ibsen.

Imagino que o meu amor pela leitura fez meu pai reviver suas esperanças, vicariamente, por meu intermédio; eu deveria ser tudo que ele sonhou ser mas não era. Trinta anos depois, morreria num kibutz distante, serenamente, em paz com a vida: debaixo do seu travesseiro estava meu primeiro livro — um presente que ele tinha recebido dois dias antes.

Eu lia também durante os intervalos das aulas na escola pública da rua Słowacki — a algumas centenas de metros de distância. Eu era o único judeu, e um dos pouquíssimos meninos gordos. Meu status excepcional era, portanto, muito evidente e jamais posto em dúvida, o que tornava minha situação segura e, curiosamente, prazerosa. Para os colegas, eu era "o nosso judeu" e "o nosso gordinho", o que lhes impunha obrigações e conferia direitos. Tirando uma ou outra chacota, um ou outro beliscão gratuito, toleravam bem a minha presença; eu chegava a pensar que gostavam que eu estivesse ali, e que sentiriam a minha falta

---

* Em polonês "Diabeł domowego ogniska" ("Demônio da lareira"); título original dinamarquês: "Den Kongelige Gæst". Em 1917, o autor recebeu o prêmio Nobel de literatura. Os outros autores e títulos mencionados na passagem são bem conhecidos e facilmente acessíveis.

se não estivesse. Eu não me sentia vítima, nem mesmo apartado para receber tratamento especial. A maioria dos professores parecia gostar de mim e valorizar o meu progresso; muitas vezes me pediam para ajudar alunos mais fracos, o que eu fazia com prazer.

Cientes dos perigos que me ameaçavam no pátio, nossos professores deixavam (na verdade recomendavam — e mais precisamente ordenavam) que eu ficasse na sala durante os recreios.

Foi pior nos primeiros anos, quando eu era pequeno, e de um tipo inferior: desajeitado, incapaz de correr, saltar ou jogar bola, e não muito hábil em interagir com os colegas, fazer amizades ou me defender dos ataques (ou, pelo menos, manter distância da maldade e evitar encrenca). Eu era o candidato perfeito a menino mais mole da escola, atormentado nas brincadeiras dos meninos mais velhos que, sem correr risco algum, queriam extravasar energia — meninos contra os quais o grupo crescente de bons colegas, todos eles pequenos como eu, não tinha a menor chance. Meus algozes dominavam os meninos magricelos das séries iniciais graças ao tamanho dos bíceps e à autoconfiança (leia-se: impunidade) que isso implicava. Eram muito mais talentosos do que nós em matéria de causar dor e inventar maneiras cada vez mais criativas de produzi-la. Com o tempo, no entanto, a situação melhorou. Os demônios mais ameaçadores do pátio do recreio foram deixando a escola, um depois do outro, e meus amigos e eu aos poucos fomos transformados em alunos "mais velhos", e por fim "os mais antigos" da escola. Era uma situação totalmente diferente da dos primeiros anos, quando eu era, para os veteranos, um recém-descoberto objeto de diversão e uma oportunidade de liberação — tanto mais atraente por ser, até pouco antes, difícil de encontrar, e novo demais para que as delícias prometidas se tornassem lugar--comum e perdessem o seu apelo.

Tive alguns bons colegas, mas pouquíssimos amigos. Meus colegas passavam o tempo livre de um jeito que estava fora do meu alcance. Eu não podia perambular pelos bosques próximos, passear pelos parques. Não andava de bicicleta, não nadava, não patinava. Jogar bola, nem pensar — nenhum time me aceitaria. A maioria das instalações sociais para jovens era dirigida pela Igreja Católica, e nelas eu não seria bem-vindo. Assim sendo, onde eu poderia jogar? Na rua? A rua era lugar perigoso... Alguns meninos das casas vizinhas pareciam ter combinado aproveitar qualquer oportunidade oferecida pelo único "jacó"[6] do bairro para soltar a língua e exercitar músculos. Esse "jacó" era gordo, desengonçado e certamente incapaz de brigar. Não fiz tantos amigos assim na escola, mas os que fiz se caracterizavam por uma rara lealdade; nossa amizade passou por testes difíceis e sobreviveu aos piores — a guerra, a ocupação, o Holocausto — e ao general Moczar.[*7] Hoje, infelizmente, por uma cruel injustiça do destino, sou o único ainda vivo. Poucas semanas atrás, chorei a perda de Edmund Melosik, o último dos meus amigos dos tempos de escola.[†]

Os poucos amigos que fiz eram "casos especiais" como eu. Um era um menino frágil, deficiente física mas não mentalmente, tímido e medroso demais para participar de jogos ao ar livre, preferindo o tipo de vida que eu tinha de aguentar. Nós nos encontrávamos em meu apartamento para ler, brincar ou fazer os deveres de casa. Outro era o filho altamente inteligente de um capitão que servia num regimento próximo. Soldado profissional, mas homem magnificamente instruído, o pai era muito exigente na escolha de amigos para o filho; praticamente me induziu a fazer amizade com o menino. Depois de examinar com cuidado todos os demais colegas, me escolheu como o único provavelmente capaz de manter o interesse do filho por literatura e história, que ele queria cultivar. Meu terceiro amigo — e, pelo que me lembro, o último — era o belo filho de uma viúva que em meados dos anos 1930 se mudou para um apartamento num prédio vizinho. Acho que para nós dois foi "amizade à primeira

---

[*] Mieczysław Moczar foi o general reconhecido como o "cérebro" por trás das repressões antissemitas que provocaram a onda de emigração após março de 1968.
[†] Melosik morreu em 2007.

vista". Tínhamos o mesmo amor pelos livros; gostávamos de falar de livros, de treinar a mão escrevendo alguma coisa e de discutir os ineptos resultados dos nossos esforços. Foi o único dos amigos de infância que voltei a encontrar, embora por pouco tempo, depois da guerra. Nessa altura, ele era um dos mais promissores jovens poetas da nova, e comunista, Polônia.

Terminei minha educação primária em 1938. Meus pais mal podiam pagar as altas mensalidades de um ginásio (escola secundária no sistema educacional polonês), mas não hesitaram um momento na decisão de fazer qualquer sacrifício para me ajudar. O grande problema, portanto, era entrar. E isso de fato era um problema. Todos os ginásios de Poznań, com uma única exceção, praticavam o *numerus nullus* — exclusão total de meninos judeus. O Ginásio Estadual Berger era a única escola secundária que adotava o *numerus clausus* — restrição do número de alunos judeus para que não excedessem a porcentagem de judeus na população total da área. No contexto de Poznań, isso significava menos de 1%. Formei-me na escola primária com excelentes notas, mas mesmo assim as chances de admissão eram mínimas. A ansiedade em relação ao resultado dos exames de admissão somava-se ao tumulto do romance, do casamento e da partida abrupta de minha irmã. Foi um verão longo, quente e decisivo.

Primeiro vieram as provas escritas de literatura polonesa e matemática. Os candidatos com as melhores notas seriam admitidos; o restante teria que fazer provas orais. Fiz as duas provas escritas. Uma semana depois foi a minha vez de fazer as orais. O diretor do ginásio sentou-se no pódio com as provas escritas na sua frente. Fui convidado a sentar num banco perto do professor que conduzia as orais. Eu estava morrendo de medo, tremendo sem parar, mal percebendo o que se que passava à minha volta. O examinador foi friamente cordial, mas não parecia nem um pouco preocupado com o meu estado mental (como os colegas mais velhos se apressaram a me informar logo depois, ele era o mais cruel e implacável inimigo do "elemento judaico" de todo o corpo docente).

A pergunta era simples: "Descreva o seu trajeto diário para a escola". Esperando um debate profundo sobre as sutilezas de uma das joias da literatura polonesa, ou das complexidades da tortuosa história polonesa — alguma coisa mais compatível com a imagem daquele templo de sabedoria que eu esperava que fosse o ginásio —, fiquei embasbacado, esforçando-me para recompor os pensamentos estilhaçados. Minha primeira frase foi um desastre: por um lapso, em vez de dizer "Vivo numa casa de esquina", eu disse "Vivo numa esquina". Vi com horror um sorriso insinuar-se no rosto do meu algoz. Ele estava claramente aliviado — "Foi fácil nos livrarmos deste aqui". Num momento me despacharia de volta para casa. Mas, antes que tivesse tempo de fazer isso, o diretor falou: "Perdão, senhor, este menino não precisa de prova oral. As duas provas escritas foram excelentes, ele já foi admitido". As palavras do diretor, a expressão subitamente azeda e desiludida do examinador, o barulho ensurdecedor do meu coração, as lágrimas de minha mãe, que esperava lá fora, meio viva, meio morta — tudo se fundiu na experiência de uma felicidade intensa: a lembrança mais feliz da minha infância. Minha primeira conquista — por esforço próprio, e contra adversidades esmagadoras, indomáveis.

Algumas semanas depois, chegou o grande dia. Usando com orgulho o meu boné do Ginásio Berger, esse passe visível e indiscutível para as fileiras da gloriosa intelligentsia polonesa, cheguei à porta da primeira turma. Antes de dar o primeiro passo dentro da sala, fui massacrado por uma avalanche de chutes e socos. Empurrado e puxado de todos os lados, perdi o controle das pernas e me vi andando — ou sendo levado — para o canto esquerdo do fundo da sala. Os braços de alguém me jogaram na última carteira. "Seu lugar é este, judeu! E não se atreva a procurar outro."

Levei alguns minutos para me recompor — ainda mais porque o barulho na sala de aula não diminuiu. Só quando recuperei os sentidos é que percebi que não ficaria sozinho no gueto que me fora designado. Do turbilhão de rostos furiosos e desdenhosos, corpos contorcidos, punhos voadores, outras figuras flácidas emergiram, atiradas, uma a uma, nas carteiras perto de mim. Quando a entrada do professor da turma restaurou a calma, olhei em volta. Havia mais quatro rostos pálidos na vizinhança. Outros quatro meninos olhavam de esguelha uns para os outros. Quatro pares de olhos lacrimejando de vergonha, tentando não olhar nos olhos dos outros que testemunhavam sua humilhação.

De modo que, pela primeira vez na minha vida escolar, eu não estava sozinho; ia compartilhar meu destino com outros. Éramos cinco — os judeus que queriam ser poloneses; os judeus que arrogantemente se comportavam como se fossem poloneses. Que, como todos os demais na sala — mas evidentemente sem os direitos que os outros tinham —, queriam se apoderar da magnífica tradição da língua, da história e da cultura polonesas. Pela primeira vez essa vontade, e a consequente determinação, deixava de ser uma esquisitice pessoal. Agora eu pertencia a um grupo, a uma categoria que podia ser classificada, rotulada e tratada sumariamente.

Naquela sala de aula, havia cinco de nós (ou pelo menos assim foi decidido pelo restante da classe). Um dos cinco morreria no Holocausto; um mora até hoje em Varsóvia. Os outros três, que me incluem, deixaram seu país. Pelo menos fisicamente.

Três de nós, como não tardei a descobrir, tinham sido reprovados no ano anterior e estavam na primeira série pelo segundo ano. Assim sendo, só dois tinham sido admitidos no Ginásio Berger em 1938. E como o Ginásio Berger era o único na cidade que não praticava o *numerus nullus*, apenas dois meninos judeus tinham ingressado no ensino secundário naquele ano em toda Poznań. Naquele ano, as estradas que levavam do gueto para Treblinka ainda não existiam — e ninguém, nem chutadores nem chutados, fazia ideia de que elas já tinham sido planejadas e que a construção, na verdade, já começara —, embora houvesse também uma espécie de muro em torno desse gueto de carteiras escolares. Erguido, por ora, com olhares de ódio, com zombarias e com insultos, uma perna estendida para que alguém tropeçasse, ganchos de esquerda ou de direita. Um estilo caseiro, que remontava à era pré-industrial, improvisado — mas nem por isso menos incontestável.

Pelo que me consta, nenhum dos professores fazia objeção ao nosso confinamento forçado num gueto. Alguns faziam questão de manifestar a sua aprovação selecionando os moradores do gueto para tratamento especial. O professor de literatura polonesa,[*] por exemplo, tendo formulado para a sala uma pergunta particularmente sedutora, começava por se dirigir a cada morador do gueto: fazia isso como um juiz de concurso de beleza, "na ordem inversa" da suposta capacidade de responder, para garantir que a ignorância dos judeus ficasse devidamente exposta. Tenho o prazer de informar que eu era o último dos judeus a ser chamado, e que a zombaria quase sempre terminava ali — por falta de mais judeus, claro, mas também pelo fato de que a tese da incapacidade coletiva da raça judia para compreender a tradição literária polonesa tinha sido seriamente prejudicada.

Tática parecida era empregada pelo professor de matemática — embora a motivação pessoal de um professor de matemática nesse sentido fosse menos imediatamente óbvia. O professor de geografia fez saber publicamente que o conhecimento dos judeus tinha sido obtido de modo não inteiramente honesto, e por isso tinha o cuidado de avaliá-lo com uma nota inferior ao mesmo conhecimento revelado por alunos não judeus. Foi impossível para mim corrigir o único erro que cometi num ano inteiro de estudo de geografia (identificar erroneamente os minerais de que era feita uma das cadeias de montanha polonesas), e terminei o ano como uma nota apenas "satisfatória" na matéria.

---

[*] Na versão polonesa Bauman também mencionou professores de latim e história agindo de forma semelhante.

Anos depois eu ficaria sabendo que Jasia[*] teve experiências idênticas. Seu professor de polonês chamou-a de lado após dar as notas e explicou: "Você entende, claro, Jasia, que eu não poderia lhe dar outra nota, porque seria inédito para um judeu receber um 5 em polonês (o 5 era o equivalente em Varsóvia ao 1 de Poznań)".[†]

Também muitos anos depois, agora com Jasia, vivi com Władysław Kowalski (ele sob as luzes do palco do Teatro Ateneu, como Andri na peça *Andorra*, de Max Frisch; eu no escurinho da plateia) a tragédia do aprendiz apaixonado por marcenaria cujo mestre o reprovou no exame não porque a cadeira que ele fez fosse pior do que as cadeiras produzidas por outros, mas porque "os judeus são feitos para serem comerciantes", e porque *Das ist's, was deinesgleichen im Blut hat... Du kannst Geld verdienen*" ("Os da sua espécie têm isso no sangue... tudo o que sabem fazer é ganhar dinheiro") — e portanto são incapazes de fazer uma cadeira decente... São incapazes de ser capazes... E, por Andri ter ido contra as leis da criação, e com a insolência típica da sua espécie ter ousado fazer o exame de artesão, o Doutor da peça pôde afirmar com repugnância: *"Ich kenne den Jud... Das Schlimme am Jud ist sein Ehrgeiz"* ("Conheço os judeus... a pior coisa neles é a ambição").

O Doutor não estava sozinho em suas avaliações; elas eram compartilhadas por pessoas mais esclarecidas do que ele — ainda que, como a grande Maria Dąbrowska, reconhecessem não ter a consciência de todo limpa por causa disso. Dentro dos muros do Ginásio Berger, e bem antes de Jasia e eu entrarmos no Ateneu — e muito, muito antes de eu começar a ler as con-

---

[*] "Jasia" era o apelido de Janina Bauman, mulher de Zygmunt Bauman. Eles se casaram em 1948 e viveram juntos mais de sessenta anos. Janina escreveu o já mencionado *Inverno na manhã* (1986). Morreu em 2009.

[†] Isto é, a melhor nota. A diferença entre as duas cidades reflete a história polonesa: antes de 1918 (quando a Segunda República da Polônia foi criada), Poznań era uma cidade prussiana/germanófona, enquanto Varsóvia era uma metrópole russa.

fissões de Maria Dąbrowska —, ocorreu-me, lenta mas inexoravelmente, que eu estava destinado a ser (mas provavelmente também escolhi, inspirado por esse destino) e decerto continuaria sendo um daqueles que não são "inteiramente um deles", que estão condenados a "irritar as pessoas"... E que eu estava condenado a irritar "pessoas" não necessariamente porque houvesse mais "pensamentos criativos e livres" borbulhando dentro de mim do que nelas, não porque eu fosse "mais corajoso" do que elas, mas justamente porque eu não era "inteiramente uma delas". Porque — como o filho do proprietário de terras em *Joyful Sorrows* [Dores alegres], de Tadeusz Kotarbiński, que, apesar de todas as virtudes, herdadas e adquiridas, e de sua sincera devoção à causa do socialismo e de suas honestas intenções para com ela, não tinha como deixar de ser descendente de um proprietário de terras — eu não podia deixar de ser judeu. E, por não poder, a única opção que me restava era aceitar a sinistra previsão do corcunda de Tuwim: a de que, ainda que ele se enforcasse com a mais bela das gravatas, ninguém diria "Que gravata bonita!" — todo mundo declararia: "Que corcunda nojento!".

Assim, o insolente Zygmunt foi informado de que, para receber as mesmas notas que os outros, teria de se esforçar muito mais que eles. E de que, caso se esforçasse, isso seria visto como arrogância, zelo excessivo, intromissão e, portanto, como motivo para lhe negar reconhecimento, consideração. Cara: eles vencem, foram irritados por nós; coroa: nós os irritamos, perdemos.

Os rótulos de "nós" e "eles" provavelmente foram introduzidos na linguagem humana como parte do castigo infligido por Deus aos presunçosos pecadores no canteiro de obras da Torre de Babel.

No entanto, alguns professores rejeitaram conscientemente os invisíveis muros do gueto. Um deles — o professor de história, em particular — parecia envergonhado de lecionar numa sala tão dividida. As nuances das atitudes dos professores eram mais ou menos replicadas entre os alunos. Ninguém, no entanto, entre os professores ou entre os colegas não judeus, tentou contestar os "fatos da vida". A divisão era sólida e permanente, pois os que queriam que assim continuasse agiam, enquanto os que não gostavam simplesmente observavam.

Ser membro de um grupo, de uma categoria, dividir minha situação com outros de um jeito "predeterminado" que nem eles nem eu poderíamos contestar, mudou minha vida da maneira mais radical. De repente, deixei de ser um caso isolado, uma pessoa entregue à própria sorte e capaz de contar apenas comigo mesmo. Havia agora uma coisa curiosa chamada "interesse comum", outra chamada "defesa conjunta". Lembro-me de que achei difícil pensar nesses termos, de início, mas que não demorei a me acostumar, até mesmo a gostar. A mudança mais profunda, porém, foi estar cercado de amigos seguros — porque "designados": os que não podiam deixar de ser meus amigos, que não tinham escolha senão continuar amigos, assim como eu não podia deixar de ser amigo deles. Nossos respectivos destinos estavam, por assim dizer, atados para o que desse e viesse. Gostarmos ou não gostarmos uns dos outros não tinha importância. Estávamos juntos *ex officio* no mesmo barco. O que nos mantinha unidos não tinha sido penosamente construído com sentimentos e simpatias; na verdade, era anterior a qualquer emoção. Isso tornava essa coisa sólida de um jeito que eu não fazia ideia. Mas também, talvez, um pouco menos humana.

Mal sabia eu o que viria pela frente. Chegou na forma nada auspiciosa de um dos meus novos amigos "designados". Ele me perguntou, casualmente, se eu estaria interessado em acompanhá-lo a um encontro que frequentava duas tardes por semana. Estaria, sim — eu nunca tinha participado de um encontro, fosse de manhã, de tarde ou em qualquer outro momento do dia. Esse a que compareci, a convite do meu amigo, ocorreu num quarto abandonado, precário, num dos prédios que envelheciam sossegadamente nas poucas ruas que restavam do antigo bairro judeu.

Lá dentro havia meninos e meninas mais ou menos da minha idade. Juntos, formavam a filial do Hashomer Hatzair* em Poznań.

O resto foi um turbilhão. Agora eu estava num grupo que me aceitava por uma razão que nada tinha a ver com a incapacidade de livrar-se de mim. Os outros meninos e meninas não eram "casos especiais" como eu; eu mesmo já não era um caso especial. Conversávamos, discutíamos, dançávamos, brigávamos, nos comportávamos de uma maneira que, no meu jeito de pensar, era reservada apenas a pessoas normais, coisa que eu evidentemente não era. Entre aquelas paredes descascadas eu era tudo que não podia ser lá fora. Provei do fruto proibido da árvore da liberdade, e me dei conta de que a vida poderia ser diferente do que era — não só em duas tardes da semana. De repente o mundo já não parecia inabalável, predeterminado. E a escolha não parecia ser como antes, "É pegar ou largar". E eu não tinha a menor intenção de largar.

O mundo que eu queria botar no lugar do que existia foi concebido segundo o padrão da filial do Hashomer Hatzair. Olhando para trás, acho que foi a vida que levávamos, e não a vida sobre a qual fantasiávamos, que se sedimentou na imagem duradoura de um mundo justo que, desde então e até hoje, eu sonhei, busquei, alimentei a ilusão de encontrar.

Esse mundo fascinante recebeu o nome de Sião, embora eu não acredite que o nome se referisse a nenhum lugar geograficamente definido. Pelo que me consta, Sião ficava no bosque

---

* A Hashomer Hatzair (hebraico para "Jovem Guarda") foi uma das organizações sionistas mais influentes do período do entreguerras, embora não aspirasse a tornar-se um movimento de massa. Seus membros, *szomer*, eram obrigados a trabalhar para a implementação do programa sionista aumentando os fundos nacionais judaicos, dominando a língua hebraica e fazendo *alija* (em hebraico, "subir", o termo para a imigração judaica para a Palestina e depois para Israel, a partir da Diáspora), seguida de trabalho nas fazendas coletivas (*kibutzim*) na Palestina. A organização acreditava estar formando a vanguarda nacional de judeus ao criar estreitas relações de amizade e um senso de fraternidade e laços de família entre seus membros (N. Aleksiun, *Dokąd dalej? Ruch syjonistyczny w Polsce (1944-1950)*).

de Winiary,* onde, pela primeira vez na vida, compartilhei das delícias do Primeiro de Maio, na companhia segura dos novos amigos. Sião era um mundo curioso, sem valentões. Um mundo no qual as pessoas eram amadas ou odiadas pelo que faziam, e não pelo que eram. Em Sião as pessoas eram iguais, a não ser que se fizessem diferentes. Não havia judeus e gentios, não havia ricos e pobres, não havia os que têm e os que não têm. Todos tinham o direito de ser respeitados. Ninguém era ridicularizado por ser diferente.

Saí da breve experiência de ano e meio no Hashomer Hatzair decidido a mudar o mundo. E saí socialista. E magro. Na verdade, durante aqueles seis meses fatídicos, perdi toda a minha gordura. Logo depois, perdi minha casa — para sempre. E minha terra natal — pela primeira vez.

---

* Grande parque, com uma parte em estado natural conhecida como "bosque", na área de Poznań chamada de Winiary.

· 3 ·

O destino de um refugiado e soldado

Em 1º de setembro [de 1939], os alemães invadiram a Polônia. Poznań ficava a 95 quilômetros da fronteira. A primeira cidade grande na rota dos nazistas para a vitória. As bombas começaram a cair na cidade nas primeiras horas do primeiro dia de guerra, e só pararam quando deixamos Poznań, num dos últimos trens que saíram da cidade sitiada, na noite de 2 de setembro. Andamos sorrateiramente até a estação, no mais completo breu, esconden-do-nos em vãos de porta quando uma sucessiva leva de aviões inimigos se aproximava. Só levamos o que dava para levar nas mãos. Minha irmã perdeu as poucas coisas que trouxe da Pales-tina — precisava carregar a filha. A estação estava em ruínas, e pessoas se amontoavam em vagões já superlotados, sem ninguém para freá-las ou orientá-las.

Os bombardeiros perseguiram o nosso trem o tempo todo. Paramos várias vezes para nos espalharmos e escondermos. Por fim, em Inowrocław, a 160 quilômetros de distância de Poznań, o trem parou definitivamente. Os trilhos mais a leste tinham sido pulverizados, e a rede ferroviária deixara de operar. Não havia mais prédios na estação de Inowrocław. Encorajados pela abso-luta falta de resistência, aviões alemães metralhavam os trens parados. Não havia dúvida de que os pilotos ficavam felizes com a oportunidade de demonstrar suas habilidades aéreas. Voavam a poucos metros do chão, depois descreviam voltas e círculos extravagantes no céu, até mergulharem de novo. Muitas vezes passavam tão perto que juro que cheguei a ver o sorriso maldoso no rosto dos pilotos. Entre bombas e incêndios, ficamos no trem esperando meu pai voltar. Ele não tolerava a ideia de viajarmos sem pagar passagem. Só voltou para nos salvar do perigo depois de confirmar que não restava nenhum ferroviário para cobrar o que lhe devíamos. Mesmo assim, acho que sofreu. Não tolerava desonestidade — menos ainda da sua própria parte.

Percorremos na carroça de um camponês a distância de Ino-wrocław a Włocławek, onde morava a maior parte da família da minha mãe. Parece que minhas tias já esperavam a nossa chegada, embora eu não consiga me lembrar de terem comemorado a notícia da nossa fuga. Instalaram-nos num apartamento desocupado por uma família que tinha fugido para o leste, e o resto ficou por nossa conta.

Não que tivéssemos algum controle sobre o nosso destino. Sob pressão, as sobras do exército derrotado correram para o leste — a cavalo, em carroças, a pé. Logo as ruas ficaram desertas de soldados, e um silêncio estranho e assustador se impôs. Foi quando os alemães chegaram. Em motos, em caminhões, em tanques.

Poucos dias depois, minha mãe picotou meu pijama amarelo para costurar triângulos nas costas dos nossos casacos — os sinais da nossa distinção judaica oficialmente reconhecida pelos novos governantes. Agora andávamos ostentando essas marcas e nas ruas — simbolicamente uns poucos centímetros abaixo do nível das pessoas comuns, que caminhavam, como antes, nas calçadas. Minha irmã e o marido tinham passaportes da Comunidade Britânica. Nessa condição, estavam isentos de normas punitivas — pelo menos por enquanto. A escolha que minha irmã teve que fazer, no entanto, assumiu uma forma diferente. De um lado, a opção da rotina enfadonha e deprimente da versão oriental do *Frauenzimmer*; do outro, uma existência igualmente humilhante, mas além disso cruel, assustadora e imprevisível. No entanto, de alguma maneira, a primeira escolha, tão repulsiva ontem, agora parecia menos repugnante. Assim, minha irmã foi ao escritório do comandante e manifestou o desejo de voltar para a Palestina.

Um pequeno milagre aconteceu. Naquele mundo de insanidade, em que o punho era o único passaporte, a arma era o único título respeitado e os judeus eram proibidos de ter uma coisa e outra, um elegante automóvel parou à nossa porta, dois altos oficiais, elegantemente vestidos, saíram dele e — curvando-se e saudando sem parar — entregaram à minha irmã passagens de trem para Berlim e uma reserva num chique hotel berlinense, tudo cortesia do Reich. Pediram mil desculpas por ainda não terem conseguido autorização para o resto da viagem (esses ingleses, sabe como é, são tão ineficientes!), acrescentando, porém, que tudo seria feito para acelerar as coisas e que o governo alemão daria sua proteção pelo tempo que fosse necessário.

O que se passou em seguida era digno do teatro do absurdo.

E assim, três judeus com triângulos amarelos nas costas foram se despedir na estação ferroviária de Włocławek de três judeus sem distintivos. Na verdade, não chegaram a ver o trem sair. Pouco antes de minha irmã, com a filhinha nos braços e o marido do lado, ser levada (com muitas vênias e saudações adicionais) para o vagão reservado aos oficiais alemães, um policial alemão apontou o dedo para o meu pai e ordenou: "Você aí, judeu, vem aqui limpar esta plataforma imunda!". De costas para o trem que levava embora sua filha, com lágrimas nos olhos, as mãos cheias de papéis encharcados e restos embolorados de lanches de soldados, e sob o estímulo de coronhadas — essa foi a imagem do pai que minha irmã levou consigo na viagem para o que era agora seu único lar.

Eu me lembro de voltar ao nosso apartamento arrasado, mas inquieto: eu não ficaria mais ali. Não queria mais ver meu pai ridicularizado e humilhado. Ser tratado aos berros e intimidado não era exatamente uma experiência nova, nem para meu pai, nem para mim. E, no entanto, eu pressentia um perigo que meu pai, resignado como antes com o seu destino, relutava em reconhecer: a vida ia ser desagradável, nisso estava de acordo, eles não gostam de nós, vão tornar a nossa vida pior do que antes, e não há quase nada que possamos fazer para resistir; precisamos sobreviver até o fim da guerra, por mais difícil que seja a vida; vamos portanto enfrentar juntos, vamos nos instalar numa cidadezinha judaica — talvez Izbica, não muito longe daqui, e onde quase todos os moradores são judeus, uma comunidade bem estabelecida, forte, vamos ajudar uns aos outros e sobreviver... Lembro que tudo em mim era contra essa ideia (recebemos a notícia, não muito tempo depois, de que Izbica foi um dos primeiros vilarejos judaicos onde houve um massacre de moradores[1]). Instinto de menino? Ou a teimosia típica dos jovens? Ou, quem sabe, uma ingenuidade infantil, a fé da borboleta de Kipling: de que basta bater o pé para mudar o nosso destino, acabar com todos os aborrecimentos? Talvez uma premonição? Uma veia de rebeldia desenvolvida durante as noites passadas no Hashomer Hatzair? Uma nova convicção de que o mundo pode melhorar, e de que é preciso ajudá-lo a melhorar? Eu não tinha como saber. Não me lembro de pensamentos — só de sentimentos. No entanto, os sentimentos eram fortes. Tão fortes, na verdade, que acabaram prevalecendo sobre a nostálgica solução do meu pai. E assim meus pais sobreviveram à guerra.

E escrevo estas palavras quarenta e tantos anos depois da morte de Hitler.

Foi fácil convencer minha mãe. Ela cresceu na Polônia do Congresso, o território controlado pelo Império Russo, e sentia-se à vontade entre os russos; provavelmente imaginava a vida entre os soviéticos como uma volta aos tempos de infância — às vezes desiguais, às vezes nublados, mas sempre repletos de sonhos, e de esperanças muito mais excitantes por ainda não terem sido frustradas. Lá também havia uma potência estrangeira; havia ocupação; os judeus eram perseguidos, pessoas eram atacadas — mas, ainda assim, como comparar aquilo à barbárie atual dos alemães! Já para mim os russos eram tão estrangeiros quanto os alemães. Eu não contava com o paraíso do outro lado da fronteira verde. O que me motivava? Provavelmente a ideia de que, sob domínio russo, não haveria judeus ou poloneses, e todos sofreríamos juntos. O cativeiro nos tornaria iguais, em vez de nos separar com um muro intransponível. Não haveria ruas para uns, calçadas para outros. Não haveria retalhos amarelos "apenas para uns poucos escolhidos". Não haveria a situação em que uns iam para o pelourinho enquanto outros observavam — às vezes com compaixão, às vezes com um brilho de felicidade nos olhos, às vezes com olhos sem qualquer espécie de sentimento — porque aquilo, pelo menos por ora, não lhes dizia respeito. O fato de que essas reflexões não se baseavam apenas nas experiências de uma criança e não poderiam ser explicadas simplesmente como ânsias infantis me foi recentemente confirmado pela leitura de *Judeus errantes*,[2] de Joseph Roth, publicado onze anos depois do episódio em Włocławek. No livro, após concluir um exame e um levantamento jornalístico das aglomerações judaicas na Europa e do outro lado do oceano, Roth afirmava que "enquanto o antissemitismo se tornou tema de estudo no Ocidente, e a sede de sangue um ponto de vista político, na nova Rússia continua sendo uma vergonha".[3] E previa — com grande ingenuidade, como se veria muitos anos depois em relação ao antissemitismo na Rússia: "O que acabará por liquidá-lo é a vergonha pública"; "A vítima é libertada dos seus tormentos e o algoz, da sua compulsão. Essa é uma grande proeza da Revolução Russa".[4]

É no senso de "valor agregado" dos poloneses não judeus em relação a si próprios, é na convicção não compartilhada pelos seus compatriotas que também não eram judeus (ou, mais especificamente, por aqueles que tinham um defeito especial, não encontrado em outros poloneses), que devemos procurar as origens das diferenças entre como poloneses judeus e não judeus percebiam as duas ocupações.*[5] Para poloneses não maculados pelo estigma da judaicidade, nada distinguia a ocupação russa da ocupação alemã. Cá e lá havia cativeiro; cá e lá havia perseguições, deportações e campos; cá e lá havia humilhação, a recusa de direitos e dignidade humanos. Mas, para os poloneses que carregavam o fardo da judaicidade, uma ocupação era tão diferente da outra como a chance de sobrevivência é diferente do extermínio inevitável. Sob domínio soviético, eles enfrentavam as mesmas ameaças dos demais. Sob domínio alemão, eram ameaçados por um destino de que os demais eram poupados. Poloneses não judeus atrás da nova fronteira se ressentiam dos seus vizinhos judeus recebendo os conquistadores soviéticos com flores. Mas, em setembro de 1941, um oficial zwz[†] informou a Londres que "poloneses na região (recém-ocupada pelos alemães) veem os alemães como redentores, recebem entusiasticamente os soldados alemães com flores, às vezes com arcos de triunfo, e oferecem ajuda".[6]

A porcentagem de judeus poloneses que pagaram com a vida pela ocupação alemã foi mais ou menos igual à porcentagem de poloneses não judeus que sobreviveram intactos.

Uma vez declarada a nossa intenção de nos mudarmos para leste, para a parte da Polônia agora ocupada pelos russos, as irmãs e o irmão de minha mãe ficaram aliviados — já tinham problemas suficientes para resolver, agarrando-se a suas posses contra as extorsões cada vez mais gananciosas dos alemães. Eles se cotizaram, duzentos *zlotys* cada um, para contratar um cocheiro polo-

---

* Nos primeiros meses da Segunda Guerra Mundial, a Polônia foi ocupada pela Alemanha (primeiro) e pela União Soviética (depois; a invasão soviética começou em 17 de setembro de 1939).

† Związek Walki Zbrojnej (União da Luta Armada, ou Associação da Luta Armada): exército clandestino existente na Polônia entre novembro de 1939 e 14 de fevereiro de 1942, quando seu nome foi trocado para "Exército Nacional" (Armia Krajowa, AK).

nês, uma parelha de cavalos e uma carroça puxada a cavalo que nos levassem em segurança até a nova fronteira, e para longe do seu campo de visão. Meu pai encontrou outras pessoas igualmente desterradas para participar da viagem — e em meados de outubro partimos.

Levamos dez dias para percorrer os mais de trezentos quilômetros até a nova fronteira. Bem antes de chegarmos ao nosso destino, tivemos que abandonar nosso primitivo meio de transporte e continuar a jornada a pé; os dois cavalos, espécimes não particularmente animados desde o início, colapsaram antes de nós. No fim de outubro, finalmente chegamos a Wojciechowice — um vilarejo a poucas centenas de metros da fronteira, que agora passava entre Ostrołęka, do lado alemão, e Łomża, do lado russo. Alugamos um quarto na casa de fazenda de um camponês. Foi sorte encontrarmos um, pois todos os prédios da aldeia transbordavam de refugiados como nós, que como nós contavam com a autorização para atravessar a fronteira "para o outro lado". Naquele dia, vimos um dos meus tios de Włocłaek numa carroça puxada por um único cavalo atravessar a fronteira na direção oposta à que pretendíamos tomar. Tinha ido para o "lado soviético" verificar se era mais tolerável, e, por entender que os soviéticos estavam pregando o fim da "burguesia e dos proprietários de terra" e começando a confiscar as fortunas dos que, como ele, tinham propriedades ou moinhos, resolveu que, entre os dois males, preferia os alemães…

No primeiro dia, meu pai fez uma visita ao capitão da Wehrmacht no comando da unidade estacionada na aldeia. O capitão deve ter ficado profundamente impressionado com o alemão refinado, literário, do meu pai, pois lhe pediu, educadamente, que atuasse como porta-voz do restante dos refugiados, e prometeu total colaboração. Cumpriu a palavra. No dia seguinte, por intermédio do meu pai, ele pediu a todos os refugiados que se reunissem no ponto de travessia, o que fizemos, o coração pulsando de expectativa. Vimos nosso capitão percorrer no seu Horch preto a distância de oitocentos metros entre os dois postos de fronteira. Aguçamos nossos ouvidos para acompanhar as negociações com a tropa russa de fronteira. Aguardávamos com impaciência a resposta russa, quando o capitão voltou para conversar com meu pai sobre os poemas de Heine. Nossa espera foi longa. Só depois de algumas horas duas figuras humanas se destacaram do grupo de soldados do outro lado da fronteira. E começaram a andar vagarosamente em nossa direção; quanto mais perto chegavam, mais nitidamente víamos seus uniformes mal ajustados, os botões frouxos, os sapatos desgastados e sem brilho. Para mim, pareciam anjos. Ou mensageiros de Sião.

O oficial russo conversou rapidamente, em voz baixa, com o nosso capitão, bateu continência e voltou. Foi realmente com tristeza que o capitão informou ao meu pai: os russos receberam novas e rigorosas ordens, o intercâmbio de fronteira acabou, ninguém mais tinha permissão para entrar; lamento muito, mas não há nada que eu possa fazer, isso já não depende de mim, preciso consultar meus superiores em Ostrołęka...

Minha mãe não ia ficar parada enquanto outros decidiam seu destino. A beleza da minha mãe sempre foi eslávica, mais do que judia. Agora, em trajes simples e com um enorme xale em volta da cabeça, era praticamente impossível distingui-la de uma camponesa. Ela se livrou do único traço da sua judaicidade — o triângulo amarelo — e convenceu nossa senhoria, com quem fez amizade já no primeiro dia, a atrelar um cavalo e levá-la a Ostrołęka, onde esperava usar seus poderes de persuasão para obter a cooperação do comandante distrital alemão. Prometeu voltar à noite.

Não foi o que aconteceu. Poucas horas depois da sua partida, o capitão entrou de repente em nosso quarto, pálido e trêmulo. Disse a meu pai que os soldados regulares tinham sido chamados de volta, que a Grenzschutz[*] estava assumindo a fronteira, e

---

[*] Em novembro de 1939, depois do controle temporário da fronteira pela Wehrmacht, unidades da guarda de fronteira alemã (Grenzschutz) foram des-

O destino de um refugiado e soldado 97

que a partir de então as coisas iam ficar difíceis, e ele não tinha como ajudar. Na verdade, pouco depois ouvimos uma ordem em voz alta reverberar por toda a aldeia: *"Alle Juden raus!"*.* De casas, celeiros e estábulos, homens, mulheres e crianças surgiram, empurrados e chutados por soldados de uniformes estranhos em direção aos prédios da sede do vilarejo. Quando nos juntamos à multidão, ouvimos o oficial da Grenzschutz dizer que seríamos transportados para Ostrów Mazowiecka, onde todos os judeus que queriam ir para o lado russo estavam reunidos.

Em poucos meses chegou a notícia de que os refugiados reunidos em Ostrów Mazowiecka foram aniquilados no ato — logo que terminaram de cavar as valas comuns onde seriam enterrados. Foi a primeira base para a Endlösung [Solução Final], que depois de dois anos virou procedimento de rotina nos territórios ocupados do leste.[†7]

De qualquer maneira, não poderíamos ir para Ostrów. Não poderíamos ir para parte alguma enquanto minha mãe estivesse ausente. Tínhamos de esperar a sua volta. Não conversei com meu pai, mas sabia que ele pensava a mesma coisa. Nós nos entendíamos sem precisar de palavras, enquanto nos esgueirávamos por trás do prédio mais próximo e corríamos para o bosque que se estendia de ambos os lados da fronteira. Logo vimos um solitário guarda de fronteira russo, sentado num tronco de árvore, olhando os pássaros, cantarolando, um fuzil atirado no chão aos seus pés. Ofegante, meu pai declarou: "Estou aqui para esperar por minha mulher. Não arredo pé enquanto ela não chegar".

Acho que foi o dia mais longo da minha vida.

---

pachadas da antiga fronteira polonesa-alemã para essas novas linhas de demarcação. As unidades da Grenzschutz tinham uma reputação de crueldade e agressividade. Antes de novembro de 1939, muitos refugiados escaparam para territórios sob controle da União Soviética.

* Alemão para "Fora todos os judeus!".

† Em 11 de novembro, soldados alemães mataram cerca de seiscentos judeus. Foi uma execução em massa de moradores e refugiados que aguardavam, como os Bauman, uma oportunidade para cruzar a fronteira.

Quando a troca de guarda ocorreu, o soldado que cantarolava se envolveu numa longa conversa com meu pai, tentando convencê-lo de que seria muito melhor aguardar a mulher na aldeia do que no mato; ela talvez não nos encontrasse ali, mas todo mundo que atravessava a ponte acabava passando pela aldeia. Além disso — tentou ele, num russo rebaixado ao nosso nível inferior de compreensão —, havia comida quente na aldeia, e uma cama bem quentinha...

Encontramos outras pessoas na aldeia — só homens — que, como nós, escaparam do cerco. Num frio, embora ensolarado, dia de novembro, ficamos sentados nuns bancos em frente ao quartel. Escureceu cedo, e o ar claro começou a ficar gélido. No entanto, só bem mais tarde da noite, já tremendo de frio, recebemos ordem para levantar e seguir o guarda, que nos alojaria numa casa para passar a noite.

Só depois de meia hora de caminhada silenciosa é que percebemos que tínhamos deixado a aldeia para trás, e que nos arrastavam para a escuridão total, onde não havia casa nenhuma à vista. Levamos alguns minutos para nos darmos conta de que, já por algum tempo, atravessávamos um campo recém-arado, longe de estradas ou trilhas. Finalmente, entendemos: estávamos sendo levados de volta para os alemães. Seríamos contrabandeados pela fronteira.

Não lembro quem foi o primeiro a cair no chão e recusar-se a seguir. Mas lembro que eu mesmo me agarrei ao chão molhado com as duas mãos e gritei no que eu imaginava (erradamente, como descobriria depois) que fosse russo: "Minha mãe está aqui, eu não vou!". Eu era o único menino no grupo, e meus gritos devem ter impressionado em particular o nosso guarda, claramente pouco acostumado a contrabandear pessoas através de fronteiras, e menos ainda a despachar crianças para a morte. Nosso protesto talvez tenha passado da medida. O soldado parou obedientemente. Nem sequer tentou nos fazer mudar de ideia. Em vez disso, manifestou sua angústia com um foguete sinalizador. Ainda estávamos deitados no chão, congelados até os ossos e ensopados de lama, quando ouvimos um distante barulho de cascos. Pouco depois, um oficial montado surgiu da noite. Fez seu cavalo levantar-se nas patas traseiras, erguendo os cascos dianteiros sobre as cabeças dos corpos prostrados. Devia ser um ás das artes equestres. Por alguns minutos, dançou a cavalo sobre nós, tornando sua intenção de nos pisotear a mais convincente possível, ainda assim evitando machucar alguém. No entanto, o crescendo da lamentação em coro era reação de reconhecimento das suas habilidades. O oficial sussurrou qualquer coisa ao ouvido do soldado e voltou a dissolver-se na escuridão de onde surgira. No silêncio que se seguiu, ouvimos as palavras do soldado: "Agora vou me virar para o outro lado. Quando olhar para trás, não quero ver nem sinal de vocês". De alguma forma, entendemos sem precisar que ele repetisse.

Dali a Łomża* eram quinze quilômetros. Estava escuro, e tínhamos que passar longe das estradas. Apesar disso, ao alvorecer entramos na cidade. Reunindo as forças que lhe restavam, meu pai detinha os primeiros transeuntes a caminho da sinagoga e pedia um lugar para ficar. Łomża transbordava de refugiados. Não havia esperança de achar um quarto — mas uma senhora ali perto já estava alugando metros quadrados de piso para algumas dezenas de desabrigados e não se importaria de alugar mais alguns. Arrastando os pés percorremos talvez os cem metros mais longos de que me lembro. A primeira pessoa que vi lá dentro foi minha mãe, ainda com o xale de camponesa, aninhada no canto de uma grande sala sem móveis lotada, de parede a parede, de pessoas roncando, gemendo e ofegando. No nono círculo do inferno, fui de repente transportado para o paraíso.

Łomża era pequena, estava entupida de gente e não oferecia nenhuma perspectiva de trabalho ou moradia. Por isso tomamos o trem para Białystok, a maior cidade daquela parte da Polônia

---

* Em 1939-41, era a cidade de fronteira do lado soviético. Muitos refugiados ficavam ali antes de tentar fugir para o leste.

ocupada pelos russos. Mas descobrimos que não era muito diferente — as mesmas multidões de desabrigados, aluguéis altíssimos e milhares de desterrados em busca de parentes perdidos e de meios para sobreviver mais um dia. Gastamos todo o dinheiro trazido de Włocławek, e meu pai tentava desesperadamente ganhar um troco. Todo mundo em Białystok era comerciante, e juntar-se à multidão de vendedores ambulantes no mercado parecia a única maneira de ganhar a vida. Meu pai conseguiu um pouco de couro de um atacadista com a promessa de comissão nas vendas a varejo. Ia ao mercado duas vezes por dia, segurando algumas peças de couro para sapato, até descobrir que, mais uma vez, fora vítima de gente mais esperta do que ele era e do que tinha esperança de vir a ser: o couro se desmanchava e rachava ao simples toque de um dedo. Minha mãe tomou o nosso destino nas mãos. "Você jamais será comerciante, meu querido", disse ela a meu pai, numa voz que não admitia objeções. "É hora de entender isso, para variar." Meu pai concordou com alegria e entusiasmo.

Isso queria dizer, entretanto, que Białystok não era para nós. Teríamos que mudar de lugar — para longe das multidões de compradores e vendedores. Mas para onde? Aqui meu amor pela geografia foi de grande utilidade. (O *Atlas de Romer* foi o único tesouro que consegui preservar, intacto, em nossas andanças intermináveis; eu dormia com ele nos braços.) Para mim, o lugar certo parecia ser Mołodeczno, cidade pequena, mas não aldeia, longe o suficiente da fronteira alemã para não ser invadida pelos refugiados. Além disso, ficava nas terras românticas de Wileńszczyzna — e, como seria de esperar, entre os campos de trigo sarraceno e os trevos de Mickiewicz.* Gastamos nossos últimos centavos com passagens de trem para lá.

A cidade era uma base militar, e pouco mais que isso. Barracões espalhados por um vasto terreno plano e cercado ocupa-

---

* Adam Mickiewicz foi um dos mais célebres poetas poloneses, autor de *Pan Tadeusz* (1834), poema épico no qual descreve a paisagem lituana.

vam quase todo o espaço. O restante consistia em duas ruas perpendiculares, compridas, largas, cobertas de paralelepípedo e adornadas dos dois lados por fileiras de casas baixas, achatadas, de estilo mais rural do que urbano. Como no resto do país empobrecido, a vida simples coabitava com o cultivo do espírito. O ginásio era famoso pela refinada atividade acadêmica e se orgulhava das pessoas ilustres que formara. Sua já elevada reputação tinha recebido um novo impulso com um bom número de intelectuais judeus e bielorrussos que entraram para reforçar o corpo docente.

Havia muitos quartos para alugar, e logo encontramos um na casa de uma família camponesa. Vagas de emprego também eram abundantes; a instalação de um regimento soviético atraiu para a cidade numerosas instituições e empresas de serviço. No dia seguinte à nossa chegada, meu pai conseguiu o primeiro emprego que pediu: tornou-se — o que mais? — contador de um grande armazém comercial que atendia a guarnição local. Sua primeira impressão foi de horror e consternação: "Todo mundo rouba! Me pedem para registrar nos livros produtos que evaporaram antes de chegar às prateleiras; ou excluir, como defeituosas, coisas em perfeitas condições de uso. Como pode um estado ser feito de roubo?". Contrariando seus hábitos, meu pai não conseguiu ficar calado — dessa vez, afinal, era questão de honestidade, questão essa que, para ele, era inegociável. Portanto, falou do seu desgosto com o diretor do armazém, um judeu de Minsk e experiente dignitário do comércio soviético. "Sabe o que o homem me disse?", comentou meu pai comigo, com o rosto contorcido numa expressão de agonia. "Pois ele me disse: não se preocupe, é verdade que todo mundo rouba, mas pense no quanto um único capitalista está roubando aí!" A resposta deixou meu pai indignado por muito tempo. Jamais aceitou a ideia ou a prática de uma "democracia larápia", pois o argumento do monopólio do roubo não o convencia. Continuou sofrendo — mas, como de hábito, sofrendo calado.

O fato era que meu pai voltara a ser contador, ainda que os livros de que cuidava fossem livros de fantasia, e não um exercício de realismo, socialista ou não. Uma verdadeira revolução ocorreu, no entanto, na vida de minha mãe. Ela foi ao refeitório da guarnição e ofereceu-se para trabalhar como cozinheira. Submetida a um teste, transformou ingredientes de aparência e cheiro terríveis em petiscos saborosos, e foi aceita com entusiasmo. Seus talentos para fazer coisas aparecerem se encaixavam muito bem na democracia larápia. A partir de então, durante anos, produziu refeições a partir do nada.

Já tinha feito isso por muito tempo — mas agora o número dos agradecidos beneficiários dos seus talentos se ampliou radicalmente. Sua arte era aclamada, elogiada, apreciada. Minha mãe estava feliz. Amava sua nova vida, a cidadezinha sonolenta, o exército cujos oficiais olhavam para ela com olhar de cachorro amoroso, o país que mantinha aquele exército.

Eu também estava feliz. Ninguém, pelo visto, duvidava das minhas credenciais. Para os meus colegas, eu era a pessoa mais polonesa do mundo. Ali, na remota periferia da República entreguerras, a condição de polonês como tal era continuamente posta em dúvida. A língua usada era uma mistura curiosa de russo, polonês, iídiche e o dialeto camponês não codificado que alguns intelectuais sonhavam em elevar à condição de bielorrusso literário. Havia poloneses, russos, judeus e bielorrussos entre os meus colegas, mas isso parecia irrelevante. A categoria à qual alguém pertencia era uma questão acidental para alguns, e para outros uma questão de autodefinição e escolha. Ninguém ali falava um polonês tão puro e refinado como o meu. Ninguém navegava com tanta facilidade pela literatura e pela história polonesas. No novo contexto, eu parecia tão terrivelmente polonês que provoquei a desconfiança, depois o ódio, do vice-diretor — um militante nacionalista bielorrusso que tinha implicância com os poloneses. Poucos dias depois que entrei na escola, ele me chamou à sua sala e me disse, sem rodeios, que o domínio dos invasores poloneses tinha acabado, era melhor eu e os da minha laia ficarmos atentos, a sua escola era bielorrussa, sem lugar para falantes do polonês, e que eu devia aprender bielorrusso até o Natal ou desistir da minha educação. Fiquei abalado, mas continuei a responder em polonês na sala de aula. Já era difícil para mim dominar o russo básico; não havia livros do tipo "aprenda sozinho", e aprendi russo da maneira mais dolorosa — lendo artigos do *Pravda*, com um dicionário na mão. O encontro com o vice-diretor teve um efeito, porém — embora não exatamente o que ele esperava. Definir o bielorrusso como inimigo do polonês me fez odiar aquele idioma. Não consegui me obrigar a aprendê-lo. Na primeira oportunidade, me transferi para um novo ginásio que adotava o russo como língua de ensino.

O governo soviético declarou cidadãos soviéticos todos os habitantes do território polonês ocupado. Como éramos refugiados, no entanto, da parte da Polônia sobre a qual os russos ainda não proclamavam jurisdição, um parágrafo especial foi acrescentado aos nossos passaportes nos proibindo de chegar a menos de 95 quilômetros da fronteira. Mołodeczno ficava a meros 65 quilômetros da Lituânia independente. Podíamos ser deportados. Entre os admiradores de alta patente da arte culinária da minha mãe, a notícia caiu como uma bomba. A perspectiva de comida de cantina nada apetitosa e sem imaginação importava mais para eles do que o respeito à lei soviética ou — no caso — a ameaça à segurança nacional representada pela presença de três pessoas de origem duvidosa. O parágrafo fatal jamais foi apagado do nosso passaporte, mas a ordem de deportação também não veio.

Para mim, esses episódios eram meros soluços. Os dezoito meses em Mołodeczno se imprimiram na minha memória como uma experiência de constante êxtase. Com os dois pais trabalhando, tínhamos, pela primeira vez, uma situação financeira folgada — ao menos pelos padrões da minha meninice. Eu vivia cercado de amigos, e em geral gostavam de mim. Aparentemente, eu era bonito. As moças ficavam inquietas perto de mim. Algumas chegavam a ser agressivas. Era assustador, mas prazeroso. Eu me sentia livre, e necessário. Encontrei minha Sião em Mоłodeczno. Ingressei no equivalente local ao Hashomer Hatzair — o Komsomol.*

Na manhã de 22 de junho de 1941, eu estava deitado na areia às margens do rio local, cercado de amigos, aproveitando o sol e refletindo sobre uns assuntos que eu gostaria de resolver nas férias de verão. De repente, minha mãe chegou correndo. "Venha imediatamente! A guerra começou!"

Mołodeczno era um alvo pequeno demais para que se incomodassem com ele. Nos primeiros dias da invasão alemã, houve poucos sinais de que o país estava em guerra. Vi a guerra pela primeira vez nos olhos do sobrinho da nossa senhoria. Nascido no lado soviético da antiga fronteira, e criado numa *kolkhoz*,† ele se mudou para Mołodeczno depois da invasão soviética e se instalou na casa da tia. Era óbvio que tinha gostado do que encontrou; adorava sentir-se dono da "sua própria" vaca e do "seu próprio" cavalo; ostentava o recém-adquirido status de pequeno proprietário, tornando-se a força oculta, mas indomável, por trás da resoluta recusa da tia a aderir à fazenda coletiva. Em 22 de junho, seus olhos se encheram de alegria e de esperança. E de ódio, quando se voltaram em nossa direção. "Os alemães não vão fazer mal a pessoas honestas, mas há algumas de que não gostam — principalmente os judeus —, e estão certos", anunciou ele, pensativo, os olhos repousando firmemente no rosto do meu pai. Um formigueiro percorreu minhas costas. Era certo que não fazíamos ideia dos métodos dos Einsatzgruppen,‡ ou do fato de

---

* A Liga Comunista-Leninista da Juventude de Toda a União era mais conhecida como "Komsomol", uma antessala do Partido Comunista.

† Também grafado como *kolkhozs*, plural *kolkhozy*, é uma "forma abreviada do russo *kollektivnoye khozyaynstvo*, ou 'fazenda coletiva', na antiga União Soviética, uma cooperativa agrícola operada em terra de propriedade estatal por camponeses de várias famílias que pertenciam ao coletivo e eram pagas como empregados assalariados com base na qualidade e na quantidade da mão de obra oferecida" (*Enciclopédia Britannica*).

‡ Alemão para "grupos operacionais", "unidades das forças de segurança nazistas formadas por membros da ss, a Sicherheitspolizei (ou Sipo, Polícia de Segurança) e da Ordnungspolizei (Orpo, Polícia da Ordem), que atuaram como

O destino de um refugiado e soldado

que os judeus de Mołodeczno seriam massacrados com a chegada dos nazistas, mas as lembranças de algumas semanas na Włocławek ocupada pelos alemães, combinadas com a animação do nosso anfitrião, bastaram para nos tornar cientes do destino que nos aguardava.

A realidade tranquilamente esquecida voltava para reclamar seus direitos.

No dia seguinte minha mãe voltou mais cedo do trabalho. A essa altura, aviões alemães já sobrevoavam a cidade, embora em geral levando bombas para alvos mais atraentes. Só de vez em quando bombardeavam as barracas com saraivadas de metralhadora. Como na guerra polonesa, os aviões não encontravam resistência. Podiam fazer o que bem quisessem. Minha mãe voltou para nos dizer que as famílias dos militares seriam evacuadas da cidade, e que lhe haviam oferecido um lugar no trem especial. Não havia tempo a perder.

Morávamos longe da estação, e o sobrinho da nossa senhoria se recusou a nos dar uma carona. Assim, pegamos tudo que conseguimos enfiar em três malas (não deu para enfiar o *Atlas de Romer*) e começamos nosso novo êxodo. Quando voltei depois de alguns minutos, incapaz de me conformar com a ideia de abandonar o amigo que eu salvara de Poznań, o sobrinho estava no nosso quarto, saqueando tudo o que tínhamos deixado para trás. Não me deixou entrar, e ficou me xingando quando corri de volta para me juntar aos meus pais.

Ao contrário do trem de Poznań, aquele não estava lotado. Fora as mulheres e os filhos dos oficiais, poucos moradores resolveram partir. Os soviéticos, aparentemente, não tinham feito muitos amigos. Ou, quem sabe, as pessoas achavam que não havia muita diferença entre os dois ocupantes. Conhecíamos os alemães em primeira mão. Mas nem todos conheciam. Durante os meses do pacto Hitler-Stálin, toda a força da propa-

---

unidades móveis de extermínio durante as invasões da Polônia (1939) e da União Soviética (1941)" (*Enciclopédia Britannica*).

ganda soviética foi empregada para pintar um retrato angelical do fantástico aliado. Agora os soviéticos colhiam os frutos de suas mentiras. Muitos dos que se despediram deles com alegria morreriam poucos dias depois da chegada das tropas alemãs. Só que ainda não sabiam. Nem acreditariam, se alguém lhes dissesse. A voz de Molotov anunciando pelo rádio o ato de traição dos alemães estava impregnada de amor ferido e de incompreensão: como puderam trair a nossa amizade? Não lhes queríamos mal...

Foi uma viagem longuíssima — primeiro pelos territórios mais ocidentais, já arrasados pelos bombardeiros soviéticos, depois atravessando o interior profundo da Rússia, bem longe da linha de frente, mas já em estado de guerra. A guerra, nas primeiras semanas, já se manifestava na aparência cansada e abatida dos homens fardados, na ausência de homens em trajes civis, nos rostos perplexos das mulheres de repente largadas à própria sorte. Trens repletos de homens fardados corriam para oeste; o nosso, incerta e hesitantemente, rastejava para o leste. As famílias dos militares iam desaparecendo, uma a uma, quando chegavam a suas cidades. O trem encolheu aos poucos, até restarem poucos vagões, cheios de desterrados. Gente como nós, que não tinha para onde ir. Mudávamos de trilho, éramos atrelados a novos trens, deixados por dias esperando em desvios. Finalmente, em algum ponto entre Moscou e os Urais, nos mandaram desembarcar. Alguém tinha decidido nos instalar em *kolkhozs* locais — tendo perdido os homens, eles precisavam desesperadamente de mão de obra extra.

A estação chamava-se Krasnye Baki e era um centro regional ao norte de Gorki,* uma imensa e espalhada cidade em torno do ponto onde os maiores rios da Rússia europeia se encontram. Carroças puxadas a cavalo nos conduziram para uma aldeia

---

* Hoje Nizhny Novgorod, capital da região homônima e centro administrativo do distrito federal do Volga. É uma das principais cidades industriais da Rússia, às margens dos rios Volga e Oka, e um relevante porto fluvial, bem como um centro ferroviário e aéreo.

ainda mais ao norte. Como adiantamento por conta do nosso trabalho futuro, recebemos um pouco de farinha de trigo, batatas e óleo.

Na manhã seguinte, minha mãe e eu nos juntamos a uma longa coluna de mulheres e crianças que saiu para os campos. Só nós dois usávamos sapatos. Os demais andavam de calçados de fibra ou estranhos mocassins de palha. Andamos quilômetros até o lote onde estava programada a colheita do dia; um vasto campo coberto de centeio tão maduro que já começava a dar sementes. Algumas mulheres trabalhavam com foices; uma conduzia um trator, que avançava alguns metros com um barulho de arrebentar os tímpanos, e parava de repente, soltando uma gigantesca nuvem de fumaça que ardia nos olhos. A partir daquele ponto, só foices separavam o tão necessário pão de hectares de centeio apodrecido. Alto para a minha idade, entregaram-me uma foice, mas as encarregadas logo se deram conta de que seria desperdiçar uma ferramenta preciosa. Fui designado para um grupo de mulheres e crianças que juntavam e amarravam talos cortados. Trabalhávamos com sombria determinação, num silêncio quebrado apenas pelo zumbido constante de mosquitos sedentos de sangue animal. Lembro deles agarrados a cada centímetro exposto da minha pele, cravados profundamente no meu corpo, ocupados demais em sugar o meu sangue para dar atenção a minhas tentativas desesperadas de espantá-los. Não havia como me livrar deles; os poucos que eu conseguia destruir eram imediatamente substituídos por uma nova leva de famintos. A nuvem evidentemente recebia reforços regulares. Além de mim e de minha mãe, ninguém se importava com eles. Os mosquitos eram parte da vida, como o trator quebrado, como o trabalho que claramente excedia a capacidade humana, como a labuta do nascer ao pôr do sol, recompensada à noite com algumas batatas cozidas e água quente salpicada de farinha e sal.

Depois de vários dias, adoeci e tive que ficar em casa. Tinha o corpo inchado, coberto de bolhas, furúnculos e feridas purulentas. As inúmeras picadas e hematomas infeccionaram. Eu sentia dor, não conseguia me mexer, sentar, deitar. Minha mãe se mostrou mais forte; ficou no campo mais um dia.

Enquanto trabalhávamos no campo, meu pai andava quinze quilômetros todos os dias para o centro regional, numa tentativa infrutífera de encontrar emprego e alojamento. Todas as manhãs, minha mãe fervia uma panela de sopa para o jantar. No dia em que fiquei sozinho em casa, ela preparou dois pratos de sopa — um para mim, outro para o meu pai. Ele talvez tivesse que passar a noite fora, pois pretendia ir até outra cidade e corria o risco de perder o último trem de volta. Fiquei à janela, que dava para um longo trecho de rua, subindo até o topo de uma colina a mais de três quilômetros de distância. Estava escurecendo. Nem sinal do meu pai. Talvez tivesse perdido mesmo o trem. Tomei a sopa dele. Poucos minutos depois, sob os últimos raios do sol poente, meu pai apareceu na colina. Não tinha sobrado nada em casa para ele comer. Foi mais um daqueles pecados que eu jamais vou expiar, por mais tempo que viva.

Eu estava faminto. Viveria com fome pelos próximos dois anos e meio, até minha vida no exército começar. Não faminto de vez em quando, mas faminto 24 horas por dia, sete dias por semana. Eu tinha fome enquanto esperava a comida, e fome depois de comer. Imaginava uma vida de pura felicidade depois da guerra como uma imensa padaria aberta o tempo todo. Passei muita fome com dezenas de milhares de pessoas "atrás das linhas de frente", com todos os que sobreviveram à guerra à base de restos de repolho em conserva do exército ou de migalhas de um pão pesado e úmido feito de uma farinha de origem incerta e ignorada, misturada com farelo, palha e capim.

O país vivia faminto. Sei que alguns figurões passavam melhor — mas eu não os via. A fome, quando compartilhada, dói menos. Mas era doloroso do mesmo jeito. E a dor permanecia por muito tempo depois que a fome acabava. Até hoje não consigo dormir se não houver pão em casa. E jamais consegui me entusiasmar tanto com qualquer alimento — por mais refinado que seja — como me entusiasmo com o pão. Pão, afinal, é o que importa. Se não sabe

O destino de um refugiado e soldado

disso, você é um sortudo. Ou talvez não seja sortudo, mas ingênuo. Ou mimado. E nunca foi verdadeiramente testado.

Meu pai voltou com boas notícias. Em outro centro regional — Shakhunia — situado mais ao norte, perto de Wiatka (então chamada de Kirow), ele finalmente conseguira emprego como contador, e um quarto para alugar. O que ainda não sabia naquele dia era que a guerra, que não parecia valorizar contadores, dava um brilho especial e adicionava um significado quase metafísico às habilidades culinárias da minha mãe. Em Shakhunia, ela ficou encarregada de alimentar os ferroviários. Shakhunia era em primeiro lugar um entroncamento ferroviário, e só depois uma cidade, num distante segundo lugar. Assim, minha mãe foi incumbida da sobrevivência daquela pequena partícula do vasto país em guerra. E meu pai veio a ser, por muitos anos, o marido de sua mulher, oculto e invisível sob a gigantesca sombra dela. Acho que meu pai se sentiu aliviado e feliz. Durante toda a vida, tentou seguir à risca o conselho de Shemaiah:*8 "Ame o trabalho, odeie o poder e não procure ser íntimo da autoridade". Toda a vida acreditou, como o rabino Hillel, que "quem engrandece o seu nome perde o seu nome". Agora tinha a oportunidade de viver segundo seus princípios. E desapareceu de cena — atrás da mesa do seu escritório de contador, enterrado em suas leituras noturnas, cozinhando silenciosamente o jantar para que minha mãe tivesse o que comer quando voltasse do trabalho.

Voltei para a escola. Eu tinha sido admitido na última série do ensino secundário. Como a maioria dos professores fora con-

---

* De acordo com a *Encyclopedia of Judaism*, Semaías (em hebraico: שְׁמַעְיָה, שְׁמַעְיָהוּ) foi um profeta dos tempos de Roboão (filho de Salomão), rei de Judá, e está associado a dois acontecimentos, um no começo e outro no decorrer do reinado de Roboão. Em I Reis e na narrativa paralela de II Crônicas, relata-se que Semaías aconselhou Roboão a não entrar numa guerra contra as tribos de Israel que se haviam rebelado contra a sua autoridade, advertindo-o de que "fui eu (ou seja, Deus) que fiz isso" (I Reis 12,24; II Crônicas 11,4).

vocada, ex-professores aposentados foram reconvocados, assim como outros foram perdoados de crimes pelos quais haviam sido demitidos. Para eles, os meus conhecimentos e a minha atitude em relação ao aprendizado — ambos criados e fortalecidos num ginásio de boa qualidade e à moda antiga — pareciam coisa do outro mundo. O professor de russo, um homem idoso, que vivia apavorado pelas provações passadas, apegava-se convulsivamente a cada palavra da última edição do livro didático oficial, com sua mais recente, e vinculante, avaliação do que tinha mérito e do que era tabu — embora fosse óbvio que sua experiência nos campos não o abalara totalmente, e que um amor pelo gênio e pela beleza da literatura russa não fora completamente destruído pelos guardas dos campos de concentração. Eu era o seu único alívio na escravidão mental contra a qual não lhe restava mais coragem para resistir. Quase todos os dias me convocava ao quadro-negro e me pedia para falar de um romance ou recitar um poema. Não interrompia. Ficava sentado com a cabeça entre as mãos. Certa vez, quando terminei de recitar um longo poema de Tyútchev,[*] juro que vi lágrimas em seus olhos.

Terminei a escola com uma medalha de ouro. Isso me dava o direito de ser admitido em qualquer faculdade ou universidade que quisesse. Eu tinha dezesseis anos — o mais jovem dos formandos. No dia da formatura, fui, com todos os outros meninos, ao escritório militar local e preenchi um formulário pedindo para entrar numa escola do exército.

Em pouco tempo todos os outros meninos foram chamados, mas o meu pedido ficou sem resposta. Talvez eu não tivesse idade. Mais provavelmente, a escola do exército não tinha lugar para um estrangeiro não confiável. Com a espera se prolongando, e as esperanças diminuindo, me candidatei a uma vaga na Faculdade de Física e Matemática da Universidade de Gorki. Durante os três meses de verão, trabalhei como voluntário nas Oficinas Ferroviárias de Shakhunia — instalações gigantescas dedicadas a manter

---

[*] Fyódor Ivanovich Tyútchev foi um poeta e diplomata oitocentista russo.

nos trilhos as locomotivas de toda a região entre Nizny Nowogród e Wiatka. Era assunto sério e difícil, pois o material rodante, não substituído desde o fim da guerra, mas utilizado para além da sua capacidade, envelhecia depressa e precisava de muito mais do que a manutenção de praxe. Eu não tinha qualquer habilidade mecânica, e me mandaram aprender os elementos do ofício com um velho e tarimbado funileiro, que tinha sido chamado de volta da aposentadoria. Aprendi a soldar latas de óleo que vazavam e a fazer novas, assim como outros trabalhos menores, de menos responsabilidade. Coisas mais importantes, como limar rolamentos danificados ou forjar peças sobressalentes para peças quebradas do motor, eu só tinha permissão para acompanhar e, de vez em quando, ajudar sob o olhar incansavelmente vigilante do mestre.

As coisas na linha de frente (nos momentos de sorte em que havia uma linha de frente definida) iam de mal a pior. Parecia que a qualquer momento os alemães* atravessariam o Volga e avançariam para os montes Urais. Em quase todos os lugares, o Exército Vermelho recuava, perdendo a maior parte dos seus soldados e de suas armas. Em parte alguma o poderio alemão encontrava resistência. A Rússia lutava sozinha contra o poderio industrial unido da Europa. Em nossas oficinas, uns poucos velhos e alguns adolescentes espertos mas ineptos, da minha idade ou ainda mais novos, assumiram a tarefa de executar o trabalho de fábricas inexistentes e de dezenas de outras instalações especializadas agora destruídas por bombas, ou recuperadas às pressas sem queixas, mas com intensa e obstinada paixão. Se faltasse uma parte importante dos componentes, providenciava-se um substituto. Trabalhávamos em prédios também muito necessitados de reparos. Os ventiladores tinham parado de funcionar, e as oficinas se enchiam de fumaça corrosiva e gases tóxicos. Ninguém parecia dar a mínima — muito menos os velhos artesãos, que sabiam muito bem o que aquilo significava para os seus pulmões. Quanto

---

* Na versão polonesa (datada de 2017), "os alemães" foi substituído por *a Wehrmacht* [as Forças Armadas da Alemanha Nazista].

a mim, os sentimentos de que mais me lembro eram reverência e admiração. Eu estava maravilhado com o espetáculo da solidariedade humana e da dedicação. Não ouvia ninguém resmungar, e eu também não resmungava. Vivíamos exaustos e famintos. Falávamos com voz rouca e escarrávamos muito. Forçávamos a vista, os olhos injetados de sangue e coçando. Tínhamos as mãos cobertas de queimaduras e cicatrizes. No entanto, tudo o que fazíamos tinha um significado, e partilhávamos da alegria e da felicidade gerais quando conseguíamos o impossível e uma locomotiva parada voltava a funcionar. Depois de três meses, deixei as oficinas animado por uma dose de utopia romântica que, para o bem ou para o mal, sobreviveria à guerra e ao estranho e inusitado mundo em que ela não parecia nada utópica. Nem todas as condições desumanas desumanizam. Algumas revelam a humanidade no homem.

No norte da Rússia o inverno começa cedo, e em meados de outubro Gorki era uma cidade congelada. Não havia combustível, e o aquecimento central era regulado num nível que mal dava para impedir que a tubulação de água rebentasse. Ficávamos de casaco o dia inteiro, e não o tirávamos para dormir. Lembro da dificuldade de virar as páginas de um livro com as mãos eternamente enfiadas em grossas luvas sem dedos. Com outros dezenove alunos, fui instalado num quarto projetado para quatro; a maioria dos alojamentos estudantis tinha sido transformada em hospital militar. A superlotação não nos incomodava — pelo contrário, fazia a temperatura do quarto subir um ou dois graus. O centro vital do quarto era um bule elétrico, sempre com água fervendo, a não ser quando a eletricidade era cortada (e ela o era pelo menos oito horas por dia). Quando estávamos escrevendo artigos ou resolvendo equações, aquecíamos as mãos no bule ou numa xícara de água quente.

Mais uma vez eu era o mais novo dos alunos. Todos os demais eram veteranos de guerra, com ferimentos que os desqualifica-

O destino de um refugiado e soldado 113

vam para continuar servindo, ou os fisicamente incapazes, que não podiam ser recrutados. Eu era a única pessoa apta e saudável — circunstância que me daria uma sensação de culpa, não fosse a esperança de que a minha cota no esforço de guerra ainda estava por vir. Eu não teria tempo para refletir sobre a minha situação, no entanto. Depois de dois meses de estudo e de frio enregelante, a administradora da casa me convocou ao seu escritório para dizer que eu não tinha o direito de morar numa cidade grande e importante como Gorki, e que precisava voltar imediatamente para Shakhunia. Mas eu poderia aparecer de vez em quando, por um ou dois dias, para fazer as provas... Aproveitei essa última chance, visitando Gorki mais duas vezes, para fazer as provas do primeiro e do segundo anos.

Durante os dois meses que fiquei em Gorki, meus pais saíram de Shakhunia e se mudaram para Vakhtan, onde minha mãe foi encarregada de supervisionar a tremenda tarefa de alimentar centenas de lenhadores espalhados em pequenos grupos pelo imenso território da floresta setentrional russa. Para chegar a Vakhtan, era preciso tomar um trem ou caminhar de Shakhunia até outra estação, quarenta quilômetros ao norte, e, dali em diante, viajar algumas horas numa ferrovia de bitola estreita. Os trilhos tinham sido construídos para transportar madeira até a ferrovia principal, mas, uma vez por noite, quando os trens madeireiros estavam parados, dois vagões que mais pareciam de brinquedo, com uma locomotiva que lembrava um samovar, forneciam serviços de passageiros. Vakhtan era um pequeno assentamento perdido em meio a florestas e pântanos. Casas, ruas, pavimentos — tudo era de madeira, o único material disponível em grande abundância.

Só descobri o quanto Vakhtan ficava longe de tudo quando entrei na biblioteca. Para minha grande surpresa, encontrei ali uma crônica "completa e não expurgada" da vida literária soviética desde o começo dos anos 1920. As sucessivas ondas de expurgos e autos de fé que mutilaram e truncaram todas as bibliotecas públicas que eu tinha visitado antes claramente passaram longe daquela. Ninguém parecia ter se preocupado com o perigo de envenenar a mente do povo da floresta, que só se comunicava com o restante do país por intermédio de trens carregados de madeira. Os poucos meses que passei em Vakhtan ficaram gravados na minha memória acima de tudo como uma época de constante comoção e euforia. Em nenhum outro período devorei tantos livros. Engoli edições inteiras de clássicos russos, impressos, em tempos de escassez e grandes esperanças, em papel de jornal, já amarelado e esfarelando. Devorei a literatura soviética dos anos 1920 e começo dos anos 1930. Debrucei-me sobre esquecidos debates filosóficos e históricos de quando o país ainda era livre o suficiente para discordar e debater. Li autores cujos nome adquiriram o poder assustador de sugar a pessoa que os pronunciava em público para a não existência na qual eles próprios tinham sido jogados. Foi um inverno severo, com temperaturas que nunca subiam acima dos trinta graus Celsius negativos meses a fio. Durante o dia, eu trabalhava num escritório ou percorria longos caminhos de floresta até distantes postos de lenhadores para coletar relatórios sobre o número de árvores derrubadas e de toras cortadas. Mas as noites pertenciam aos livros. Eu os assimilava sem digerir; acho que precisavam de tempo para incubar. Mas incubaram. Lenta, porém inexoravelmente, comecei a notar à minha volta coisas que não via antes, mesmo quando as encarava.

E houve mais uma coisa em Vakhtan. Ouvi no rádio (havia alto-falantes em todas as casas, ligados por cabo ao único aparelho de rádio, que ficava na biblioteca local) que em Moscou se formara uma União de Patriotas Poloneses, e que sua primeira ação foi publicar uma revista, *Novos Horizontes* (*Nowe Widnokręgi*), e um jornal, *Polônia Livre* (*Wolna Polska*).*9 Imediata-

---

* A revista sociológico-literária *Nowe Widnokręgi* era editada pela comunista e escritora polonesa Wanda Wasilewska (que também liderou a ZPP, Związek Patriotów Polskich, ou União dos Patriotas Poloneses). Com *Wolna Polska*, lançada em 1º de março de 1943, era uma das duas vozes da ZPP.

mente, enviei um pedido de adesão e de assinatura para as duas publicações. Os primeiros exemplares não demoraram a chegar. Lembro vividamente do choque. Da embriaguez. Da explosão de febril fantasia. Lia o que recebia da primeira à última página, e relia. Os títulos das duas publicações se fundiram na minha cabeça, tornando-se uma coisa só: Polônia livre, novos horizontes. A Polônia livre passou a ser meu novo horizonte. Prendendo a respiração, li sobre a dignidade futura do meu país. Li sobre coisas que já sabia, mas que compreendia mal: sobre conflitos e ódios comunitários nascidos da pobreza e da injustiça; sobre a vida sem perspectivas e a monotonia interminável que redundavam em desconfiança e inveja; sobre a nação que se desintegrava, em vez de encarar seus problemas reais, como a falta de liberdade e de direitos democráticos. Li sobre coisas em que não pensava antes — sobre a Polônia do futuro, uma mãe amorosa para os filhos sofredores, um país de liberdade e justiça. Li sobre um país de sonho para todos, por mais fracos e abatidos que fossem. Um país sem fome, sem miséria, sem desemprego. Um país no qual o êxito de uns não significasse a derrota de outros (como disse Wieniawa-Długoszewski:* no qual um alfaiate de Poznań não se deitasse para dormir morto de inveja por saber que um cônego de Białystock se tornara prelado). Uma nova Polônia, mas uma Polônia que pela primeira vez fosse fiel a si mesma. Numa sociedade igualitária e confiante, a cultura polonesa, as letras polonesas, a língua polonesa finalmente desabrochariam para alcançar alturas jamais sonhadas. Uma Polônia livre, de novos horizontes, seria o orgulho do mundo livre. Tive a minha parcela de casas de vidro...†

---

* Boleslaw Wieniawa-Długoszewski foi um general polonês, ajudante do chefe de Estado Jozef Piłsudski, político, diplomata, poeta e artista.

† Bauman usa o termo *glasshouses*, "casas de vidro", um conceito do best-seller de 1924 *Przedwiośnie* (A primavera por vir), de Stefan Zeromski, romancista e dramaturgo polonês, membro do movimento Mloda Polska (Jovem Polônia). No livro, "o protagonista, Cezary Baryka, um nobre polonês nascido na Rússia, recebe uma educação patriótica a partir de livros e contos". As "casas de vidro"

Eu alimentava visões até então inimagináveis: uma Polônia futura — um país de liberdade e justiça, sem fome, sem pobreza, sem desemprego, onde o sucesso de um não implicasse o fracasso de outro.

Fui arrancado desse estado — meio sonho, meio febre — pelo aviso de convocação que finalmente chegou, semanas antes do meu décimo oitavo aniversário. Não era bem o que eu esperava, no entanto. Para minha incredulidade e consternação, eu tinha sido convocado para a polícia de Moscou. Fui parar na VII Divisão de Regulação de Tráfego de Rua, na Arbat,* quando cheguei a Moscou. Aparentemente Stálin — ou alguém perto dele que adivinhava os seus pensamentos — teve uma ideia brilhante: para garantir que a polícia seja inabalável e não confraternize com a gente local, vamos formá-la com pessoas que dificilmente encontrariam uma linguagem em comum com a população. Parece, de qualquer maneira, que essa ideia ocorreu a alguém lá de cima, pois, numa recém-formada divisão de tráfego da polícia, me vi cercado de homens de todos os tipos, menos do tipo que se poderia esperar encontrar naturalmente numa polícia local. Havia homens da Polônia, como eu, letões, lituanos — homens com uma ficha realmente suja, alguns culpados de crimes bem documentados e, apesar disso, impenitentes. Éramos, por assim dizer, bandidos recrutados para tomar conta do cofre. Impossível imaginar gente como nós simpatizando com os moscovitas se houvesse um problema... Provavelmente eles achavam que não hesitaríamos em aproveitar uma oportunidade para retaliar, e que agarraríamos pela garganta qualquer rebelde local, com quem, afinal de contas, nada tínhamos em comum.

---

são "o símbolo da utopia, o país idealizado que se despedaça quando Cezary vai à Polônia pela primeira vez e percebe a imensa disparidade entre a realidade e aquilo que aprendera com o pai. No livro de Zeromski, a utopia podia ser construída por uma revolução ou pelo trabalho duro e mudanças sociais progressivos" (I. Wagner, *Bauman: Uma biografia*).

* A rua Arbat é "a Champs-Élysées" de Moscou, uma das mais antigas e também mais famosas ruas do centro da capital da Rússia.

O destino de um refugiado e soldado 117

Às pressas, fomos instruídos sobre os elementos das normas de trânsito e postos nas ruas para ganhar experiência — e ao mesmo tempo vigiados incessantemente das calçadas por oficiais superiores. O êxito do nosso treinamento seria medido pela quantidade de multas que aplicássemos aos infratores durante o dia. Aqueles entre nós que de noite apresentassem o maior número de tíquetes de multa e de intimações judiciais eram elogiados nas reuniões e destacados como modelos a serem imitados. Eu, um desleixado, nunca estive entre eles. Minha chance de fazer carreira na polícia era praticamente zero.

No começo do inverno de 1943, os moscovitas não aguentavam mais. Mulheres e inválidos de guerra trabalhavam de dez a doze horas por dia com rações que mal davam para alimentar uma criança. Cansadas e emaciadas, com rostos pálidos e olhos enevoados, as mulheres corriam pelas ruas — para pegar um trem superlotado, para entrar noutra fila sem fim, para chegar em casa a tempo de botar o filho para dormir. Algumas paravam de correr e perambulavam sem rumo, sem ter para onde ir e sem vontade de chegar a lugar nenhum. Era para manter essa gente sob controle que tínhamos sido recrutados. Os outros — bem alimentados, confiantes e donos do próprio nariz — passavam em carros velozes, que não tínhamos o direito de parar, nem mesmo de olhar com mais atenção.

Eu odiava meu trabalho — um rude despertar do mundo de sonhos de Vakhtan. Depois de várias semanas de treinamento e uns poucos dias de prática nas ruas, pedi permissão para sair da força. "Sou polonês, quero ir para o Exército polonês que a União de Patriotas Poloneses está começando a formar", disse eu. A autorização foi concedida, junto com uma cerimônia de remoção de patente. Deram-me para vestir velhas e puídas partes de uniformes usadas por antigas gerações de policiais moscovitas, além de trinta gramas de caviar (em substituição ao meio quilo de salsicha que me era devido, mas estava "temporariamente indisponível"), e me despacharam numa viagem de novecentos quilômetros para Sumy, na Ucrânia, onde o novo Exército Polonês estava sendo organizado.

Aos portões da pré-revolucionária Escola de Cadetes em Sumy, cheguei cansado, descalço e praticamente nu; a maior parte das roupas que me haviam sido oficialmente atribuídas se desfizera, juntamente com sua antiga glória, e na estação de Kharkiv eu tinha literalmente dado a proverbial "roupa do corpo", remendada dos punhos à gola, em troca de uma panqueca de batata. A primeira coisa que ouvi no portão foi a língua polonesa. A primeira coisa que vi foi a Águia Polonesa enfeitando o portão e o quepe da sentinela. Senti que minhas peregrinações tinham chegado ao fim. Eu estava em casa.

Era um exército bem estranho. O Exército Vermelho tinha acabado de recapturar Pokuttia, Podilia, Volhynia e algumas outras lascas de território polonês dos alemães, e, ansioso para ter um aliado polonês ao seu lado o mais cedo possível, Stálin tomou uma decisão um tanto ilógica e ordenou a mobilização dos camponeses locais — que poucos anos antes ele tinha transformado em cidadãos soviéticos, sem pedir seu consentimento — para o Exército Polonês. Assim sendo, o recinto da antiga Escola de Cadetes fervilhava de novos recrutas de identidade indefinida — eles próprios não sabiam direito a que lugar de fato pertenciam, falando uma espécie de polonês repleto de palavras ucranianas e pronunciado à moda melodiosa e meditativa dos ucranianos. Acima dessa multidão, salpicada muito superficialmente de uns poucos "verdadeiros poloneses" como eu, havia oficiais não comissionados* do antigo Exército Polonês, penosamente reunidos dos confins da Sibéria ou da Ásia Central, para onde se espalharam depois de libertados

---

* *Podoficer* em polonês, um grau abaixo de oficial que era considerado, no sistema polonês ao qual Bauman pertencia, um primeiro passo rumo à patente de oficial.

O destino de um refugiado e soldado

dos campos de prisioneiros de guerra. Mais alto ainda, só se falava russo. Altos oficiais poloneses tinham sido assassinados em massa em Katyn.* Os que tiveram a sorte de escapar deixaram a Rússia com o Exército de Anders depois da tentativa não consumada, feita por Stálin, de namoro com o governo polonês no exílio. E assim, para comandar as novas tropas polonesas, o Exército Vermelho emprestou seus próprios oficiais. Alguns deles podiam ostentar antepassados poloneses, e ainda tinham nomes que soavam a polonês. Muitos poloneses se estabeleceram na Rússia depois do seu período de exílio siberiano, ou de se envolverem em lutas revolucionárias russas. A maioria dos oficiais "emprestados" não queria ter qualquer conexão polonesa. Praticamente nenhum deles — poloneses ou não — falava polonês ou estava disposto a admitir que agora servia num exército que só diferia do Exército Vermelho no estilo dos uniformes.

Como um punhado de passas jogadas numa tigela de massa, havia, percorrendo as savanas, um número comparativamente pequeno de civis poloneses — como eu — que tinham sido exilados ou transportados, e alguns verdadeiros oficiais poloneses, principalmente do Exército Polonês de antes da guerra que não tinham conseguido ingressar no Exército de Anders; em 1942, esse exército já havia sido transferido para a Pérsia.[10]

As nuances políticas, a orientação ideológica do novo exército, era o que menos tinha importância para eles: que o exército surgiu em solo russo, que era comandado por oficiais soviéticos, que foi preparado para a batalha no front russo sob a liderança dos chefes do Exército Vermelho — tudo isso era inquestionável.

Os fundadores da União de Patriotas Poloneses, velhos comunistas e socialistas poloneses ou veteranos da Guerra Civil Espa-

---

* O massacre de Katyn foi uma execução em massa de oficiais poloneses pela União Soviética durante a Segunda Guerra Mundial. A descoberta do massacre precipitou o rompimento de relações diplomáticas entre a União Soviética e o governo polonês no exílio em Londres. Ao todo 4443 cadáveres foram recuperados. Aparentemente, os militares poloneses foram baleados pelas costas e depois amontoados e enterrados (*Enciclopédia Britannica*).

nhola, agora trajando uniformes de general e de coronel, tinham diante de si a tarefa formidável de transformar aquela espantosa mistura num exército polonês. O que eles buscavam era a condição de polonês. O que não estava claro era a identidade polonesa desse exército, e por isso generais e coronéis procuravam qualquer pessoa que pudesse injetar um espírito polonês naquelas fileiras. Qualquer pessoa que tivesse um bom conhecimento da cultura polonesa e alguma instrução superior era destacada para essa tarefa. Com meu primeiro ano de física concluído e o segundo em estágio avançado, e com minha experiência de uma sólida educação polonesa, fui pescado quase de imediato depois de atravessar os umbrais.

Fui parar num grupo bizarro — gente de todas as idades, todos os tipos de biografia, todas as denominações religiosas e políticas, todos os matizes do espectro ideológico. A única coisa que nos unia era a inabalável lealdade à identidade polonesa e o perfeito domínio do polonês. Ninguém tinha qualquer treinamento militar, diferentemente da maioria dos generais e coronéis que nos escolhiam. Ainda assim, em três semanas de treinamento, seríamos convertidos em oficiais do Exército Polonês. Serviríamos como "comandantes adjuntos de assuntos políticos" — um antídoto polonês contra a lealdade russa dos comandantes.

Nosso curso de três semanas consistiu quase inteiramente em palestras sobre história e literatura polonesas — o que me agradou imensamente. O que me agradou menos era a parte "militar" do treinamento, conduzida exclusivamente por um sargento de antes da guerra que, de todos os mistérios da arte militar, só se lembrava do exercício da marcha, e que cantava canções militares sobre Kasia, a que pastoreava bois. A instrução teórica ele concluiu depois da primeira tentativa — por não ter conseguido convencer sua ralé de soldados excessivamente intelectuais de que "um comando é um estrito cumprimento de comando".

O dia que ficou mais nítido na minha memória foi o de uma visita da trupe de teatro do exército. E, dessa visita, eu me lembro vividamente de uma canção. O imenso salão de baile

O destino de um refugiado e soldado

da velha Escola de Cadetes estava apinhado de centenas de soldados; para muitos, talvez fosse a primeira experiência de ver um artista se apresentar ao vivo. Uma moça frágil, de cabelos pretos, subiu ao palco e começou a cantar — numa voz fina, quase infantil, porém suave, aveludada. A canção era dedicada a Varsóvia. A letra falava da beleza das ruas de Varsóvia e da alegria de andar novamente por elas, de respirar o ar da mais amada de todas as cidades. Eu nunca tinha ido a Varsóvia. Nunca tinha ouvido falar nas ruas de Varsóvia. Na minha parte do país, Varsóvia não era muito bem-vista: um lugar sujo, bagunçado, diferente da arrumada, civilizada e ocidental Poznań. Apesar disso, chorei. Não conseguia parar, mesmo me esforçando muito — afinal, eu estava naquela idade pouco definida em que precisamos provar a nossa ainda incerta masculinidade. Ao que tudo indica, a gente pode sentir saudade do futuro. Eu, por exemplo, senti. A mocinha no palco cantou sobre os meus sonhos da Polônia livre, de novos horizontes, novos horizontes que a liberdade do meu país abriria.

Um dia ou dois após o show, fui chamado a um dos escritórios da equipe. Esperava-me uma mulher de uniforme de capitão. Ela fez perguntas sobre o meu passado, meus pensamentos atuais, minhas intenções. Foi uma conversa longa, tranquila, agradável. Quando achei que tivéssemos terminado e me preparava para sair, ela disse uma coisa que me deixou congelado na cadeira: achei que tivesse ouvido mal e pedi que repetisse. Não havia erro, porém. Ela me pediu que mudasse de nome. "Sabe, seu nome não soa cem por cento polonês. Não é um nome horrível, claro, há nomes muito piores, que parecem muito mais estrangeiros e ridículos. Mas, ainda assim... Somos o Exército Polonês, percebe? E você mesmo disse que se sente polonês. Sendo assim, que tal um bom nome polonês?" Não me lembro de qual foi a minha resposta. Eu estava perturbado, agitado demais para controlar minhas palavras e registrá-las na memória. Mas recusei a proposta sem pestanejar. Eu não tinha vergonha do meu nome. Não achava que a minha condição polonesa fosse um distintivo, ou um nome. Estava dentro de mim, em segurança, não precisava de certificado.

No último dia do curso, convocaram-nos para as instruções finais. Fomos informados de que seríamos todos nomeados comandantes adjuntos de companhia, com plenos poderes, mas sem patente. Para merecer uma patente, ainda precisávamos passar no teste prático. Alguns de nós ficaram perplexos — não era o que esperávamos. Alguém fez a pergunta que, imagino, estava nos lábios de todos: sem patente, como adquirir a autoridade necessária para comandar? O coronel Grosz, encarregado da reunião, veterano da Guerra Civil Espanhola, velho comunista e intelectual de grosso calibre, respondeu: "Se os senhores não adquirirem autoridade sem a patente, a patente também não vai ajudar...". Olhando para trás, acho que essa última e breve lição foi mais importante do que todas as aulas e todos os exercícios que o curso tinha a oferecer. E talvez não só aquele curso.

De qualquer forma, ali estava eu — um adolescente de dezoito anos ainda por receber sua patente, mas já encarregado de cinquenta e tantas almas, a maioria das quais habitando corpos duas vezes mais velhos. Eu era o único comandante que tentava convencer aquelas almas de que a língua na qual se faziam ouvir deveria ser o polonês, e não o russo, o ucraniano ou uma "língua local". A única pessoa na v Bateria do vi PAL tentando conseguir isso, na melhor das hipóteses, com o desdém condescendente ou com a indiferença irônica de comandantes de pelotão — formalmente meus subordinados, mas na verdade bem superiores a mim: militares verdadeiramente treinados e experientes.

Como eles me viam, meus soldados? Como um alienígena, imagino. Mas alienígena judeu? Ou alienígena polonês? Ou como alguém numa posição de poder — uma coisa da qual aprenderam a não esperar nada de bom, e da qual estavam absolutamente fartos, fosse disfarçada de polonês, russa ou alemã? Eu não sabia então, e jamais viria a saber. Uma coisa que eu sabia era que —

com ou sem patente — eu era um oficial polonês lutando pela causa polonesa. Na v Bateria, vi pal, iv Divisão de Jan Kiliński, para onde fui designado, eu era a Polônia.

Um trem militar nos transportou para o outro lado da já totalmente reconquistada Ucrânia. Desembarcamos na floresta de Olyka, não muito longe de Kowel, que pertencia à Polônia antes da guerra, mas agora estava anexada à Ucrânia soviética. Por alguns dias, ficamos no mato, ultimando os preparativos para entrar em combate na guerra.

Num fim de noite, eu estava sentado na tenda com o comandante da bateria e o do primeiro pelotão. Recebemos nossas ordens para o dia seguinte: atravessar o rio Bug e entrar em território incontestavelmente polonês. Para mim isso significava bem mais do que para aqueles colegas, para quem Bug era apenas mais um rio a ser atravessado. Mas acho que nós três, embora talvez por razões diferentes, estávamos empolgados e inquietos, alimentando boas expectativas mescladas com medo. O comandante da bateria virou-se para mim: "Amanhã estaremos na Polônia. Fico me perguntando o que você acha? Gostou aqui da Rússia? Você é membro do Komsomol, como eu; aposto que gostaria de voltar para a Rússia quando a guerra acabar". "Não, sou polonês e estou voltando para o meu país", respondi. "Mas a Polônia não seria bem parecida com a Rússia soviética? Qual é a diferença?", insistiu meu comandante.

Por muitos anos eu estremecia todo ao lembrar o que aconteceu depois, e o que poderia ter acontecido mais adiante. Tomado por doce expectativa, desarmado pela esperança de que os sonhos se materializassem, soltei a língua. Minha língua disse: "A Polônia será um país livre. Diferentemente da Rússia, onde todos repetem o que lhes mandam dizer, e em vez de pensarem com a própria cabeça apenas gritam em coro 'Stálin, Stálin, Stálin'". Não acho que falei isso por ser herói, embora fosse preciso heroísmo para falar algo assim. A verdade é menos lisonjeira. Eu disse o que disse porque ainda era (e continuaria sendo por muitos anos) inexperiente e ingênuo. Entrava na vida madura cheio de sonhos românticos, de uma energia esmagadora, mas com pouca sabedoria. Quando não são temperados pela sabedoria, os sonhos e a energia são uma mistura perigosa. Perigosa para o sonhador. E o que é pior: não só para o sonhador...

Dessa vez o sonhador escapou do perigo. O comandante da bateria e o comandante do primeiro pelotão não me traíram, embora não me trair os pusesse em perigo. Os nomes dos justos e dos virtuosos devem ser lembrados. O nome do comandante da minha bateria, filho de exilados siberianos, era Lange. O nome do comandante do primeiro pelotão era Bormotov, "*nastojaszczewo russkowo parnia*"[11] — um "russo de verdade".

O nome do meu pai era Maurycy (Moshe) Bauman.

Depois vieram Hrubieszów, Chelm, Lublin — a alegria no rosto das pessoas ao verem a Águia Polonesa nos quepes dos soldados, a minha alegria ao vê-las. E, finalmente, a praça Szembek em Praga, onde a v Bateria recebeu ordem para se entrincheirar, e da qual, pela primeira vez, disparou contra os alemães... Do outro lado do Vístula, o Levante de Varsóvia expirava. Com ansiedade e um sentimento de impotência, vi como nossa infantaria, que tinha conseguido atravessar para o outro lado, privada de apoio aéreo (caças do I Exército Polonês na União Soviética não foram mandados) e contando apenas com fogo de artilharia, se defendeu ferozmente, mas sem êxito, do violento ataque das divisões alemãs trazidas de outras partes do front.

Após a derrota final (e a eliminação quase total) das nossas tropas terrestres, a minha tropa foi transferida para Radość,* onde, como se viu, ficaríamos entrincheirados até o começo da ofensiva de janeiro, raramente disparando contra posições alemãs que não eram visíveis de tão longe.

---

* Hoje, um subúrbio no sudeste de Varsóvia, do lado direito do rio Vístula.

No começo de janeiro, o comandante da IV Divisão, general Kieniewicz — mais um descendente de exilados — chegou a Radość para uma inspeção. Ao contrário de tantos outros, ele não tinha esquecido a língua materna, ou talvez a tivesse recuperado com grande esforço; seja como for, falou com os soldados bem à vontade, apesar do nítido sotaque russo, para lhes lembrar que a luta estava apenas começando, porque quase toda a Polônia continuava sob ocupação alemã, e já tinha havido descanso suficiente nas trincheiras. Em 16 de janeiro, a Bateria, em caminhões Studebakers* fornecidos pelos americanos, atravessou a ponte flutuante construída às pressas entre a margem direita do Vístula e uma cabeça de ponte em Warka. E, saindo dali, entrou numa estrada coberta de neve que levava para Varsóvia, ao norte...

Já estava escuro quando o motor do Studebaker em cuja cabine eu viajava rosnou, tossiu e parou. Antes de consertarmos o caminhão, o restante da coluna passou por nós e desapareceu na noite. Precisávamos alcançá-los — às cegas, porque ainda não tínhamos recebido ordens sobre a direção que deveríamos tomar. Eu supunha que fôssemos retomar Varsóvia — e segui direto para o norte, confiando nas placas de sinalização alemãs.

Havia cada vez mais edifícios de um lado e de outro da estrada, mas todos eles desertos. Não havia vivalma nas ruas. Só quando viajamos alguns quilômetros é que percebi a ausência de marcas de pneus na estrada à nossa frente. Em algum ponto a coluna devia ter saído da estrada... Provavelmente cochilei e me perdi, e o motorista seguiu em frente, com pressa de chegar a Varsóvia. Da carroceria do caminhão vinham os sons dos roncos ritmados do pessoal. Mas para onde tinha ido o restante do regimento? Paramos, entrei na primeira casa que vi; estava deserta, mas havia sobras de um jantar que mal tinha sido tocado na mesa, juntamente com provas esparsas, claramente abandonadas às pressas, de que oficiais da Wehrmacht haviam se sentado àquela

---

* Caminhões americanos enviados pelos Estados Unidos para a União Soviética durante a guerra.

mesa. A comida ainda não tinha esfriado, eles não podiam estar longe. Estávamos cercados pela escuridão, sob um céu nublado, e nevava muito. Era hora de montar guarda, mandar os soldados do gélido Studebaker dormir nos alojamentos que tinham sido dos oficiais e esperar amanhecer.

Foi assim que um quarto da v Bateria — ou, mais exatamente, um canhão de três polegadas e sua guarnição — capturou Varsóvia um dia antes da sua libertação oficial. Só na manhã do dia 17 é que percebi que tinha passado a noite em Czerniakóv, onde, meses antes, os sobreviventes do malfadado desembarque tinham morrido.

Mais tarde, veio uma tremenda descompostura e uma repri-menda do coronel Kumpicki, o comandante do regimento, por termos abandonado a coluna sem autorização... E mais tarde ainda houve a Linha Pomerânia — noites gélidas e dias de chuva torrencial, os sobretudos dos soldados empapados durante o dia e convertidos numa concha de gelo ao escurecer, os alemães atirando de vez em quando durante o dia e fugindo de nós (de nós!) na calada da noite. E finalmente Kołobrzeg.*

O líder da v Bateria, a qual se entrincheirara num aterro ferroviário mais ou menos uns quinhentos metros ao sul de um barracão de locomotivas, era o já mencionado tenente Lange — fabuloso artilheiro, homem decidido e com uma rica imaginação, mas extremamente cuidadoso com seus soldados e genuinamente amado por eles. Nas paradas, podia ser encontrado em postos de vigilância improvisados com o pelotão de reconhecimento, ao passo que o meu lugar, como seu vice, era lá com os canhões e pelotões de tiro. Enquanto capturávamos a Linha Pomerânia, as paradas eram raras — e, quando havia, eram rápidas: os alemães fugiam sem opor grande resistência, abandonando os acampa-

---

* Em alemão, Colberg; cidade do noroeste da Polônia onde ocorreu a maior ba-talha nos territórios poloneses libertados em 1944-5 — com o Exército Polonês como a principal força militar (e não o Exército Vermelho, como costumava acontecer).

O destino de um refugiado e soldado   127

mentos e as cargas mais pesadas, e nós passávamos a noite atrás deles, quase sem parar e muitas vezes dormindo durante a marcha, salvos do congelamento pela necessidade de um processo constante de instalar os canhões e logo em seguida retomar a jornada — às vezes sem disparar um único tiro. Na verdade, depois de atravessar o Vístula, fomos parar pela primeira vez em Kołobrzeg, de onde as divisões alemãs, isoladas do restante da Wehrmacht pelo Exército Soviético, não tinham como escapar. Ainda estava frio e úmido — todas as noites éramos afligidos por temperaturas congelantes; o barracão das locomotivas era o único prédio relativamente inteiro à vista (havia vultos de casas na orla da floresta à beira-mar, mas era lá que se escondiam os alemães, que atiravam em nós e contra os quais atirávamos de volta) — no entanto, pelo que me lembro, depois de duas semanas de movimento incessante e sem um teto sobre nossas cabeças foi um alívio pararmos, para descansar um pouco...

O comandante do regimento, coronel Kumpicki, e o comandante de divisão, major Lemiesz (ambos descendentes de exilados ou soldados poloneses da Revolução Russa, mas, diferentemente do general Kieniewicz, falavam mal o polonês, apesar das assíduas tentativas de preencher as lacunas no seu conhecimento) estabeleceram seus quartéis no barracão das locomotivas. O tenente Lange também estava lá, com o pelotão de comando; os pelotões de artilharia tinham instalado seus canhões ao longo do aterro ferroviário. A troca de tiros era esporádica; do nosso posto de observação (também no barracão das locomotivas), era difícil ver, de binóculo, o inimigo oculto na floresta vizinha, e alvos em potencial raramente apareciam no campo de tiro. Uma dessas raras experiências ficou particularmente gravada em minha memória: um soldado da Wehrmacht saiu da floresta com uma Panzerfaust* no ombro e correu através do campo deserto, cravejado de artilharia, rumo ao barracão de locomotivas, prova-

---

* Arma antitanque alemã de um só tiro e sem recuo.

velmente com a missão ou a intenção de descarregar sua arma nos quartéis ali estabelecidos. Os oficiais puxaram as suas armas; dezenas de balas foram disparadas contra o temerário indivíduo, mas nenhuma o atingiu (pelo visto, nem os melhores artilheiros ser revelavam grandes atiradores quando tinham que usar suas armas de fogo). Mas eles eram suficientemente numerosos para dissuadir o temerário do seu objetivo. Ele deu meia-volta e voltou em disparada para a floresta. Era março de 1945. O ar cheirava (levemente) a primavera e (pesadamente!) ao fim da guerra. De longe, me pareceu que o quase suicida não tinha nem vinte anos — exatamente como eu. Bravura é bravura, mas ele provavelmente queria estar vivo para experimentar o mundo futuro, e agora próximo, no qual as balas deixariam de sibilar...

Passei pouco mais de dois dias em Kołobrzeg. No terceiro, durante outra curta embora intensa troca de tiros com a artilharia alemã, fui ferido no ombro por um estilhaço de projétil de artilharia e transportado para um hospital de campanha para ser operado. Até aquela altura, meus soldados não tinham recuperado um centímetro de terreno em Kołobrzeg. Logo o fariam, poucos dias depois. Até hoje, não entendo por que minhas proezas em Kołobrzeg me valeram uma Cruz de Valor.

Fui operado em Starogard, num "hospital soviético para feridos poloneses" construído num piscar de olhos (apesar da acelerada mobilização no terreno libertado não havia médicos poloneses convocados em número suficiente para abastecer um hospital de campanha polonês). Apesar de uma omoplata quebrada terrivelmente dolorida, o médico russo me proibiu de botar o braço na tipoia ("vai sarar mal, produzindo tumores aleatórios de tecido poroso") e me mandou tratar daquilo remando num lago dos arredores. A tortura receitada se revelou extremamente eficaz. O ombro se recuperou perfeitamente, o ferimento ficou curado em uma semana, e o uso do meu braço direito praticamente não foi prejudicado (a não ser por dores regulares, mas transitórias, quando o tempo muda).

Na "Façanha do Primeiro de Maio",* alguns amigos e eu pedimos alta antecipada do hospital. Já em 3 de maio, graças aos solícitos motoristas de caminhões do Exército, consegui chegar à "fazenda de Kumpicki" (como diziam as placas de sinalização da estrada improvisadas pelos militares) e me juntar à bateria logo depois de Berlim, tendo atravessado a cidade em chamas — dessa vez a pé —, dos subúrbios do leste para os do oeste.

No acampamento o cheiro era de primavera, de fim de guerra, de liberdade. Para todos nós, não havia dúvida de que dessa vez Hitler estava realmente *kaputt*[†] e que era uma questão de dias, ou mesmo horas, para que ele reconhecesse (não sabíamos do seu suicídio e nos deliciávamos com pensamentos de uma cerimônia pública de punição). A questão era apenas sobreviver àqueles poucos dias, ou àquelas poucas horas — e depois tudo, realmente tudo, seria simples, brilhante, maravilhoso...

O coronel Kumpicki foi a última baixa da VI Divisão do PAL. Em 6 de maio, ele partiu à noite para o quartel da divisão — a primeira vez, desde o início da guerra, que os faróis do jipe foram ligados. Assim, o que provavelmente era o último avião da Luftwaffe ainda capaz de voar não teve grande dificuldade de encontrar um alvo para o que era provavelmente a última bomba da Luftwaffe.

Foi preciso que meio século se passasse para que eu soubesse, pelos jornais da minha terra natal, que tudo aquilo que eu estava fazendo com meus companheiros em armas era feito em nome da escravização da pátria, e não de sua libertação.[‡] Essa calúnia doeu horrivelmente, como deve ter doído (a se acreditar na vida depois da morte) para dezenas de milhares de poloneses que pagaram com a vida essa libertação/escravização. Porque, afinal de contas,

---

* O Primeiro de Maio, Dia Internacional do Trabalhador, era comemorado com façanhas, uma festa importante nos países comunistas.

† Alemão para "destruído".

‡ Bauman se refere à nova definição do período 1945-89 como um período em que a Polônia foi escravizada pelos soviéticos — o termo "escravizado" é importante aqui —, definição que ganhou popularidade após 1989.

como nos lembrou mais ou menos recentemente (15 de abril de 2007) Jerzy Urban,

em poucos meses, de agosto de 1944 até o fim de abril de 1945, mais soldados do Exército Polonês pereceram combatendo no front soviético do que em toda a campanha de setembro de 1939, e em todos os exércitos poloneses que combateram ao lado dos aliados ocidentais. Aqueles combatentes pré-soviéticos não sabiam que estavam deixando este mundo em nome da escravização do seu país.

E, como ele acrescentou:

Até mesmo os atuais alunos do IPN [Instytut Pamięci Narodowej, Instituto da Memória Nacional] deveriam fazer algumas perguntas: por exemplo, se o I e o II Exércitos Poloneses que ocuparam a Prússia Oriental, a Pomerânia Ocidental, a Baixa Silésia etc. também escravizaram aqueles territórios alemães, ou se esses territórios estavam sendo libertados. Afinal, a Polônia ainda se beneficia da ocupação deles.[12]

· 4 ·

Amadurecimento

No dia da capitulação do Terceiro Reich, eu, um segundo-tenente do Exército Polonês, ainda estava a um ano e meio da idade adulta (que, segundo aprendi antes da guerra, eu só atingiria no meu vigésimo primeiro aniversário).

Não lembro de perder muito sono pensando nisso. Muito pelo contrário: minha juventude e imaturidade me pareciam combinar lindamente com o estado do meu país e do mundo (por mais ampla ou estreita que fosse a minha visão naquela época). E, dentro de mim e à minha volta, tudo estava apenas começando: começando *de novo*. E, tanto aqui como lá, só o futuro contava. A guerra e a ocupação — com sua cota diária de humilhações, fome e medo, a implacável presença da morte, as terríveis maquinações de um destino cego — foram um pesadelo que, aqui e agora, neste momento, acabou, e cuja fumaça escura era preciso espalhar o mais rápido possível. Tudo voltava a estar ao alcance dos seres humanos, e não havia justificativa para a inação. Depois de anos de sonhos ociosos, abundantes fantasias só parcamente abastecidas de esperança, tinha chegado a hora dos planos e também do verbo — mas, finalmente, verbo poderoso, verbo que, como nunca, poderia ou deveria fazer-se carne.

Talvez fosse realmente isso, ou talvez só me parecesse assim. Mas, pelo menos para mim, dava no mesmo. Não me lembro de me preocupar, em maio de 1945, com o conflito spenceriano entre os interesses do "indivíduo" e os da "sociedade". Meu encontro com Spencer viria bem mais tarde, quando eu estudava a história do socialismo britânico, e não ocorreu sem um choque e a sensação de um quase heurea arquimediano; um pouco depois, também fui enfeitiçado pelo que a moda filosófica de hoje chama de "subjetividade", quando encontrei meu caminho até John Stuart Mill. Os anos de serviço militar não me prepararam para separar o indivíduo da densa coluna em marcha, e os meus antigos conselheiros espirituais russos — Plechanov, com seu desprezo pelos indivíduos, e Maiakóvski com seu "O que é um indivíduo? Não é um bem terreno. Nenhum homem, nem mesmo o mais importante de todos, pode erguer uma tora de madeira de dez metros, que dirá uma casa de dez andares"[1] — se harmonizavam muito melhor com as experiências da vida diária na caserna. Ainda que eu tivesse distinguido claramente o indivíduo do grupo humano em geral (e não acho que, àquela altura, eu teria sido capaz), provavelmente eu diria que os destinos de um e de outro não poderiam ser separados. E, se eu já conhecesse a prova de lógica do professor Kotarbinski, teria matado essa indagação ainda em botão, como se fosse uma tautologia circular sem o menor sentido. Só num país bom se pode viver bem, e país bom é aquele onde se vive bem.

Eu lembrava do meu país antes da guerra como deixando muito a desejar nesse sentido, e da minha própria vida nele como igualmente longe da vida ideal. Posso repetir as palavras escritas por Czesław Miłosz no fim do século: "Essa Polônia não corresponde de forma alguma à imagem ideal que a nova geração pode criar para si mesma. Conhecer essa Polônia será, para muitos leitores, uma experiência difícil, talvez um choque, e eles vão perguntar: 'Como é possível?' Mas foi possível…"[2]

Eu não tive que perguntar se era possível; eu lembrava que era. Poucos anos mais novo do que Miłosz, eu nasci e fui criado "nessa" Polônia, a mesma dele. E "essa Polônia" era um país de inacreditável pobreza, instalada a poucos passos da minha casa, do outro lado da rua Dąbrowski, e que de vez em quando brotava ao longo das puritanas e decentes ruas Prus e Słowacki, aparentemente satisfeitas consigo mesmas e com o destino que lhes coube. Por alguns anos, chegou até o nosso apartamento, e em todos os vilarejos que conheci quando criança a pobreza, o desemprego e a desesperança se multiplicavam sem obstáculos, abertamente zombando das nossas pretensões, das nossas máscaras e das nossas aparências. Havia também a Polônia hospitaleira para com os que tinham recursos, e impiedosa e sem compaixão para com quem dependia dos seus favores, forçando estes últimos, como meu pai, a trocar a dignidade humana pelo pão para alimentar a família. Eu lembrava de tudo isso do mesmo modo que me lembrava das zombarias e dos insultos projetados para durar para sempre, e para serem muito mais resistentes ao trabalho de cicatrização da memória do que as pancadas e os hematomas. Em seu inigualável estudo acerca das atitudes, depois da guerra, dos judeus poloneses que sobreviveram ao Holocausto,* Irena Nowakowska cita um oficial anônimo que, em resposta a suas perguntas, declarou que, em vez de recordar torturas e danos passados, precisávamos nos ocupar da construção de um futuro no qual essas coisas não se repetissem. Vou confessar um segredo: esse oficial arrogante era eu.[3]

Dos estudos de Małgorzata Melchior[4] aprendemos — e, de fato, "parece razoável" — que as experiências dos judeus que sobreviveram à guerra na Polônia ocupada são diferentes das experiências dos judeus poloneses que evitaram esse destino. Os judeus que se escondiam com "documentos arianos" lembravam-se do medo que sentiam dos poloneses "não judeus" — um medo que os judeus que foram parar além das fronteiras do país

---

* Bauman menciona aqui o estudo pioneiro de Irena Sara Hurwic-Nowakowska, socióloga que realizou, entre 1947 e 1950, uma investigação sobre as mudanças na comunidade judaico-polonesa depois da Segunda Guerra Mundial.

ocupado, eu entre eles, não tiveram a oportunidade de conhecer. Joanna Beata Michlic, autora de um texto fundamental sobre a mudança da ideia do judeu na consciência polonesa, apresenta a seguinte descrição de uma experiência típica de judeu escondido entre poloneses:

> Vivia sempre com medo de que os alemães me matassem, mas tinha ainda mais medo de que os poloneses descobrissem que eu era judeu [...] dizer a um desconhecido, ou mesmo a um conhecido, que eu era judeu [...] significaria simplesmente cometer suicídio.[5]

E Emanuel, herói de *Regina, Regina Borkovska*, de Adolf Rudnicki, quando saiu do vagão de gado com destino a Treblinka, pensou: "O tempo dos elementos. Ai dos humanos, quando adquirem poder". Escondido num porão, entendeu o que é uma casa. Observando a polícia, entendeu o que é um Judas. A floresta era uma desconhecida, os campos eram uns desconhecidos, e ele morria de medo das pessoas. "Daquela primeira cabana vai sair alguém que será meu assassino."[6]

Claro, dá para entender a relutância generalizada de não judeus a darem a mão a judeus, condenados coletivamente à morte e, portanto, isolados pelos invasores do restante da população ocupada, que só era ameaçada de morte individualmente. Mesmo a decisão de não informar sobre um judeu escondido, e tanto mais a decisão de ajudá-los e procurar ou oferecer um esconderijo, submetia a pessoa e sua família a um perigo mortal. Isso exigia a mais absoluta coragem e uma disposição para o sacrifício que é apanágio dos santos, e raramente acessível a pessoas comuns. Aqueles que foram poupados desses testes desumanos de força moral não têm como entender sua atrocidade. Jamais terão certeza (assim como eu não tenho) de que, se fossem submetidos a teste parecido, seriam aprovados com dignidade e em conformidade com os princípios morais que genuinamente defendem. Ceder ao impulso moral pode custar muito caro; a verdadeira dificuldade, no entanto, é que seria igualmente oneroso recusar-

-se a salvar uma vida, mesmo que o preço no caso fosse "apenas" uma consciência culpada. Era um dilema sem solução decente. Nenhum argumento, por mais logicamente impecável que seja, é capaz de eliminar as pontadas da consciência.

Jerzy Jastrzębowski, citado por Jan Błoński* (no estudo imortal intitulado "Os pobres poloneses olham para o gueto"), lembrava-se de uma história que tinha ouvido de um parente mais velho. Sua família resolveu resgatar um velho amigo, um judeu, de irretocável aparência polonesa, ao que tudo indica de origem nobre — mas não queria esconder suas três irmãs, que pareciam judias e falavam polonês com evidente sotaque iídiche. Esse amigo recusou a oferta: não queria salvar-se sabendo que as irmãs iam morrer.

> Se a decisão da minha família tivesse sido outra, havia 90% de probabilidade de que seria descoberta e executada por esconder judeus. Havia talvez menos de 10% de probabilidade de que a família de Eljasz Parzynski fosse salva naquelas circunstâncias. A pessoa que relatou esse drama familiar me disse muitas vezes: "O que poderíamos fazer? Não havia nada que pudéssemos fazer!". E, no entanto, ela não me olhava nos olhos. Sabia que eu percebia a insinceridade do argumento, ainda que os fatos fossem verdadeiros.[7]

Mas a pessoa com quem Jerzy Jastrzębowski falava pelo menos tinha consciência do dilema e, em conflito entre razão e consciência, optou pela consciência, mesmo reconhecendo o acerto da razão. A maioria das pessoas, diante de dilema parecido, não suporta essa clareza de visão, nem os tormentos causados pela confusão de ideias e sentimentos que essa clareza de

---

* Jan Błoński foi historiador, publicitário, crítico literário e tradutor polonês. Foi professor da Universidade Jaguelônica [na Cracóvia]. Seu artigo "Os pobres poloneses olham para o gueto" [1987] na revista *Tygodnik Powszechny* (também frequentemente discutido por Bauman) é uma das peças fundamentais na reflexão polonesa sobre a reação de sua sociedade ao Holocausto.

visão sem dúvida implicaria. Como nos dizem os psicólogos, a maioria escolhe a opção menos onerosa espiritualmente: evita o dilema tanto quanto possível e, para tanto, nega sua existência. Decide de antemão pelo instinto de autopreservação, acima de todas as demais obrigações, para se defender da própria consciência. Ou foge para uma opção ainda melhor, negando que essas obrigações lhe pesassem naquele momento, porque, afinal, as vítimas tiveram o fim que mereciam em virtude dos seus próprios atos pecaminosos.

Insultar as vítimas, acusando-as de crimes que precisavam ser punidos, removendo-as assim, a posteriori, do reino das obrigações morais, é uma reação à qual pessoas sujeitas a forte dissonância cognitiva recorrem com maior frequência — e também com mais disposição.[8] Nas realidades reconhecidamente complexas da vida, geralmente não falta alimento para essas reações, e se às vezes a oferta de fatos é insuficiente, a imaginação humana prontamente preenche as lacunas. Se, por exemplo, os crimes não podem ser percebidos a olho nu, é sempre possível alegar que os culpados são especialmente hábeis em ocultá-los — o que dá mais motivo para acusar as vítimas e para não ter de ajudá-las. Graças a essas reações, e a outras parecidas, o impulso moral é suprimido. Mas abafá-lo não significa que ele vá desaparecer. Empurrado para os recantos sombrios do subconsciente, ali murcha e apodrece, acrescentando veneno ao trauma, alimentando ressentimentos e motivando uma busca ainda mais ativa de razões para não incluir as vítimas na esfera das obrigações morais. Quanto mais fortes as pontadas da consciência, e mais difícil sossegá-las, mais ruidosamente insultamos a memória das vítimas; porém, quanto mais alto gritamos, menores são as nossas chances de escapar da escuridão, de descobrir e sanar os ferimentos que nos fizeram gritar.

A farpa deixada pela fracassada prova de ética não é a única razão de dissonância cognitiva e de reações violentas, amargas, além do racional. Num livro sobre o "colapso moral" do pós-guerra, Jan Gross cita, entre outros, Bożena Szaynok, cujo estudo pioneiro dos excessos antissemíticos na Polônia nos lembra que "propriedades judaicas mudaram de mãos durante a guerra".[9] A aquisição de propriedade judaica era um avanço social real para os novos proprietários poloneses, e a devolução para os donos foi uma catástrofe pessoal, a ser rejeitada por todos os meios disponíveis. Stanisław Ossowski, em conexão com o assunto, e como se previsse a teoria da "dissonância cognitiva" de Leon Festinger, apresentou uma das interpretações mais penetrantes e exatas das reações defensivas a esses acontecimentos:

> Quando a tragédia de um passa a ser ganho para outro, surge a necessidade de convencer a si mesmo e aos demais de que a tragédia era moralmente justificada. Era essa a situação dos proprietários de lojas antes pertencentes a proprietários judeus, ou daqueles que anteriormente concorriam com comerciantes judeus.[10]

A amarga experiência de Emanuel na história de Rudnicki, ou do "típico judeu polonês" de Joanna Beata Michlic, poderia ser explicada pelas propriedades gerais da psique humana, absolvendo assim os perpetradores de ofensas morais, pelo menos em parte (muito embora — ah, o paradoxo — fosse mais fácil para aqueles que estavam sob a mira das armas entender e aceitar essas explicações do que convencer os atiradores a reconhecê-las e aceitá-las). Dá para entender as razões das experiências ainda mais amargas que aguardavam os "típicos judeus poloneses" — aqueles judeus que, contradizendo nitidamente realidades e elementares conhecimentos sociológicos, imaginavam com ingenuidade que o medo dos vizinhos e suas causas desapareceriam de terras polonesas com os ocupantes alemães que fugiam em pânico. É assim que Jasia recorda uma das primeiras experiências arrasadoras que teve quando saiu do esconderijo. Aconteceu num daqueles caminhões que assumiam as funções de transporte público, inexistente na capital recém-libertada mas decididamente arruinada:

Viajando numa terrível multidão, com aqueles estranhos, de repente me dei conta de que era a primeira oportunidade que eu tinha de olhar as pessoas de Varsóvia diretamente nos olhos. Ergui a cabeça e sorri para a pessoa mais próxima, como se dissesse: "Olhe, voltei, estou viva!". E então escutei um homem dizer a outro: "Inacreditável! Ainda sobraram alguns. Os alemães incompetentes não mataram todos eles com gás".[11]

O caminhão estava lotado, mas o crítico do "trabalho malfeito" nem mesmo baixou a voz — certo de que nenhum dos outros passageiros prestaria atenção ou protestaria.

Repito: não passei pela experiência da ocupação alemã da Polônia. Perambulei apenas alguns dias pelas ruas da Włocławek ocupada, com o estigma amarelo de um cadáver ainda vivo, como uma acusação muda contra alguns, mas como motivo de alegria para outros passantes — os da calçada. Mas esses transeuntes não eram então ameaçados de morte por prolongar a vida vegetativa dos condenados, nem as propriedades dos que seguiam para a morte estavam disponíveis para divisão; eu consegui evitar o vexame dos olhares piedosos, ou antagônicos, ou a ameaça de vingança dos que passavam por mim. Ao contrário de Emanuel [na história de Rudnicki], eu tinha medo dos alemães, e não das pessoas. No entanto, ao voltar às calçadas de ruas polonesas eu também já não tinha medo dos alemães. O medo tinha fugido com os projéteis disparados contra eles.

Voltei para o meu país natal do exílio/abrigo russo sem a bagagem *dessa* alergia e *desse* complexo. Conheci muitos medos durante o exílio, mas eram diferentes. Não vivenciei *aquele* medo. E mesmo que quisesse imaginar o exílio em todo o seu horror atroz e desumanidade, eu provavelmente me inclinaria a atribuir-lhe condições que, juntamente com os ocupantes, com seus malfeitos e sua tendência a transformar os outros em malfeitores, começavam a viajar para o passado diante dos meus olhos, e não sem a minha participação. Não vivenciei a Polônia sob ocupação alemã; voltei para uma Polônia que era a mesma que deixei ao pegar um trem em 2 de setembro de 1939. Era do projeto de transformar essa Polônia numa "coisa melhor" que eu desejava participar. Vamos conversar, vamos nos entender, chegar a um acordo; juntos arregaçaremos as mangas, e juntos curaremos as feridas abertas e impediremos que novas feridas se abram; juntos limparemos o país que é nosso, de uma vez por todas, da inveja e do ódio, da degradação e da humilhação... O leitor de hoje provavelmente franzirá a testa com desprezo: quanta ingenuidade... Espero reação parecida àquela que Tadeusz Konwicki[*] previu quando, numa conversa com Stanisław Bereś,[†][12] confessou suas próprias atitudes no pós-guerra, semelhantes às minhas:

> Eu não pertencia à geração de empresários que fazem negócios escusos, mas à geração exausta de uma guerra terrível [...]. Eu vivia numa ecosfera moral, numa atmosfera de tensão. Portanto, para mim era fácil aceitar a proposta de uma ordem mundial melhor; mais ainda por estar convencido de que o mundo estúpido é que tinha nos levado a essa hecatombe. Se eu dissesse a um empresário polonês hoje que precisamos consertar o mundo, ele riria na minha cara, mas naquela época não era piada.[13]

A ideia de que o mundo pode ser melhorado surge na cabeça de jovens de dezenove anos em todas as gerações. Eles pintam para si mesmos a imagem desse "mundo melhor" de várias maneiras, cada geração com cores próprias, mas jamais desistem de pintá-la. O que garante que seja assim é a audácia dos jovens de dezenove anos, sua falta de experiência de vida, de decepções e fracassos, e também sua consciência de que tudo o que há de importante na vida ainda está por vir, e tudo que os cerca é tem-

---

[*] Tadeusz Konwicki foi um escritor, roteirista e cineasta polonês.
[†] Stanisław Bereś, poeta, historiador da literatura, especialista em mídia, crítico literário e tradutor polonês, é professor da Universidade de Breslávia.

porário, transitório. E os jovens de dezenove anos não podem deixar de pensar num mundo melhor, ainda que o mundo que adentram seja duro como granito, e resistente a todos os caprichos. Mesmo nesse mundo, como em qualquer outro, os jovens precisam subir — e quando alguém sobe, um novo panorama se descortina a cada passo. E é fácil confundir a mudança *do* que se percebe com a mudança *no* que se vê... E, além disso, o peso do passado, que em tempos normais pressagiaria para os jovens audaciosos — como advertiu Nietzsche — apenas "ranger de dentes e miséria solitária",[14] era trivial na avaliação dos meus dezenove anos, e além disso me parecia já estar mais fraco: a guerra que chegava ao fim estava se livrando de uma grande parte dele, desafiando, dessa maneira, a crença na inamovibilidade daquilo que para outras gerações tinha parecido inamovível. Tudo isso junto (de um jeito perverso, é verdade) dava alguma confiança àqueles que sonhavam em rasgar o passado e costurá-lo de novo.

Numa de suas recentes entrevistas na TV, Leszek Kołakowski disse que era movido naquela época por desejos semelhantes. E que, comparando as diferentes ideias para uma Polônia melhor que circulavam naquele tempo, ele chegou à conclusão de que os comunistas tinham, relativamente, o melhor programa. Não era o único a pensar assim. Pessoas que pensavam e sentiam intensamente naqueles dias, patriotas não necessariamente simpatizantes do comunismo, achavam (não sem razão, no fim das contas) que as raízes da miséria da Polônia eram profundas — e uma miséria tão radical, como corretamente raciocinavam, exigia um remédio radical. Estremeciam só de pensar que a Polônia pudesse voltar ao que era antes da guerra — às divisões de classe, ao desemprego em massa e à pobreza igualmente em massa que clamavam aos céus por vingança... Anos depois, mais ou menos perto da morte, Stanisław Ossowski me confessou que quando, em agosto de 1939, chegou a Modlin, para onde foi mandado durante a mobilização, notícia de que Beck se reconciliara com Ribbentrop e não haveria guerra, ele ficou apavorado e entrou em desespero: então tudo ia ficar exatamente como estava?

Os comunistas prometiam acabar com "as velhas formas", e o faziam com mais fervor do que todos os demais. Diziam ter um programa para a erradicação radical da opressão de classe, para devolver a terra aos camponeses e as fábricas aos operários, e para restaurar a dignidade tanto dos camponeses como dos operários — e de todo mundo. Com esse programa, julgavam-se os únicos capazes de criar as condições de liberdade, igualdade e fraternidade exigidas por todos os grandes intelectos desde os tempos do Iluminismo, e almejadas, até então sem êxito, por gerações de reformistas e de revolucionários. E, sob a influência das amargas e duras experiências da derrota e da ocupação, as massas de poloneses que compartilhavam os medos de Ossowski cresceram incontrolavelmente. Em março de 1944, Jan Rzepecki, o chefe do Departamento de Informação e Propaganda do AK [ex-ZWZ], atento e diligente investigador da pulsação dos países ocupados, alertou o general Bór-Komorowski e, por intermédio dele, o governo no exílio, de que:

> Não há dúvida de que houve uma radicalização de grupos outrora oprimidos [...]. Existe uma demanda popular para eliminar a grande concentração de bens nas mãos de cidadãos ou grupos e para erradicar todo e qualquer privilégio material, cultural e político [...] todos os esforços para reverter esse processo, ou pelo menos para detê-lo, são inúteis e até mesmo danosos. Esse é um desejo apaixonado das massas, que nada conseguirá sufocar.[15]

Passei alguns anos entre os soviéticos, onde os comunistas tiveram vinte anos para demonstrar suas teses na prática. Portanto, eu deveria saber que suas promessas não abriam caminho para ações, e que o caminho para as ações era sangrento... Mas não sabia, ou preferia não saber. Abafei minhas dúvidas e não permiti que se manifestassem, atribuindo qualquer coisa que me alarmasse, ou me desanimasse, a erros evitáveis, os quais nós, mais sensatos depois que tudo aconteceu, saberíamos evitar na Polônia, ou pelo menos era o que eu acreditava (pouco mais de vinte anos depois, meu amigo inglês Ralph Miliband[*16] tentou me convencer, na mesma linha de argumentação, que, ao pôr em prática esse programa inteligente, tão nobre em suas premissas, os ingleses evitariam os erros cometidos tanto pelos russos como pelos poloneses... Ele me tachou de renegado quando tentei, inutilmente, lhe explicar que essas esperanças tinham uma tendência a se mostrar fúteis quando submetidas ao teste da realidade). Hoje não sei dizer com certeza que pensamentos — ou até que ponto sem pensar — entrei naquele período de vinte anos que Celina Budzyńska chamou, retrospectivamente, de "anos de esperança e derrota".[17] Budzyńska *tinha* como saber mais, muito mais do que eu sabia, e sabia por experiência própria, não só de ouvir boatos e confissões secretas. Ela perdeu as pessoas que lhe eram mais próximas em expurgos stalinistas, e esteve durante anos em campos soviéticos como a "mulher de um inimigo do povo". Mas até ela admitiu:

> Meus netos e amigos jovens me perguntam como é que você pôde, depois de tudo o que passou, e sabendo tudo o que sabia, "construir o socialismo" novamente, e ainda por cima em seu próprio país. É difícil responder, não só para os outros mas principalmente para mim. Não posso escapar disso, como o fez Konwicki em *O nascimento e o ocaso da Lua*, fingindo que não fui eu, mas alguém totalmente diferente. Não, sem dúvida fui eu, com todas as minhas experiências e ideias, que de alguma forma coexistiam com uma profunda fé no socialismo, na ideia de justiça etc. É engraçado, mas talvez nem tanto. E a questão aqui não é admitir culpa, mas perguntar como isso pôde acontecer.[18]

Para minha decepção, e provavelmente para decepção de muitos leitores, no restante das suas memórias, num esforço para responder à pergunta "Como isso pôde acontecer?", Bud-

---

* Ralph Miliband foi um sociólogo britânico especializado em marxismo e co-criador da Nova Esquerda.

zyńska apenas relaciona acontecimentos, muitas vezes inteiramente fortuitos e que pouco tinham a ver com escolhas de vida: "encontrar amigos, antigos e novos"; "casas queimadas, ruínas, estradas, cinzas" que acabaram constituindo a avenida Jerusalém em Varsóvia; um encontro casual com um conhecido que propõe uma viagem a Łodz, e lá, como se viu, naquele exato momento, a Escola Central do PPR* é fundada etc. etc. Acontecimentos sucederam-se rápida, vertiginosamente, não deixando um momento para tomar fôlego, não dando espaço para reflexão; e vieram um atrás do outro de tal maneira que era impossível distinguir entre "o que aconteceu comigo" e "o que eu mesma fiz". Dá vontade de dizer que a série de acontecimentos se deveu à "sorte cega", como no filme de Kieślowski de mesmo nome,[†] embora cada acontecimento casual, exatamente como no filme, transbordasse de consequências não planejadas nem previstas, nem conscientemente desejadas, nem possíveis de decifrar de antemão. E "sorte cega" significa simplesmente que, se o que aconteceu não tivesse acontecido, a sequência de coisas poderia ter sido inteiramente diferente, e o resultado poderia ter sido uma vida totalmente diferente.

Um exemplo dessa "sorte cega" com tantas consequências em minha própria vida foi a notícia que chegou ao regimento poucos dias depois da rendição dos alemães, enquanto eu esperava uma desmobilização acelerada, e minha intenção de retomar meus estudos interrompidos de física se converteu de sonho em

---

* O Polska Partia Robotnicza (Partido dos Trabalhadores Poloneses), criado em 1942, foi o principal partido operário após a Libertação. Em dezembro de 1948, depois da unificação com o Partido Socialista Polonês (PPS), passou a chamar-se PZPR (Polska Zjednoczona Partia Robotnicza).

† O título do filme de Krzysztof Kieślowski em polonês é *Przypadek*. Em polonês, é uma expressão neutra, enquanto em inglês [e também em português] poderia ser tanto um acidente negativo como uma oportunidade positiva. No texto, "sorte cega", "acidente", "oportunidade" serão usados indistintamente.

plano: a IV Divisão, com outras unidades militares, deveria ser reorganizada, passando a fazer parte do recém-formado Korpus Bezpieczenstwa Wewnętrznego (KBW), o "Corpo de Segurança Interna".[19] Da noite para o dia todos nós — de soldados a coronéis — nos tornamos soldados do KBW. Como não houvesse plano para uma artilharia no KBW, aqueles que eram, como eu, oficiais políticos e educacionais no VI PAL — artilheiros por designação, mas de forma alguma por capacitação ou especialmente por profissão — foram mandados para os batalhões de proteção que se formavam nas capitais de voivodias. Segundo nos informaram, a tarefa do KBW era proteger objetos que precisavam de proteção e desarmar "bandos" armados se e quando aparecessem. Depois de um curto período de transição em Łodz, fui designado para Bydgoszcz.

O fato de a IV Divisão ter sido escolhida para funcionar como "esqueleto" do recém-criado KBW foi, do ponto de vista da jornada da minha vida, um acontecimento fortuito... Mas não foi por acaso que aproveitei a oportunidade imprevista sem pensar duas vezes. Permanecer no exército não era parte dos meus planos; eu queria, acima de tudo, retomar meus estudos o mais depressa possível — mas essa ou qualquer outra contribuição para "a construção do socialismo" ocupava uma posição bem alta na minha lista de desejos. Aceitei o papel para o qual fui designado como um adiamento na desmobilização e um sinal de que a volta à vida civil e a minhas preferências pessoais teria que esperar.

No mesmo espírito interpretei a proposta de aderir ao PPR, o Polska Partia Robotnicza, e a de cooperar com "informações militares". Tipicamente para um novato, eu só conhecia esses assuntos através de livros, e imaginei que ajudar na contraespionagem fosse um óbvio dever patriótico dos oficiais em relação às Forças Armadas e ao povo que elas protegiam. (Minha obrigação de cooperar, apesar de breve, foi uma parte da autobiografia sobre a qual não falei; permaneci em silêncio simplesmente porque a inscrição incluía a promessa de manter segredo. Eu não tinha permissão de quebrar a promessa. E não fui eu quem acabou por quebrá-la ...) Aceitei o que estava acontecendo em conjunto, considerando tudo aquilo um chamado para "contribuir na construção do socialismo", a ordem pela qual eu ansiava. Obedeci, ainda que esses acontecimentos não planejados chegassem num momento inesperado. Com relativa rapidez, ficou claro que não era assim que eu tinha pensado... porque o que eu estava fazendo não tinha muito a ver com a "construção do socialismo" que eu imaginava.

Não havia "bandos", fosse em Łodz ou na Pomerânia, e, como oficial, eu não tinha que fazer serviço de guarda. Assim, passava o tempo batendo papo com os soldados, inspecionando a cozinha e impedindo que as pessoas roubassem coisas dali, levantando dinheiro público para o estandarte do batalhão e organizando uma cerimônia pública para abençoá-lo[*] e... formando um time de futebol que inscrevi em torneios locais com o nome de wks Sztorm (foi rapidamente promovido para a Classe A pomerana, antes de ser incorporado, para meu desespero, ao Gwardia, o recém-criado clube desportivo nacional do Ministério do Interior). Neste último projeto, tive a sorte de contar com a dedicada ajuda profissional do tenente Bojczuk, jogador de futebol antes da guerra e mais tarde treinador do Resovia que, por uma feliz coincidência, tinha sido designado para o batalhão na função de tesoureiro.[†] Pelo que me lembro, adquirir camisas, calções e chuteiras não foi nada fácil em 1946, e consumiu boa parte do meu tempo e das minhas energias.

Quando o batalhão, ampliado, ficou do porte de um regimento, eu me tornei instrutor no departamento político e educacional. Não era um cargo em que se morresse de trabalhar. Para

---

[*] Naqueles anos, abençoar a bandeira era dever do *kapelan wojskowy*, o capelão católico. Isso mostra que nos anos do pós-guerra as autoridades não eram contra a religião, e que a mudança para cerimônias seculares não se deu logo depois da libertação da Polônia.

[†] Resovia, wks Sztorm (wks, "Clube Desportivo Militar") e Gwardia são nomes de clubes desportivos de futebol.

mim, sua principal virtude era a abundância de tempo disponível para ver os times treinarem. E quando a escola de oficiais foi criada em Szczytno,* fui transferido para lá com um cargo semelhante ao de instrutor — só que, além de dar aulas, inventei de publicar (com a ajuda de um mimeógrafo) um boletim semanal para todos na escola. Depois dos desastrosos resultados em Bydgoszcz, não tentei organizar um time de futebol. Principalmente porque os oficiais recém-formados partiam de Szczytno para suas novas unidades a cada três meses, com um novo curso sendo aberto para alunos recém-recrutados. As condições não eram, portanto, favoráveis para criar e treinar um bom time. Além disso, Szczytno não contava com o inestimável Bojczuk.

Quase no fim de 1947 fui convocado a Varsóvia, para a Divisão de Propaganda no Departamento Político do KBW, por iniciativa do chefe, o coronel Zdzisław Bibrowski. Como me confessou mais tarde, Bibrowski ficou bem impressionado com meus relatórios mensais de atividade política e educacional, escritos num estilo totalmente inadequado para relatos dessa natureza, mas que possivelmente indicavam virtudes (ou vícios) que poderiam vir a ser úteis na redação de palestras. Passei a ser, até o fim e para todos os efeitos, o "encarregado". Dia após dia, eu me sentava à mesa; os dias, para meu azar, arrastavam-se monotonamente, por mais que eu tentasse, sempre com pouco sucesso, infundir-lhes algum vigor procurando tarefas relativamente sensatas e menos entediantes. A única variação na minha rotina eram os comunicados não muito empolgantes de instrutores políticos e educacionais das unidades de voivodia. Mas isso tudo deixava muito tempo livre para os meus estudos, aos quais — como explicarei melhor daqui a pouco — voltei com vontade.

Pelo que me lembro, só fui mandado uma vez para o "campo" — a área rural de Podlachia —, no inverno de 1945-6. Soldados armados, às vezes surgidos de organizações clandestinas,

---

* Cidade no nordeste da Polônia, localizada na região histórica de Masúria (cerca de 175 quilômetros ao norte de Varsóvia).

mas na maior parte dos casos apenas gangues comuns de criminosos, espalhavam-se em torno de Białystok. Remanescentes da desmoralização imposta pela ocupação, essas pessoas atacavam delegacias de polícia e paravam trens, arrancando os passageiros e exigindo pagamento, muitas vezes executando no ato as vítimas que escolhiam. Nosso objetivo era prender os agressores: os soldados receberam uma lista de endereços onde os agressores supostamente moravam. Tanto quanto sei, nenhum, ou quase nenhum, dos suspeitos jamais foi encontrado nos endereços fornecidos por denúncias locais. Ou nunca moraram ali ou foram avisados a tempo de fugir para se esconder na floresta. As ações dos soldados não eram nada em comparação com as mais bem-sucedidas expedições da "Sanacja" para pacificar Volhynia, Podolia ou Pokuttia.* Não dava para comparar as duas coisas, em relação fosse ao radicalismo dos meios utilizados, fosse aos efeitos dessa utilização... Éramos chefiados por um "especialista em caçar terroristas" mandado da Rússia, mas sua expertise acabou não sendo muito útil nas condições polonesas. Não faço a menor ideia do que o "especialista" escreveu em seu relatório sobre a expedição, mas não acho que tenha elogiado a minha bravura (pouca coisa ainda resta em minha memória dessa viagem ao campo, além do frio terrível e de uma experiência emocionante: a estreia de *Canções proibidas* num cinema de Białystok).[20] Na verdade, nunca mais fui enviado "ao campo". Mais que isso, fui mantido bem longe de qualquer das tarefas de maior "responsabilidade" que exigiam pessoas de nervos mais fortes que os meus e menos escrupulosas. Por exemplo, não fui incluído nas "comissões eleitorais" convocadas para o referendo e para as eleições parlamentares pouco depois da minha experiência de "campo".

Aliás, com esse "especialista" eu desempenhava uma função exatamente igual à minha função com outros oficiais políticos

---

* Bauman se refere a ações do KBW nos territórios ucranianos, onde civis — moradores das aldeias — eram mortos por suposta colaboração com unidades anticomunistas clandestinas.

e educacionais da IV Divisão: a de antídoto contra o russismo descarado dos líderes. A necessidade dessa função no KBW logo terminou, porque todos os "especialistas" foram reenviados para a Rússia e substituídos por um grupo de oficiais poloneses. Hoje nem todo mundo se lembra de que o KBW foi a primeira formação militar quase totalmente "desrussificada" da Polônia. Nesse sentido, o corpo contrastava com o restante do Exército Polonês, especialmente no momento em que Konstanty Rokossowski assumiu o comando do exército subordinado ao Ministério da Defesa Nacional.* Durante o "Outubro Polonês", apenas o "exército interno" — não o exército sob controle de Rokossowski, mas aquele sob o comando conjunto de Wacław Komar e Juliusz Hübner — poderia ser, e foi, despachado para preparar a defesa de Varsóvia contra um possível ataque soviético.[21] Esses exércitos eram os únicos grupos armados de cuja lealdade num conflito com o Grande Irmão as autoridades polonesas poderiam ter certeza.

Houve outros dois casos de "sorte cega" na minha vida, quando, perto do fim de 1947, finalmente me estabeleci em Varsóvia com meus pais, repatriados da União Soviética um ano antes.

O primeiro acontecimento fortuito: no outono de 1947, quando corria para a Universidade de Varsóvia com um atestado de conclusão dos dois primeiros anos de estudos em física na universidade em Gorki (cuidadosamente preservado, apesar do front, dos ferimentos e do hospital), fui informado de que estudos soviéticos não eram reconhecidos pela Universidade de Varsóvia. Além disso, me disseram que, no próximo ano letivo, eu poderia me candidatar à universidade recomeçando do zero. Esse acidente acabaria sendo, por assim dizer, muito feliz... Em meus anos em Bydgoszcz e Szczytno, eu tinha sonhado em reto-

---

* Konstanty Rokossowski foi um poeta, militar (marechal da Polônia e da União Soviética) e político russo. Herói dos dois conflitos mundiais, é tido como uma das figuras mais importantes da Segunda Guerra.

mar meus estudos científicos, mas, em vez de explorar "buracos negros" cósmicos, e até descobrir novas leis da física, eu me sentia cada vez mais atraído por estudos diretamente envolvidos em "consertar a sociedade" e melhorar a vida humana. Ainda assim eu hesitava, pois me sentia atraído também pelos estudos que já tinha iniciado. Não conseguia me decidir; a rejeição do Departamento de Física da Universidade de Varsóvia resolveu o problema e me libertou, em certo sentido, do tormento de escolher. Como eu ainda podia ser admitido na Academia de Ciências Políticas, me candidatei e fui aceito. A partir de então, quase todas as noites, pelos três anos seguintes, foram gastas em aulas ou tutorias nas ruas Rej e Rejtan; e uma parcela significativa dos meus dias transcorria no escritório, com as noites em casa dedicadas a leituras. Foi meu primeiro encontro de verdade com a filosofia, a sociologia e a história social. Elas me cativaram de imediato; caso de amor à primeira vista. Portanto, não foi mais por acidente e sim por escolha que continuei fiel a esse primeiro amor até o fim. E que nunca as deixei de amar.

O segundo acontecimento fortuito: conheci Janina na Academia de Ciências Políticas. Mas não foi por acaso que me apaixonei à primeira visa. E certamente não foi por acaso que nunca deixei de amá-la nos sessenta anos seguintes.

Uma atmosfera sufocante, opressiva, dominava a divisão política do KBW, como pode ocorrer, e muitas vezes ocorre, atrás de paredes sem janelas e com portas raramente abertas. Um visitante de Marte teria dificuldade de entender a razão da existência do KBW; ia parecer-lhe um coletivo cuja própria existência — ou melhor, autodestruição — era seu único objetivo, destino e tarefa. Na segunda metade de 1948, uma intensa stalinização do "campo socialista" começou, com a anatematização de Tito. Seguiu-se o que viria a ser um "grande expurgo" permanente, cujo objetivo era eliminar "elementos suspeitos" do Partido (já "unificado") e também de instituições simbioticamente ligadas ao Partido, como a divisão política do KBW. "Elementos suspeitos" incluíam os que tinha ingressado no Partido dos Trabalhadores Polonês e, depois, no Partido Operário Unificado Polonês, com esperanças que "não eram as que deveriam ser" — esperanças inoportunas e ingênuas, e, como logo mais se revelaria, inteiramente inadequadas para as novas tarefas. Esses "elementos" eram pessoas com cuja obediência (para não falar na motivação) o Partido não poderia contar no período vindouro de "aguçamento do conflito de classes" e de introdução da "ditadura do proletariado".

E, com base apenas em quem eu era, como se fosse "por natureza", eu era suspeito de todos aqueles pecados em praticamente todos os aspectos. Era filho de um ex-comerciante e de uma mulher aparentada com donos de fábricas ou serrarias, portanto preso por nascimento no espaço nebuloso entre a pequena burguesia e a burguesia. Apesar de ainda insuficientemente instruído, eu era um estudante — alguém que ativamente se instruía e que, consequentemente, aspirava à "pseudoelite" dos *"educatedets"*.[*] Em tempos nos quais "a sua vontade, mais do que um diploma de ensino médio, fará de você um oficial",[†] e em que "individualidade", individualismo e independência de julgamento, características dos *educatedets*, não se coadunavam com um "coletivo" disciplinado, essas desgraças eram conhecidas por diferentes nomes, mas com intenções e resultados similares aos encontrados nos recentes conflitos em torno da Quarta República. Observe-se que, naqueles tempos, os portadores de diplomas não nasciam, como hoje, debaixo de cada pedra à beira da estrada, mas numa rocha aparentemente altíssima. Ou pelo menos era o que parecia do ponto de vista da nação inculta, despojada de sua intelligentsia pela ocupação. Por muitas razões, eu

---

[*] *Pseudo-elity*, *łże-elity* ou *wykształciuchy* são os termos negativos com os quais Jarosław Kaczyński e políticos do seu partido, o PIS (Justiça e Solidariedade), definiam os membros da intelligentsia que a ele se opunham. Assim, Bauman faz uma conexão entre o stalinismo e as autoridades polonesas atuais (ganharam a eleição de 2015, e Bauman fez a leitura final deste texto em 2016). Agradeço a Wojciech Rafałowski por sugerir a tradução educatedets.

[†] A frase era usada para ressaltar a ruptura entre a seleção militar para a escola de oficiais pré-guerra e pós-guerra — antes de 1939 um diploma de ensino médio era necessário; depois de 1945, não mais.

era alvo óbvio para aqueles que estavam sempre à espreita, e para o ritual regularmente repetido da perseguição, caça e coleção de troféus de caça.

Por ter conseguido escapar durante alguns anos do número cada vez maior de caçadores, e caçadores contrabandistas que aspiravam à função de caçador, provavelmente tenho uma dívida para com o coronel Zdzisław Bibrowski,* que, exatamente como eu, era um "corpo estranho" nesse grupo — pessoa esclarecida, homem de notável inteligência, impressionante pela amplitude da erudição e dos conhecimentos, pela sabedoria de vida e pelo humor, além do ceticismo e da reflexão praticamente de um Sêneca, e da ética talvez relacionada sobretudo aos estudos de Marco Aurélio. Zdzisław Bibrowski era um fenômeno raro — um remanescente da geração de intelectuais comunistas visionários, em rápida queda (ou sendo desmoronado) nas fileiras do Partido e desaparecendo da consciência pública. Por alguma razão, Bibrowski gostou de mim e fez o que pôde para me proteger. Graças a essa casualidade, minha presença nas fileiras do KBW durou até o fim de 1952. Minha vez de ser selecionado e abatido veio inexoravelmente depois que Bibrowski deixou a chefia da Divisão. Vale lembrar que, vinte e tantos anos depois, ele viria a ser o iniciador, o organizador, a força motriz e o cérebro da seção do Solidariedade composta de trabalhadores acadêmicos.

A necessidade de um pretexto claro para me tirar do KBW foi oferecida pela "conspiração dos médicos"[†22] e por meu "sionismo", aparentemente óbvio para meus supervisores. Não sei direito se o conceito de "sionismo" já era uma palavra-código para judeu no vocabulário do Partido Polonês naquela época como era para os soviéticos — mas os líderes da República

---

* Zdzisław Bibrowski, coronel do Exército Polonês, morreu em 2000.

† A conspiração dos médicos (1953) foi "um suposto complô de destacados especialistas médicos soviéticos para assassinar altos funcionários do governo e do Partido; a opinião predominante entre estudiosos fora da União Soviética é de que Josef Stálin pretendia usar o julgamento dos médicos daí resultante para lançar um gigantesco expurgo partidário" (*Enciclopédia Britannica*).

Popular da Polônia adotavam um princípio de hereditariedade transgeracional do pecado (assim era o pai, assim o filho), e meu pai de fato tinha o hábito de visitar a — reconhecidamente legal — embaixada israelense em Varsóvia. Essa, pelo menos, foi a razão dada para me dispensarem do trabalho. Mas durante anos eu fora considerado pelo KBW um "corpo estranho", e me sentia "pendente", esperando ser expulso bem antes de meu pai cruzar pela primeira vez os umbrais da embaixada israelense e de o primeiro médico de Moscou ser acusado de aspirações tóxicas decorrentes de convicções sionistas.

Quando as previsões já antigas finalmente se concretizaram e fui expulso, reagi com sentimentos contraditórios: uma sensação de tragédia e de alívio.

Tragédia: nós três, Jasia, eu e Ania, de três anos, ficamos praticamente sem pão e ameaçados de perder nossa moradia funcional. Um jovem casal militar com um bebê veio morar conosco logo depois que meus pais foram transferidos para um apartamento funcional na Cooperativa de Alimentos de Varsóvia, onde minha mãe trabalhava. O que Jasia ganhava em Film Polski era pouco para sustentar uma família de três. O gerente de pessoal do KBW me ofereceu uma indicação de emprego na... divisão de treinamento do Ministério das Fazendas do Estado, na época tido como equivalente polonês da Sibéria, onde "elementos" desleais, portanto caídos em desgraça, eram exilados e isolados. Não aceitei a indicação e continuei desempregado. Habituado a um salário recebido regularmente no primeiro dia de cada mês, fiquei também sem dinheiro.

E alívio: anos de medo, de uma vida de permanente prontidão e sujeita aos mesmos padrões rígidos a que todos estavam sujeitos, finalmente ficaram para trás. Com um atraso de sete anos, finalmente tive o direito (e a obrigação!) de escolher o que fazer da vida; uma escolha que seria minha, incontestavelmente, e de minha inteira responsabilidade. Outro acaso foi que um programa de mestrado de dois anos tinha sido estabelecido no Departamento de Filosofia da Universidade de Varsóvia um ano antes, e minha expulsão do exército coincidiu com a conclusão do meu primeiro ano de estudos. No entanto, já não foi por acaso, porém resultado de uma escolha, o fato de eu ter ido ao escritório do reitor e depositado nas mãos dele, professor Emil Adler, um pedido para ocupar a vaga de assistente no Departamento de Filosofia (como se veria, esse não foi só o primeiro mas também o último pedido de emprego que apresentei na minha vida acadêmica; depois disso, só houve convites). Para minha surpresa e grande alívio, o pedido foi aceito. Foi uma surpresa porque um firme resíduo de muitos anos de "vida em expurgo" era a crença, igualmente firme, de que, em conformidade com uma versão modernizada da lei de Arquimedes, um corpo, uma vez expelido, será expelido constantemente e de todos os lugares. Um alívio, a despeito da pífia remuneração salarial dos assistentes.

A pergunta era comum nos círculos do Partido na República Popular da Polônia, e especialmente no interior da tropa de "ex-membros do Partido", que se tornava inexoravelmente cada vez maior: qual é a diferença entre um comunista e uma maçã? E a resposta: a maçã cai quando madura, mas o comunista amadurece depois da queda… Muitas vezes me pergunto se as vicissitudes da minha vida, capturadas de forma sucinta, mas com grande precisão, nesse aforismo disfarçado de piada, confirmavam essa regra. A pergunta me atormentava e afligia, e até hoje, no ocaso da vida, não consigo me livrar dela completamente. Como teria sido a minha vida, como minha consciência teria se desenvolvido e amadurecido, se eu não tivesse "caído" — ou, mais precisamente, se eu não tivesse sido derrubado?

Eu me consolo, tanto quanto possível, com o fato de que, afinal, os quinze anos seguintes da minha vida não respeitaram exatamente essa regra, muito embora eu admita, com pesar, que eles não se desviaram dela o suficiente para me imunizar de todo contra a necessidade de respeitá-la. De um lado, mais alguns anos se passaram depois da primeira "queda" para que o processo de amadurecimento começasse de verdade. De outro lado, a "queda" seguinte, que ocorreu quinze anos depois, dessa vez com o envolvimento ativo da minha Alma Mater, foi sem a menor dúvida o resultado e não a causa do "amadurecimento".

Em 1953 eu ainda era um comunista convicto. Qualquer coisa que me desagradasse ou enojasse nas práticas dos "poderes constituídos" eu atribuía ao que dois anos depois seria chamado por Khrushchev de "erros e excessos".[23] Percebi um número cada vez maior de danos humanos, de acusações injustas e de atos malignos, mas eles não formavam um todo para mim. Eu não achava que fossem intencionais ou, menos ainda, inerentes à "ordem" que estava sendo introduzida na Polônia. E certamente não me passava pela cabeça que pudessem ter uma relação causal com a "construção do socialismo" ou estivessem inextricavelmente ligados a ele em nenhum outro sentido. Minhas dúvidas nada tinham a ver com a ideia, mas sim com a forma como ela estava sendo aplicada, ou, mais especificamente, com as medidas que lhe eram atribuídas. Não era o sistema que se deveria culpar, achava eu, mas o seu funcionamento defeituoso. Eu acreditava que as pessoas lá no topo, em consonância com suas promessas, eram de fato motivadas pelo desejo de justiça social, mas, apesar disso — fosse por incompreensão ou falta de habilidade —, cometiam erros recorrendo a meios que não contribuíam para atingir esse objetivo (afinal, o apelo por justiça social pressagiou o surgimento da ideia de socialismo e demandava que ela se tornasse realidade). Aquelas pessoas queriam o que era certo, mas cometiam erros. Tentavam, mas não dava certo. Erravam. Mas queriam o mesmo que eu queria, portanto estávamos no mesmo caminho; e os que se extraviavam ainda poderiam ser trazidos de volta para o caminho certo, se apelássemos para a sua razão. No fim, se não funcionasse, seria sempre possível substituí-los por outras pessoas, mais razoáveis, mais honestas, munidas de muita boa vontade — supondo, como eu supunha, que quisessem corrigir seus erros, e que, se não quisessem com suficiente fervor, muitos outros seriam encontrados com disposição para fazer tudo o que fosse necessário para evitar "erros e excessos".

Reconheço: "amadureci" devagar. Havia a teimosa esperança de que "o Partido ia entender" e reconhecer seus "erros", afastar-se do caminho errado e, para usar as palavras que seriam ouvidas depois da Primavera de Praga, "restaurar a face humana do socialismo". Essa esperança persistiu por algum tempo mesmo depois que meus amigos mais espertos, como Leszek Kołakowski, chegaram à conclusão de que não se tratava de erros, mas das premissas subjacentes ao sistema; de que as pessoas que eram atraídas para o Partido e queriam servir a ele o faziam não apesar dos seus "erros" e sim porque o que outros consideravam erros, ou mesmo maldades e crimes dos governantes, na verdade lhes convinha; e de que, com um "Partido" assim, não há o que discutir, e nem mesmo vale a pena tentar. De que quaisquer "reparos" só poderiam ser feitos apesar do partido governante, sem contar com sua iniciativa e sua participação.

Eu estava convencido do sentido, da justiça e da retidão do "grande projeto". Afinal, havia alguma coisa para servir de base a essa convicção. A Polônia estava crescendo, e o povo com ela. Naqueles tempos, o progresso na Polônia, como no resto do mundo, era avaliado pelo número de chaminés de fábrica e pelas toneladas de aço ou de carvão produzidas, e nesse sentido seu ritmo no país até então predominantemente agrícola só podia ser descrito como vertiginoso. Diante dos nossos olhos, Varsóvia ressurgiu dos mortos e a cada mês ficava mais bonita (durante as nossas caminhadas dominicais, com Jasia, nós nos deliciávamos com aspectos da encantadora Cidade Velha, o MDM, Muranów[*24] se erguendo das ruínas ou — isso! —, de um dia para outro, subindo cada vez mais alto em direção às nuvens, o Palácio da Cultura e da Ciência). Depois que as reformas agrícolas prome-

---

* Cidade Velha, MDM e Muranów são distritos de Varsóvia reconstruídos após a Segunda Guerra Mundial. MDM é sigla para Distrito Residencial Marszałkowska.

tidas pelos governos de antes da guerra, porém jamais levadas a sério por eles, finalmente foram concluídas, a Polônia rural saiu da miséria e do atraso cultural que a afligiam por tanto tempo. Em contraste com o Ocidente capitalista, não eram os desempregados que formavam fila diante dos escritórios de contratação, mas diretores de fábrica que iam atrás de operários (ainda que, também em nítido contraste com o Ocidente, os clientes esperassem em vão por produtos, em vez de os produtos esperarem pela clientela). Nas universidades, agora se viam rapazes e moças que antes da guerra nem sequer sonhavam em cruzar os umbrais dessas escolas (como escreveu Czesław Miłosz, um ano e meio antes, num boletim publicado no dia em que resolveu ficar no exterior, a "estrutura semifeudal da Polônia foi quebrada", e a "juventude da classe trabalhadora e camponesa encheu as universidades").[25] Embora ainda houvesse muito a desejar no que dizia respeito a educação, saúde pública, moradias e estruturas de lazer (por enquanto, por enquanto!), tudo era de graça ou quase de graça, e acessível a todos. Citando mais uma vez Miłosz: "Para alguém que entendesse a dinâmica das transformações que ocorriam na Polônia, os conflitos de vários pequenos partidos [no exílio, ZB] davam a impressão de um jogo fútil, com os políticos parecendo figuras de vaudeville".[26]

E ainda, sempre em segundo plano, havia aquele sentimento de que o pior tinha ficado para trás, de que as atrocidades da guerra e a bestialidade da ocupação não retornariam, bem como o fato de que (para citar Camus) "o nivelamento que a iminência da morte não tinha conseguido realizar na prática foi finalmente alcançado, por algumas horas alegres, no êxtase da fuga".[27] Por ora, pelo menos "por algumas horas" que se estenderam por alguns anos, havia algo para deleitar os olhos e alegrar o coração. Só o dr. Rieux, o herói de *A peste*, de Camus, sabia

> que o bacilo da peste jamais morre nem desaparece para sempre; que pode ficar adormecido por anos e anos nos móveis e cômodas para roupa de cama e mesa; que espera chegar o seu momento em

quartos de dormir, porões, baús e estantes de livro; e que talvez chegue o dia em que, para desgraça e esclarecimento dos homens, ele desperte os seus ratos novamente.[28]

Bem, eu não tinha a sua sabedoria.

Não sei explicar direito por que eu fazia o que estava fazendo, embora talvez fosse mais fácil explicar para os outros do que para mim mesmo. Minha vida carecia do *experimentum crucis* — de provas definitivas, que não admitem contestação. Às vezes tenho inveja de pessoas que conseguem resolver dilemas depressa, sem deliberação, principalmente para o bem público, e que, ao fazê-lo, se livram dos problemas (e também de suas próprias suspeitas e dúvidas?). Admiro, mas não invejo, pessoas que insistem em dizer que fariam as coisas com mais acerto do que outras se estivessem na mesma situação — e que chegam a dizer que se comportariam nobremente em situação que jamais vivenciaram, e que o fariam em conformidade com a sabedoria que têm no momento em que falam. E eu definitivamente, decididamente, prefiro minhas dúvidas ao descaramento daqueles que tendem a acreditar — ou pelo menos a dizer que acreditam — que se opor à espionagem de cidadãos e a confissões públicas obrigatórias só se explica porque quem se opõe tem alguma coisa a esconder; ou que se opor a condenar à morte quem rouba um pedaço de pão só pode ser coisa de quem também já roubou muitos pedaços de pão. Não consigo competir com essa gente em matéria de inventividade e de encontrar paz de espírito... e agradeço a Deus por não conseguir.

O escritor inglês Thomas Hardy demonstrou convincentemente em seus vários romances que o destino da pessoa é o seu caráter. Mas qual é o meu caráter? O destino me salvou (me privou?) de um teste confiável, no qual eu pudesse descobrir o meu caráter — conferi-lo verdadeiramente, sem margem para dúvidas. Ao contrário de meus semelhantes, fui poupado da experiência dos campos de concentração, nos quais, como descreveu concisamente Primo Levi, "todos estão desesperada e ferozmente sós", "tudo é hostil" e "todos são inimigos ou rivais".[29] Fui poupado dos campos nos quais, eu diria, as pessoas despertam para a solidão; percebem que estão face a face com sua existência, sem defesas próprias ou adquiridas, sem possibilidade de mentir para os outros ou, o que é mais importante, de mentir para si mesmas; incapazes de ignorar ou se equivocar na interpretação da verdade sobre si mesmas. São, portanto, incapazes de fingir ser o que não são; não podem fingir diante dos outros, mas antes e acima de tudo, pela primeira vez na vida, completamente, finalmente, aparecem inteiramente nuas diante de si mesmas.

Poucas décadas atrás, houve uma onda de sequestros de avião e de tomada de reféns. Cada novo ataque era divulgado com estardalhaço pela mídia (o que, claro, rendia aos pioneiros muitos imitadores, convidando outros a realizar novos ataques e sequestros), mas apenas por alguns dias, como quase sempre acontece com nossa pequena atenção dispersa, sempre vagando e se recusando a sossegar. As vítimas dos sequestros desapareciam dos holofotes com a mesma rapidez com que eram empurradas para debaixo deles. Com uma única exceção: certo jornalista do *Le Monde* descobria os endereços de ex-reféns e os visitava anos depois, para refrescar a lembrança de espetáculos midiáticos do passado, já quase esquecidos. Para sua surpresa, descobriu que muitos casais que foram vítimas desses ataques e atravessaram juntos a provação se divorciaram logo depois de serem libertados... Por quê? Porque, para o marido e para a mulher, o parceiro que julgavam conhecer há muito tempo revelara uma nova faceta; e quando viram essa faceta a julgaram infame, desprezível e intolerável. Por exemplo, um marido e pai atento, afetuoso e capaz, homem cioso da sua dignidade, num momento de perigo acabou se mostrando egoísta e covarde, caindo de joelhos diante dos sequestradores, disposto a sacrificar toda a família para salvar a própria pele.

Mas, se esse casal tivesse embarcado em outro avião, ou se um deles tivesse entrado no avião sozinho, o lado até então desconhecido do parceiro jamais teria sido exposto; talvez jamais se suspeitasse da existência desse lado, e ambos viveriam juntos em harmonia, numa abençoada ignorância, passando por bodas de ouro e, quem sabe, de diamante. Outras descobertas, talvez até opostas, podem ocorrer quando um caprichoso acidente rasga o fino e reconfortante manto da rotina diária; privado de imaginação, o parceiro insensível pode descobrir em si mesmo reservas de coragem, de tendência ao sacrifício das quais nem ele nem as pessoas com quem convivia, achando que o conheciam pelo direito e pelo avesso, jamais suspeitaram. Diferentes situações apresentam diferentes desafios para a mesma pessoa, e diferentes desafios exigem diferentes virtudes e revelam diferentes defeitos.

Hardy provavelmente está certo quando diz que o caráter de alguém é o seu destino, e, portanto, que a chave para o caráter da pessoa é também a chave para o seu destino. O problema, no entanto, é que nem toda vida oferece chaves para todas as fechaduras de caráter. Pois não há como garantir a verdade de qualquer julgamento que comece com "e se". E os julgamentos que merecem menos confiança são os que começam com "Se eu estivesse no seu lugar".

Os protagonistas do filme *A vida dos outros*, dirigido por Florian Henckel von Donnersmarck, estão espremidos no mesmo canto apertado de um país totalitário, no qual nenhum pedaço de terra e nenhuma fenda escapam de assídua vigilância, no qual a livre escolha, justamente porque é livre, é sempre considerada um crime contra o Estado, e assim tratada pelo Estado. As principais *dramatis personae* são artistas do teatro — dramaturgos, diretores ou atores —, ou seja, pessoas que, pela profissão, se tornam personificações da imaginação, da inventividade, da originalidade, do experimento ou, em suma, da livre escolha. Não estão, entretanto, sozinhas nesse canto. O Grande Irmão jamais dorme. Os olhos do Grande Irmão estão sempre abertos; as orelhas, sempre em estado de alerta. Os movimentos aleatórios (frívolos, caprichosos, imprevisíveis) do Grande Irmão no jogo interminável de graça e desgraça, favor e humilhação, alcançam espaços de trabalho dos artistas, cenas teatrais e quartos de dormir disfarçados de acidentes, ou "ocorrências fortuitas do destino". Há acidentes e caprichos do destino de sobra para que alguém se sinta seguro nesse canto, e se proteja de surpresas e apare os golpes de maneira eficiente. Uma situação difícil, para dizer o mínimo: difícil para todos os moradores desse canto, tanto para os covardes como para os corajosos, para os carreiristas como para os guerreiros por natureza. Pode-se dizer que, movendo-se repetidamente de um arquivo policial para outro, os artistas, esses peões num jogo que não estão jogando, não têm outra opção que não seja apegar-se ao papel de bola de bilhar: devem se mover quando empurrados, e rolar na direção predeterminada pela colocação do taco e a distância ditada pela força da tacada. Mas será que de fato não têm escolha?

Todos os protagonistas do filme de Donnersmarck estão espremidos no mesmo canto e são impulsionados pelos mesmos tacos de bilhar. Mas aí terminam as semelhanças... Um deles, um diretor que está na lista de visados, já no primeiro momento prefere uma consciência limpa e a fidelidade à sua visão artística — e, mais tarde, até se suicida — à desonestidade e a trair ideias que lhe garantiriam a volta ao palco. Outro, um dramaturgo, favorito do Grande Irmão e seu intelectual modelo, prefere ser publicado e exposto, aplaudido e festejado em cerimônias nacionais de premiação, e desiste da satisfação de falar a verdade, toda a verdade, nada mais que a verdade. O terceiro personagem do drama, uma artista muito querida, concorda, sob ameaça de ser proibida de aparecer em público, em vender o corpo para um figurão do regime e trair seus amigos artistas. Revela aos inquisidores onde está escondida a máquina de escrever usada para produzir um panfleto contra a tirania do Estado. Se encontrada, essa máquina de escrever serviria de prova contra o dramaturgo que ela amava, condenando-o à prisão. Mas o inquisidor, famoso por seus métodos insidiosos, refinados, de interrogar as vítimas, retira a máquina e impede uma catástrofe. Provavelmente comovido com o amor do casal, e disposto a salvá-los, ele faz o que faz à custa da própria e inevitável degradação; a polícia encontra apenas um lugar vazio.

Antes do suicídio, o diretor muda seu testamento e lega ao dramaturgo o manuscrito de sua jamais produzida *Sonata para uma pessoa de bem*. Depois da queda do regime dominado pela Stasi, o dramaturgo dedica sua nova peça de mesmo título à pessoa que, como inquisidor, preferiu o gesto de humanidade à aprovação dos superiores, ou a um avanço na própria carreira... *O destino dita as escolhas disponíveis. Mas é o caráter que faz as escolhas.*

Agora vou me adiantar um pouco para encerrar a história do meu antirromance com as forças de segurança. (Aqui mordo a língua... Encerrar? Lembrem-se, todos vocês que estão "começando de novo": uma vez criadas, as forças de segurança, quaisquer que sejam suas cores, são, pela própria natureza, imortais. Certamente sobreviverão a você. Se sua própria força vital não bastar, os fundadores do próximo "serviço de segurança" certamente darão um jeito.)

Eu estava deixando o KBW com um sinal de alerta na história da minha vida. Ser classificado como um dos "suspeitos de sempre" — ou, mais simplesmente, como alguém que existe para ser perseguido — tornou-se um fato: irreversível e indiscutível. Assim como os médicos de Moscou, fui salvo (de consequências mais sérias do que perder o emprego) por outro acaso: a morte de Stálin. Mas a sentença foi registrada nos arquivos da força de segurança e (não por culpa dos juízes encapuzados) sua execução foi apenas adiada.

Na verdade, mais dois anos e meio se passaram antes que as desconfianças das forças de segurança fossem justificadas pelo meu comportamento. Finalmente havia algo para rastrear, algo para informar, algo para preencher os arquivos. O fato de terem que esperar tanto tempo por tudo isso é mais uma prova da vergonhosa vagareza do meu amadurecimento.

Até Khrushchev proferir seu memorável discurso e os crimes stalinistas serem explicitamente citados, continuei me iludindo que o comunismo era uma versão da "estrada para o socialismo" (apesar de tortuosa, cheia de tropeços e errônea), e meus olhos seguiram turvados por outra camada de véu. Escrevo "outra" camada de véu e não "a última" porque eu ainda acreditava que a estrada *polonesa*, pela qual a luta estava prestes a começar não seguiria a trajetória da versão *soviética* e não se perderia. A história do meu amigo Ralph, pessoa inteligente e correta, é outro testemunho de como é difícil nos livrarmos desse tipo de ilusão. Ralph visitou Varsóvia durante o Outubro Polonês para absorver com os próprios olhos e ouvidos, com a respiração suspensa e verdadeira inveja, as atividades da intelligentsia e dos operários que somaram forças no período de reparação da República (Popular). Mais tarde, Ralph achava que ele e seus companheiros de viagem conseguiriam impedir que a estrada *inglesa* para o socialismo se desviasse e repetisse os erros e contratempos *poloneses*... E na época da Primavera de Praga Jiři Lederer, o editor de *Literárne Noviny* (Notícias Literárias), passando por Varsóvia, me garantiu, calorosa mas honestamente, que Dubček não era Gomułka, e que os tchecos não eram os poloneses, e administrariam perfeitamente tudo que os poloneses tentaram fazer, mas se confundiram, e tudo o que os húngaros gostariam de ter feito, mas não conseguiram.

As ideias inspiradas pelo discurso do sociologicamente analfabeto Khrushchev resultaram nos meus "manifestos revisionistas", de início um tanto desajeitados. "Da necessidade de uma sociologia do partido", publicado, graças à paralisia temporária dos censores, em *Studia Filozoficzne* (Estudos Filosóficos); "Tratado sobre a burocracia"[30] e "Notas além do tempo" [Notes beyond time],[31] publicados em *Twórczość* (Criatividade); o folheto "Da democracia interna do partido"; e publicações em *Po Prostu* (Simplesmente). Todos esses textos foram cortados pelos censores, e poucos meses depois esse tipo de publicação seria totalmente proibido.* O Departamento de Filosofia da UV† era um ninho de revisionismo e de "pensamentos equivocados" de todos os tipos.

Até mesmo praticar sociologia como fonte independente de conhecimento sobre o estado da sociedade era considerado de natureza "anti-Estado" e "antissocialista", porque significava exercer uma função sobre a qual o Estado exigia total monopólio. E, pela própria natureza, os sociólogos culpados de praticá-la eram vistos como suspeitos. Constantemente, oficialmente e quase com certeza extraoficialmente, éramos objeto de preocupação dos que estavam no poder, assim como de vigilância por parte de seus "órgãos". Os arquivos do Departamento de Segurança (UB), hoje rebatizados como tesouro da memória nacional, ficavam inchados de documentos.

Minha contribuição pessoal para instigar o espírito rebelde foi, para dizer o mínimo, de qualidade inferior em comparação com a dos meus colegas de departamento Leszek Kołakowski, com sua tremenda autoridade, ou Krzysztof Pomian, com sua energia inesgotável (para não falar em pessoas abnegadas, dispostas ao sacrifício, como Kuroń, Modzelewski, Lipski ou Michnik).‡ Ela se limitou a proclamar opiniões heréticas, em palestras e discussões na sala de aula, a me recusar a integrar delegações em congressos internacionais nos casos em que os passaportes eram negados a esse ou aquele amigo não pertencente ao Partido e não bolchevique (um aparte: muitos bolcheviques não pertencentes ao Partido estavam dispostos a engolir qualquer pílula receitada, por mais amarga que fosse, sem reclamar), ou defender, "contra o bem da instituição", um estudante responsabilizado por "atividades anti--Estado e antissocialistas" e ações pelo tribunal disciplinar universitário. Mas as dimensões da minha pasta no arquivo eram,

---

* No original está *niecenzuralne*, que significa que o texto foi proibido pelos censores (mesmo depois de um acordo prévio).

† A Universidade de Varsóvia.

‡ Ativistas contra o governo que passaram meses ou anos na cadeia, como presos políticos.

apesar de tudo, respeitáveis (não posso jurar, porque não dei uma olhada nela, nem então nem agora).

As denúncias eram o alimento diário dos arquivos, mas provavelmente um alimento insuficiente, porque os serviços secretos, com o tempo, começaram a recorrer a provocações. Um dia, o meu departamento foi visitado por Benek Tejkowski, o antigo líder espiritual dos estudantes rebeldes de Cracóvia, e prisioneiro do UB. Círculos rebeldes lhe conferiram a aura do "Tomate Vermelho" que ele carregava desde os tempos do Outubro Polonês em 1956. Deveríamos ter desconfiado do fato de um rebelde de província visado pelos "órgãos" de repente receber um apartamento no centro de Varsóvia, na rua Hoza, e ser autorizado a abrir um salão que atraía a nata dos estudantes de pensamento independente de Varsóvia e de jovens adeptos das humanidades. Mas não desconfiamos... Adotamos o herói de braços abertos. Arranjei-lhe uma vaga de assistente e concordei com um tema para tese de mestrado sobre a teoria e a prática da burocracia. Tejkowski acabou se revelando, para dizer o mínimo, uma pessoa diabolicamente (uso a palavra judiciosamente!) inteligente e infatigável; a dissertação foi escrita com uma rapidez espantosa, e se mostrou excepcional em todos os sentidos. Só que, antes que eu recebesse uma cópia para examinar, o original por acaso (ou talvez não) foi parar na Comissão de Controle Partidário, desencadeando uma série de procedimentos disciplinares sob a liderança da sra. Gomułka, e terminando com uma reprimenda e uma advertência. E, novamente, em novembro de 1967, um grupo de amigos se reuniu no quarto de minha filha Anna para comemorar o seu aniversário de dezoito anos. Quando saíam, todos os convidados foram presos, empurrados escada abaixo, brutalmente espancados e detidos durante a noite para "interrogatório" no Palácio Mostowski. A prisão foi supervisionada pelo major da polícia Lucjan Nowak, que um pouco antes tinha se mudado — ou, como lamentava a porteira, "entrado à força" — para o apartamento abaixo do nosso, designado para outra pessoa, aparentemente legalizando o ato com a instalação de dispositivos de escuta para acompanhar tudo o que se passava no nosso apartamento.

No dia seguinte ao comício estudantil de 8 de março de 1968 na universidade, as facas foram tiradas de suas bainhas. Até hoje, acho que ele foi organizado como resultado de uma série de complicadas provocações do Serviço de Segurança, sb, pelo menos em parte (como escrevi então no artigo "Sobre frustração e prestidigitadores", publicado na parisiense *Kultura*,[32] acredito nisso embora ainda não consiga provar). As telas de tv e as primeiras páginas das revistas estavam repletas de acusações contra professores universitários, propagando a desolação moral entre os jovens ingênuos e crédulos. Baldes de imundície eram despejados através de programas de tv e colunas de jornais dos lábios ou das canetas-tinteiro de Kur, Kąkol, Gontarz[*] e outros bardos do Partido. Enxames de jovens adeptos das artes jornalísticas e de futuros "docentes de Março"[†] (quem se lembra hoje dos seus nomes ou de quantos eram?) tentaram avançar em suas lentas carreiras correndo para resolver quebra-cabeças do tipo: "O que o católico Kisielewski[‡] tem em comum com o sionista Bauman?". Às vezes, até mesmo um professor respeitável, não pertencente ao

---

[*] Tadeusz Kur, Kazimierz Kąkol, Ryszard Gontarz foram jornalistas que apoiaram a propaganda antissemita do governo em 1968.

[†] Na Polônia, "docente de março" é um termo usado para descrever pessoas promovidas ao cargo de professor associado após março de 1968, em substituição aos expulsos das universidades (por terem sido acusados de sionistas ou de adversários políticos das autoridades da época); docentes de março eram leais ao governo, e sua orientação política era sua maior qualidade (a capacidade e a expertise profissionais eram menos importantes, ou não tinham importância alguma). São pessoas vistas como um grupo academicamente fraco — e carreirista.

[‡] Jerzy Kisielewski foi escritor, compositor e crítico musical polonês, membro do Parlamento pelo Znak, grupo católico (1957-65). Em 1968 criticou a censura, como membro da União dos Escritores Poloneses; em 11 de março daquele ano, foi atacado na rua (provavelmente pela polícia secreta). O incidente foi muito debatido em Varsóvia, e por isso os alunos protegiam alguns professores que tinham sido ameaçados pelas autoridades acompanhando-os na rua como uma escolta. Bauman se beneficiou dessa proteção também.

Partido, se juntava ao coro, publicando uma crítica arrasadora da teoria da cultura de Bauman sob um título que dizia tudo: "Um fenômeno perturbador". O artigo apareceu na *Trybuna Ludu*,[*] que não costumava resenhar a obra de acadêmicos. O telefone da casa, já grampeado havia tempos, não parava de tocar, com ameaças anônimas do tipo: "Estamos chegando para cuidar de você, seu judeu sarnento"; e as palavras "Bauman é o inimigo" apareceram no elevador do nosso prédio. E como o "católico Kisielewski" foi severamente espancado na rua por agressores "desconhecidos", jovens amigos do departamento não deixariam o "sionista Bauman", apesar dos seus protestos, dar um único passo sozinho quando ia a pé para o trabalho ou voltava do trabalho para casa.

A polícia secreta também não me permitia dar um passo sozinho — fosse a pé ou de carro, aonde quer que eu fosse e por qualquer razão. Provavelmente não esperavam encontrar quaisquer informações adicionais sobre as minhas atividades anti-Estado, só estavam tentando me assustar. Como a faixa exibida em uma das "manifestações de trabalhadores" deixava bem claro, eles queriam me obrigar a sair da Polônia e ir embora para "Siam",[†] satisfazendo, portanto, as "demandas dos operários". Ou era só para me importunar. Deparamos com uma variação desse assédio pelo assédio quando deixávamos a Polônia: "funcionários da alfândega" confiscaram todos os nossos manuscritos, meus e de Jasia. Quando, anos depois, pedi à Alfândega que nos devolvesse o material confiscado, fui informado de que os documentos apreendidos tinham sido entregues à Academia de Ciências.

---

[*] Na Polônia do pós-guerra, e até 1989, o jornal diário mais importante pertencente ao partido governante, o PZPR.

[†] As pessoas que escreveram a faixa certamente queriam dizer Sião [em polonês Syjon], mas grafaram de um modo que indica o antigo nome da Tailândia [em polonês Syjam]. Bauman, ao citar esse slogan em particular, indica que o nível de conhecimento geral dos grupos antissemitas era de fato pífio, e pretendeu mostrar a origem proletária dos manifestantes. Ele sugere que os protestos antissemitas não eram iniciativas originais dos trabalhadores, mas distúrbios inspirados pelos serviços secretos.

Em resposta a indagações subsequentes, o chefe da Academia de Ciências escreveu que nunca tinha recebido nenhum manuscrito meu. Enviei cópias das respostas ao presidente do Conselho de Estado com um pedido para resolver a disputa entre duas respeitáveis instituições estatais. O professor Jabłonski não respondeu a essa carta. Revirando os arquivos do IPN, um conhecido encontrou uma pasta com os manuscritos confiscados. Avisou-me informando o número da pasta. Diferentemente do chefe do Estado popular, o IPN respondeu ao meu pedido de devolução dos manuscritos confiscados que herdou do UB.[33] Mas, como as autoridades da era anterior, não devolveu os papéis.[34] Em vez disso, desconfio, publicaram um relatório público do "historiador" Piotr Gontarczyk, no qual o autor decidiu, por exemplo, que a Cruz do Valor que eu recebera em 1945 pela tomada de Kołobrzeg era uma medalha pela "luta contra a resistência patriótica" e "por prender muitos bandidos". Tirou esse "fato histórico" de argumentos usados num requerimento submetido por aqueles que me queriam bem mas aos olhos dos "superiores" não estavam exatamente do lado certo. No requerimento, eles declaravam que o oficial culpado do Diretório Político, Zygmunt Bauman, deveria ser mantido no seu cargo atual apesar dos erros cometidos. Como eu já disse, forças de segurança nunca morrem. E não são menos eficientes no além-túmulo do que quando estavam vivas.

Aprendi essa verdade, mais uma vez anos depois, quando morávamos num sossegado bairro de Leeds, nossa cidade pelos últimos quarenta anos. Os dois únicos furtos em nossa rua durante esse período ocorreram em nossa casa. No primeiro caso, o "ladrão" pegou a bolsa de Jasia no quarto dela. A bolsa depois foi jogada fora com tudo o que estava nela exceto a agenda na qual ela anotava os telefones de nossos amigos. Como aprendemos num programa da BBC anos mais tarde, o furto da agenda de endereços de Jasia estava ligado às atividades de um agente da Stasi matriculado num curso de doutorado no departamento ao lado da Sociologia na Universidade de Leeds. A missão desse agente era informar sobre minhas ações conspiratórias na Inglaterra. O segundo caso foi mais sério: quando voltamos de uma série de palestras no exterior, encontramos a casa toda revirada, com os móveis derrubados. Mas nada estava faltando. Dessa vez, acho eu, o furto comprovou a atenção dada por um diferente grupo de "forças especiais" ao meu neto. Michał Sfad,* jovem mas já renomado advogado, tem sido um espinho na carne do establishment israelense. Repetidas vezes peticionou ao tribunal superior em nome de palestinos deserdados ou prejudicados de outras formas, e regularmente "divulgou" questões que o establishment prefeririria manter em segredo. O "furto" ocorreu depois que ele nos fez uma visita. O Shin Bet† talvez tenha achado que Michał guardava em nossa casa material em preparação para outras ações judiciais.

Eu me pergunto quantos são os protagonistas destas minhas memórias. Um que se chama Zygmunt Bauman, ou dois homens conhecidos pelo mesmo nome? O da primeira parte desta confabulação parece, no fim das contas, bem diferente do da segunda parte. Isso me lembra a história do poeta polonês Wiktor Woroszylski e a suspeita de que o W. W. de antes da expedição dos "prestativos irmãos"‡ para um levante na Hungria e o W. W. de depois da expedição eram duas pessoas diferentes. Ao contrário de Tadeusz Konwicki, já citado aqui, Wiktor Woroszylski jurava que não tinha mudado nada em relação ao que sempre foi. Nisso era muito parecido com seus próprios esboços históricos. Se pudesse tornar-se uma "nova pessoa", era justamente por ser "constantemente o mesmo da encarnação anterior". E, por ser poeta, e muito bom poeta por sinal, expressou esse pensamento num poema, "A obstinação de Martinho Lutero" — poema que

---

* Michał Sfard é advogado e ativista político especializado em leis internacionais de direitos humanos e leis de guerra. Vive e trabalha em Israel.
† Serviço de segurança interna de Israel.
‡ Termo irônico e popular para descrever a União Soviética.

eu não teria sido capaz de escrever, mas que endossaria sem hesitar, com alegria e humildade:

Se reconheço o que escrevo como meu
ou estou disposto a me retratar penitentemente
Sábios Senhores, o que é meu é meu
Dedos gordos e queixo duplo
Este corpo um barril de cerveja e uma consciência
Em que minha fé construiu um ninho
Escritos também meus
Por meus dedos não vou me retratar
Ao queixo duplo, à parte do homem[*] não vou renunciar
A barriga será sempre barriga, a consciência permanecerá
[consciência,
Sábios Senhores.[35]

---

[*] No original *przyrodzenie* ("parte do homem"); o autor era judeu e aqui se refere à circuncisão. Na Polônia, só membros da comunidade judaica eram circuncidados.

· 5 ·

Quem sou eu?

Escrevo estas recordações em inglês. Isto é ao mesmo tempo bom e ruim. É ruim porque grande parte do problema que eu e outros meninos destinados a compartilhar a minha situação enfrentamos em 1º de setembro de 1938[1] deve ser absolutamente obscura e incompreensível — ou melhor, inexprimível — para alguém criado no universo da língua inglesa. Esse alguém não teria como entender (e se entendesse não sentiria) como é complexo "ser polonês" — essa ideia que junta numa coisa só as condições de "ser inglês" e "ser britânico", que esse alguém tão prudentemente mantém separadas. No entanto, é bom que eu tente dar sentido a essa experiência em inglês; se tentasse fazê-lo em polonês, eu não seria capaz de descolar um problema que é pessoal da sua história secular, complicada e irreparavelmente tortuosa. Escrevendo em inglês, posso tentar uma atitude de desprendimento emocional, olhar para a minha condição de polonês de fora para dentro, como tendemos a olhar para qualquer objeto que analisamos. Posso pelo menos tentar.

Ainda assim, não tenho como evitar a história. A história decretou que a condição de "ser polonês" tem sido, através dos séculos, uma questão de decisão, de escolha e de ação. Alguma

coisa pela qual se luta, a qual se defende, a qual se cultiva cons
cientemente e preserva com vigilância. "Ser polonês" não significa
guardar as fronteiras já bem formadas e demarcadas, mas traçar
os limites ainda não existentes — *construir* realidades, em vez de
expressá-las. Há na condição de polonês um constante traço de
incerteza, de "até novas instruções em contrário" — uma espécie
de provisoriedade que outras nações, mais seguras, quase não
sabem o que é.

Nessas circunstâncias, tudo o que se poderia esperar é que
a nação sitiada e incessantemente ameaçada testasse e voltasse a
testar obsessivamente a lealdade das suas fileiras. Que desenvol-
vesse um medo quase paranoico de ser inundada, diluída, invadida, desarmada. Que olhasse de soslaio e com desconfiança para
todos os recém-chegados com credenciais que não fossem 100%
confiáveis. Que se julgasse cercada de inimigos, e temesse mais
do que qualquer coisa os "inimigos internos".

Nessas circunstâncias, seria preciso aceitar também que a
decisão de ser polonês (particularmente se não foi tomada em
nome de alguém por antepassados tão distantes que a decisão
teve tempo de petrificar-se em sólida realidade) era uma decisão
de participar de uma luta sem vitória garantida, e sem perspectiva de que a vitória algum dia pudesse ser garantida. Durante
séculos, as pessoas não se definiam como polonesas por vontade de ter uma vida fácil. Os que se definiam como poloneses
raramente poderiam ser acusados de optar pelo conforto e pela
segurança. Na maioria dos casos, mereciam aplausos morais
irrestritos e calorosa acolhida.

Que as mesmas circunstâncias levassem a consequências
apontando em direções opostas, colidindo umas com as outras e
finalmente entrando em conflito — é ilógico. Culpa das circunstâncias, portanto.

Um dos mistérios da psicologia social é que grupos que
fundamentam sua identidade na vontade e na decisão tendem
a negar aos outros o direito de se autodefinirem; ao questionar

e desabonar a validade da autodeterminação, eles talvez desejem suprimir e esquecer os frágeis fundamentos da sua própria existência. Foi o que aconteceu na Polônia entre as duas guerras mundiais. Depois de um longo período de escravidão e de pressões "despolonizantes", as forças que dominavam o novo Estado soberano se apressaram a fazer dele um "Estado de poloneses", e não um "Estado polonês"; um instrumento para subordinar todos os grupos que não fossem completamente poloneses — étnica, religiosa ou culturalmente distintos; acima de tudo, um instrumento para perpetuar sua alteridade e privá-los do mesmo direito à autodefinição sobre o qual, em última análise, se sustentava o ressurgimento da presença política polonesa.

Pois muito bem. Por mais enérgica e intrusiva que seja, a história não me absolve da responsabilidade pela minha própria biografia. Como a história me define é problema da história. Como eu me defino é problema meu. Que os dois problemas se encontrem e interfiram um no outro é meu azar. Preocupada com estatísticas, a história não toleraria ser incomodada. A responsabilidade não me incomoda. Sinto-me responsável pela minha condição polonesa da mesma maneira que assumo toda a responsabilidade por meu comunismo, por meu socialismo da vida inteira, por minha rejeição de Israel, por minha decisão de terminar a vida como pessoa desterrada, extraterritorial e súdito leal da Coroa.

Não posso deixar de perguntar e de responder. Sou polonês? E, se sou polonês, o que isso quer dizer?

Sim, sou polonês. A condição de polonês é o meu lar espiritual, a língua polonesa é o meu mundo. Essa decisão é minha. Não gosta? Sinto muito, mas essa é uma decisão sua. Sou judeu polonês. Jamais abandonarei a minha judaicidade, jamais deixarei de ser membro de uma tradição que deu ao mundo seu senso moral, sua consciência, sua ânsia de perfeição, seu sonho milenar. Não vejo por que seria difícil conciliar minha judaicidade com minha condição de polonês. É problema meu. Acham que não pode ser conciliada? Sinto muito, é problema seu.

Outro judeu polonês, muito mais famoso do que eu, Julian Tuwim,[*2] escreveu que, para ele, "ser polonês" significa, entre outras coisas, odiar o antissemitismo polonês mais do que o antissemitismo de qualquer outra nacionalidade. Como isso é verdade! Sinto-me polonês quando odeio o obscurantismo polonês, embora apenas desdenhe o obscurantismo em qualquer outro lugar (pela mesma razão, olhando para Israel, sinto que sou judeu). Vivo profundamente a minha condição polonesa quando vejo Moczar com repulsa, embora veja Pinochet apenas com nojo (pela mesma razão, me sinto tanto mais judeu quanto mais desprezo Sharon ou Kahane). Jan Józef Lipski,[†] o polonês de coração grande e de ingenuidade igualmente grande, sugeriu que cabe aos poloneses criticar o antissemitismo, e cabe aos judeus lidar com o próprio pecado de "antipolonesismo". Como judeu polonês — entidade sem lugar no mapa-múndi de Lipski —, me recuso a reconhecer essa divisão de trabalho. Isso é recusar em outro sentido ser judeu polonês.

No que me diz respeito, os antissemitas poloneses — todos aqueles brutos e arruaceiros irracionais que me chutaram e empurraram para dentro de um gueto improvisado em 1º de setembro de 1938 — frustraram suas próprias intenções. Se conseguiram alguma coisa, foi enobrecer a minha condição polonesa. Deram-lhe uma plenitude moral que de outra forma ela não teria. Ser polonês sempre significou aceitar ter que pagar um preço. Seus antepassados, de quem provavelmente tinham apenas as mais vagas lembranças, sofreram por se recusarem obstinadamente a negar sua condição de poloneses. Eu também — graças

---

[*] Julian Tuwim foi importante poeta (cofundador do grupo Skamander), jornalista, escritor e grande figura da literatura polonesa, incluindo a literatura para crianças. Sua obra trata também do antissemitismo e da dupla — múltipla — identidade judaico-polonesa.

[†] Jan Józef Lipski foi jornalista, crítico e historiador da literatura polonês e membro da União dos Escritores Poloneses. Foi dissidente e cofundador do Comitê de Defesa dos Trabalhadores (KOR), membro do sindicato Solidariedade e, após 1989, senador.

aos brutamontes. Se insisto em ser polonês, que ninguém me diga que ser polonês foi fácil. Lamento entristecê-los, meus amáveis antissemitas poloneses, mas foi em parte graças a vocês que conquistei o direito de ser polonês, não menos convincentemente do que o fizeram seus antepassados.

E, como tantos antepassados meus, contrabandeei minha identidade polonesa para fora do país, iludindo a polícia secreta que se disfarçava de funcionário de alfândega. Esse é um legado de quarenta anos de vida que eles — por mais que se esforçassem — não conseguiram confiscar. Pois ele estava oculto, como o Poeta sugere à Noiva em *Casamento*, de Wyspiański,[*] "em teu coração, minha menina, em teu pequenino coração". Pois tentem arrancá-lo de lá...

[A carta de amor do meu pai]

Meu pai, que não sorria e era modesto, jamais aprendeu o vocabulário do amor. Talvez tivesse aprendido, mas era tímido demais para usá-lo. Não é de admirar que eu ficasse chocado quando, no trem que me levava para a minha vida universitária, abri a carta que ele me enfiou no bolso quando se despediu de mim na estação. Era uma carta de amor. Eu estava deixando meus pais para começar uma vida própria, diferente — e meu pai se apressou a me contar tudo o que tinha sentido durante anos, que papel desempenhei na sua vida e que tipo de homem esperava que eu viesse a ser.

Havia também um conselho de pai. A sabedoria de vida que meu pai quis compartilhar com o filho. O único capital que poderia legar. O único presente. Lembre-se, escreveu ele, de que sua gente,[†] e só sua gente, é capaz de apreciar você e seu trabalho.

---

[*] Obra importante da dramaturgia polonesa, escrita na virada do século xx por Stanisław Wyspiański, é uma das peças mais representativas da corrente artística Jovem Polônia.

[†] No original inglês, o termo usado é *people* ("povo"), enquanto na versão polonesa Bauman usa o termo *narod* ("nação").

Lembre-se, escreveu ele, de que você é judeu e pertence ao povo judeu.

Não consigo lembrar o que pensei.

Desde aquela viagem de trem de Shakhunia para Gorki, meus pensamentos foram submersos mil vezes, impregnados de coisas que aprendi mais tarde e dissolvidos em ideias que não me seria possível ter naquela época. Mas lembro que lutei com a mensagem do meu pai durante todo o trajeto para Gorki, e que acabei me recusando a aceitá-la.

Minha gente? Quem é minha gente? E por que minha? Simplesmente porque "a ela pertenço"? Tenho que pertencer? E será que quero pertencer? E, se eu quisesse pertencer, por que teria de ser a uma nação, uma coisa para a qual fui designado sem minha participação, por escolha de outras pessoas? E por que teria que haver uma escolha? Escolha significa rejeição, divisão, antagonismo — exatamente as coisas que me fizeram sofrer, e que achei as mais repulsivas.

Eu não saberia dizer se os judeus eram diferentes de outros "povos" nesse sentido. Os judeus foram pisoteados, desprezados, menosprezados e perseguidos, e resistiram, não se renderam e continuaram fiéis a si mesmos, e não sucumbiram à tentação de negar quem eram, mesmo quando seduzidos pela promessa de uma vida melhor como recompensa — e, por tudo isso, merecem respeito e veneração. No entanto, pelo menos durante um século e meio, ocorreu o mesmo com os poloneses; e no momento em que conquistaram a liberdade, e se viram novamente em casa, começaram a pisotear, a desprezar, a menosprezar e perseguir os ucranianos, os bielorrussos, os judeus — qualquer um que estivesse à mão e perto o suficiente para receber o seu quinhão de sofrimento. Os judeus não fariam exatamente a mesma coisa, se tivessem oportunidade? Eu não gostaria de participar quando isso acontecesse. Eu não gostaria de "pertencer" quando, confiantes em seu novo poder — o do punho e da espada, não o das ideias ou da consciência limpa —, eles esquecessem, extasiados, o que lhes ensinou seu próprio Talmude, esse livro da sabedoria para os humilhados e ofendidos. Quando esquecem que "deve-se sempre fazer parte dos perseguidos e não dos perseguidores", que é melhor "ser amaldiçoado do que amaldiçoar". Quando se recusam a escutar o velho e sábio Raba. (Certa vez um homem veio à presença de Raba e disse: "O governante da minha cidade me mandou matar determinada pessoa, e avisou que se eu me recusar ele me mata". Raba respondeu: "Seja morto e não mate; acha que o seu sangue é mais vermelho que o dele? Talvez o dele seja mais vermelho que o seu".)

Talvez todo o sofrimento venha da necessidade de comparar quem tem sangue mais vermelho. Talvez o mal esteja na própria comparação. Talvez a verdadeira questão seja parar de comparar, de uma vez por todas. Acho que o mal está na própria compulsão de escolher, e na maldição de ser escolhido. Quando se deseja pertencer, não há como evitar excluir aqueles que não se admite como da mesma espécie. Pertencer só pode significar dividir, e estabelecer dois pesos e duas medidas. Onde os padrões dividem, a moralidade acaba. Ao traçarmos a linha entre nós e eles, apagamos a linha entre o bem e o mal.

Os poloneses pouco se empenharam em conquistar a simpatia das pessoas que não quiseram admitir em sua tribo. Se eu tivesse adotado a visão polonesa do mundo, da cultura, da história e — vá lá — da "identidade polonesa", dificilmente teria sido a convite de alguém. A maioria dos poloneses que conheci fez o possível para me obrigar a mudar de ideia; tentou de tudo para fazer com que eu me sentisse indesejado, estrangeiro e indigno. No entanto, se eu fizesse o que queriam que eu fizesse, confirmaria o princípio do tribalismo — o direito tribal de rejeitar e perseguir, a própria razão do ódio e do sofrimento. A causa do ódio só se satisfaz quando provoca um ódio tribal exatamente igual como resposta. E quem tem mais motivos para contestar o princípio do tribalismo e do ódio do que eu — o judeu e polonês?

Nós, judeus, demos ao mundo o arquétipo do sofrimento; talvez esteja nisso a nossa maior contribuição para a busca da perfeição moral. Um de nós foi crucificado, outros, incontáveis, foram mortos a pauladas, à machadinha, queimados, afogados, empalados. Nossa história se reflete na ideia do sofrimento como redenção e da vontade moral como algo que coerção alguma é capaz de criar e violência alguma é capaz de destruir. Nossa história tem sido uma lição infindável sobre o que acontece quando a raça humana se desmorona em tribos. O significado da nossa história está inteiro nessa lição. Ao nos estabelecermos como tribo — como uma tribo entre muitas —, acabaremos perdendo esse significado. Ser verdadeiramente judeu significa lutar por um mundo sem tribos. Um mundo que não se divida entre o meu povo e os estrangeiros...

Não posso garantir que fossem esses os meus pensamentos a caminho de Gorki. Muito provavelmente, os meus pensamentos eram outros.

Pensar é o trabalho infindável do processamento secundário (hoje amplamente conhecido como "reciclagem"), e uma transformação tão exaustiva que seria desonesto dizer que o pensamento é capaz de recriar a ordem das coisas *es is ist eigentlich gewesen*[*] — para romper as sucessivas camadas de palimpsesto e expor uma liga de sucessivos estratos geológicos. Todos nós nos lembramos dos "tradicionalistas" tão precisamente descritos por Stefan Czarnowski,[†] para quem as coisas que vêm do passado distante pareciam estar no mesmo plano que os últimos acréscimos. Talvez meus pensamentos naquele trem tenham tomado um rumo totalmente diferente. Não posso jurar a fidelidade da recordação

---

[*] *"Wie es eigentlich gewesen"*, alemão para "o que de fato aconteceu", "como as coisas de fato foram".

[†] Stefan Czarnowski foi sociólogo, folclorista e historiador da cultura polonês, e também professor da Universidade de Varsóvia.

que acabo de apresentar. Que o esforço reconstrutivo seja "verdade" significa apenas que o significado de hoje foi atribuído à minha antiga decisão de rejeitar o conselho paterno (e de fato tomei uma decisão) e que, por isso, todo o curso posterior da minha vida começa a ter sentido. No mínimo, explica minha absoluta incapacidade de ancorar-me numa realidade israelense. Essa reconstrução pode apenas atestar o pouco que eu sabia e compreendia então, no trem de Szachunia para Niżny Nowogród. Eu acreditava que a vontade moral era capaz de refutar as pressões das atitudes tribais e poderia fortalecer nossa resolução contra as tentações dessas atitudes. Eu não percebia o quanto as instituições humanas eram capazes de transformar impulsos morais individuais em egoísmo grupal, insensibilidade e crueldade.

Talvez eu não soubesse de tudo isso no trem em Gorki — 45 anos atrás, e tantas experiências amargas de lá para cá. E, no entanto, há alguma verdade em sua reconstrução. Essa reconstrução explica a parte da minha vida que veio em seguida. Acima de tudo, mostra como eu sabia pouco e entendia pouco naquela época. Aparentemente, eu acreditava que a vontade moral superaria o peso morto do tribalismo. E, aparentemente, não tinha consciência de que, na luta contra as adversidades, a vontade moral talvez perdesse a sua única fonte de força e o seu único título de respeito: a pureza ética. Se isso acontecer, resta pouco a escolher entre a desumanidade da vontade e a desumanidade da tribo. Isso tudo eu ainda viria a aprender — e do jeito mais difícil e menos invejável.

· 6 ·

Antes que escureça

"Lar é segurança", diz Jean Améry.[1] Quando escreveu essas palavras em 1966, o francês, que tinha nascido na Áustria como Franz Meyer, sabia do que estava falando. Tinha perdido a pátria e esperado 27 anos para entender direito o que significava aquela perda irreversível: aprendeu que "a reentrada num lugar nunca é também uma restauração do tempo perdido".[2]

Segurança nada mais é do que certeza; e "nós nos sentimos seguros [...] onde nunca esperamos nada imprevisto, nunca tememos nada que seja completamente estranho".[3] Assim sendo, segurança significa a ausência de qualquer coisa que seja completa e absolutamente incompreensível. Como Wittgenstein diria, é a ausência de coisas que chegam sem instruções, sem nem mesmo uma sugestão de como nos comportarmos diante dela. Améry percebeu a perda da pátria quando se viu cercado por signos "tão inescrutáveis [...] quanto a escrita etrusca",[4] pelo menos para ele: "rostos, gestos, roupas, casas, palavras",[5] embora continuassem a ser impressões sensoriais, deixaram de ser signos. Se a pátria é o hábitat da ordem, da previsibilidade e da autoconfiança, o estrangeiro é o domínio da desordem, da surpresa e da confusão. Se ficarmos num lugar estrangeiro por muito tempo, aprendemos um jeito de descobrir — ou pelo menos de conjecturar sobre — a ordem de significados no caos da experiência, mas, "para o exilado que chega a um novo país já como adulto, penetrar nesses signos será um ato não espontâneo, mas intelectual, combinado com certa dose de esforço mental".[6]

Nós provavelmente continuaríamos alheios ao fato de que a nossa língua materna tem uma gramática, se os professores não nos informassem a esse respeito, primeiro para nossa surpresa, e um pouco mais tarde para nossa irritação. A gramática é o Cérbero que guarda os portões de todas as línguas — *com exceção da nossa língua materna* (e é justamente a falta desse Cérbero que a torna materna). Em nossa língua materna, a gramática é um guia fácil e não intrusivo, um anjo da guarda atento mas não visível; em todas as demais, a gramática é um demônio espreitando nas sombras no topo da Escada de Jacó. Como diz Günther Anders, citado por Améry: "Ninguém pode andar por aí durante anos exclusivamente em línguas que não domina, ou que, na melhor das hipóteses, papagueia mal, sem se tornar vítima do empobrecimento do seu discurso interior".[7] Porque mesmo a nossa língua materna desmorona "pedaço por pedaço, e na maior parte do tempo tão imperceptível e gradualmente que não notamos a perda"[8] — até o momento de revelação, depois de 27 anos, ou quantos forem, quando compreendemos que a perda irreversível da nossa pátria equivale a uma perda irreversível de segurança. Percebemos então, também, que "*la table* nunca será a mesa, e que o máximo que nos é concedido é nos fartarmos nela".[9]

Com a idade, nos tornamos mais propensos a epifanias. É uma observação banal — pode-se até dizer uma ideia de "senso comum". Essa verdade simples é conhecida de todos que tiveram a sorte de chegar à velhice. O jovem (como todos nós um dia fomos) "não é só quem ele é, mas também quem ele será"[10] — portanto, o que já parece inacabado, incompleto e certamente não a versão final. Talvez nem tudo seja possível no futuro, no entanto nada é impossível. "Mas o crédito da pessoa que envelhece acaba [...]. Ela é apenas quem é."[11] Na velhice, a identidade como promessa do futuro já não está disponível. É óbvio que resta muito pouco tempo para tentar novas roupagens. Mas outras descobertas nos atingem como um golpe na cabeça: que a saudade da terra natal "consistia apenas em desmontar nosso passado peça por peça".[12] Foi uma desconstrução feita com os esforços conjuntos da própria pessoa e do mundo: "Mas se a sociedade nega que já fomos isso, então também nunca fomos".[13]

O exílio rouba do refugiado a identidade. E com isso rouba dele a confiança. E com isso também a convicção de que aquilo que se reconhecia como verdadeiro era verdadeiro. E como essa *fé* serve de escudo protetor para o conhecimento do que constitui e do que não constitui a verdade, cedo ou tarde o exílio tirará do refugiado até esse *conhecimento*. A Terra deve sua imobilidade aos fortes ombros de Atlas. "A terra se erguerá sobre novos alicerces"* quando esses ombros tremerem — e os refugiados já tratarão de garantir que assim seja.

A verdade é aquilo de cuja veracidade todos nós sabemos, e sabemos porque acreditamos que é verdade — acreditamos que sabemos. Portanto, é aquilo que é óbvio para nós. Obviedade significa fusão de conhecimento e fé. Não pode ser adquirida, nem arranjada. Uma coisa ou é óbvia ou não é — *tertium non datur.*† É óbvio quando, e só quando, existe um coletivo, e nele "todo mun-

---

* Nesta frase Bauman se refere à "Internacional": "De pé, ó prisioneiros da fome/ De pé, miseráveis da terra/ Pois a justiça troveja condenação/ Nasce um mundo melhor!/ As correntes da tradição já não nos prenderão/ De pé, ó escravos, não mais subjugados;/ A terra se erguerá sobre novos alicerces/ Não fomos nada, seremos tudo" [tradução da versão em inglês; na versão cantada no Brasil não aparece o verso que Bauman cita].

† A frase citada por Bauman é um axioma lógico de acordo com o qual uma afirmação ou é verdadeira ou é falsa, sem terceira opção.

do" acredita em sua obviedade, e quando ninguém questiona o meu direito de incluir esse "todo mundo" no pronome pessoal "nós". Se essas condições forem atendidas, tenho uma identidade. Se não forem, tenho no máximo uma perspectiva de identidade, ou uma ideia para uma identidade: um pedido de identidade que pode ser deferido ou indeferido, se existisse um tribunal autorizado a analisar o pedido, e se ele pudesse assumir a tarefa de analisá-lo. Mas esse tribunal não existe — e as bases da Terra se abalam. E esse abalo não será interrompido.

No meu caso essas condições não foram atendidas. Concederam-me o direito de escolher, o que é maravilhoso; os direitos, no entanto, vieram com a ressalva de que minha escolha, como assunto pessoal, não comprometeria ninguém além de mim mesmo. E isso, ainda que maravilhoso, não é tanto assim.

Quando fui contemplado com o prêmio Adorno, a revista *Rzeczpospolita* informou aos leitores que o prêmio tinha sido dado a um sociólogo israelense (o conselho editorial da *RP* deve ter lembrado que lugar de sionista era em "Siam").* O pedido de correção enviado pelo professor Edmund Mokrzycki não foi publicado — muito embora todos os jornais europeus que vi anunciassem que o contemplado era um sociólogo polonês, ou um "sociólogo polonês que vive na Inglaterra". Esta última identificação é a regra: formulações idênticas aparecem em todas as resenhas dos meus livros, publicados em mais de trinta línguas além do polonês (e vou me gabar, sim: esses livros são bastante numerosos). Também seria improvável encontrar um sociólogo nesses países que deixasse de mencionar o meu nome se lhe pedissem para citar um sociólogo polonês.

Se um judeu quiser ser reconhecido, sem reservas, como polonês — ou seja, se quiser adquirir o direito de usar o termo "nós"

---

* Mais uma alusão irônica aos grupos antissemitas sem instrução que em 1989 escreveram Syjam (em polonês o nome antigo da Tailândia) em vez de Syjon [Sião].

com referência ao "todo mundo" polonês —, o senso comum, ao que parece, dirá que essa pessoa tem que se tornar um refugiado. Então a identidade que essa pessoa escolher será reconhecida. Será reconhecida pelo menos por esse "todo mundo" — que ironia! — que o pronome pessoal "nós" não inclui e não tem base para inclusão nem a intenção de incluir.

Henryk Grynberg, que forjou o nobre metal da literatura a partir do minério heterogêneo do exílio polonês, escreveu (num livro que traz o título de... *Refugiados*, como não poderia deixar de ser!): "Os que cometem suicídio também são refugiados, talvez mais ainda".[14] Isso mesmo.

Žižek (figura transportada intacta da era dadaísta, do *Nuż w bżuhu*[15] e do *épatez les bourgeois*,* para a época em que não resta mais ninguém para deslumbrar, porque todo mundo está deslumbrado e farto de ser deslumbrado)[16] escreveu recentemente que dois filmes sobre a vida diária dos *Ossis*† quando eles ainda não eram conhecidos por esse nome, não entendem a essência do totalitarismo comunista; mais ainda, que falsificam a realidade. Se quiser saber, e contar aos outros, como era a vida no comunismo, diz ele, transforme em filme os *Contos de Kolimá*, de Shalamov.‡ Faça isso já sabendo tacitamente que a verdade sobre o comunismo estava escondida nos quartéis de Magadan,§ e não desfilando pelas ruas de Tambov e Jarosław.¶ E a verdade sobre o nazismo provavelmente se aninhava em Dachau e Auschwitz,

---

* Grito de guerra dos poetas decadentes franceses do fim do século XIX Charles Baudelaire e Arthur Rimbaud.

† Termo informal para os habitantes da Alemanha Oriental (com conotações pejorativas, era muito popular depois de 1990).

‡ Seis contos sobre a vida nos campos de trabalhos forçados na União Soviética, escritos entre 1954 e 1973 por Varlam Shalamov.

§ Cidade na fronteira oriental da União Soviética, lugar de deportação de 12 mil prisioneiros de guerra poloneses e suas famílias (1940-1); o nome da cidade simboliza a opressão comunista na Polônia.

¶ Cidades russa (Tambov) e polonesa (Jarosław), nas quais não foram construídos campos.

em vez de reproduzir-se na aldeia descrita minuciosamente na série de TV *Heimat*?*

Eu perguntaria a Žižek por que esses felizardos que nasceram tarde demais para provar o totalitarismo na própria pele haveriam de querer — e mesmo espremer o cérebro para — entender a história antiga do totalitarismo. Afinal, se precisarem de fábulas de terror angustiantes eles podem se voltar para *Cães de aluguel*, para *O massacre da serra elétrica*, para *Sexta-feira 13*, ou tomar a sua dose diária de televisão e centenas de jogos de computador sobre assassinatos em massa e desajustados. E, em comparação com a arte refinada do cinema, da televisão, do Nintendo e do PlayStation, a vida diária nos campos e nos gulags deve parecer-lhes produto abortado de uma indústria caseira de segunda categoria. Esses felizardos sabem praticamente desde o berço que coisas monstruosas são obra de monstros, e que atos de perversidade são atos de perversos; e que, portanto, os monstros e os perversos precisam ser destruídos, antes que comecem a fazer essas coisas conosco; e que, como os que precisam ser destruídos são a prole de Satanás, os que os perseguem são anjos — o que mais poderiam ser? Assim, quando, com a face ruborizada, tentam derrotar os monstros eletrônicos nos próprios jogos sujos dos monstros, respondem aos ataques dos monstros com golpes cada vez mais inventivos e aniquilam os monstros antes que os monstros comecem a aniquilá-los, nenhum desses atos compromete a sua autoimagem. Afinal, esses monstros eletrônicos, como está implícito nas instruções, os atacaram por pura crueldade, ao passo que eles, enquanto salvavam a si mesmos, salvaram o resto do mundo desses torturadores. A humanidade está dividida entre carrascos e vítimas, e quando as vítimas exterminam o último dos carrascos o problema da crueldade pode ser guardado no repositório de memória/esquecimento de um museu. Então as vítimas vitoriosas podem bater a porta atrás de si e abri-la

---

* Alemão para "pátria".

somente nos passeios dominicais de família. Porque a crueldade é obra dos cruéis, e nós somos puros — *quod erat demonstrandum.*

Ah, se fosse assim no mundo real... Se o totalitarismo se resumisse a atos há muito tempo passados, de soltar de suas gaiolas algumas feras que em tempos "normais" — quer dizer, "decentes" — e em lugares respeitáveis ficam trancafiadas... Se o sofrimento enobrecesse, e constituísse um certificado de inocência e virtude moral... Se a velhacaria dos atores não manchasse as suas vítimas ou as testemunhas dos seus crimes... Se as vítimas marchassem para a execução limpas e imaculadas... Se os Karadžić e os Mladić[*] não convocassem seus irmãos sérvios no fim do século xx para massacrar muçulmanos bósnios como vingança contra a derrota dos sérvios na Batalha de Kosovo, travada com os otomanos em 28 de junho de 1389 — e se a convocação não tivesse sido ouvida e atendida por tanta gente... Se fosse possível, como se fazia — ou pelo menos se tentava zelosamente fazer — nos campos e gulags, dividir o mundo nítida e claramente entre sujeitos todo-poderosos e seus objetos obedientes, entre aqueles que fazem e aqueles a quem é feito... Se isso fosse possível, os totalitarismos comunista e nazista seriam apenas mais uma série de episódios sangrentos na multidão de eventos em que um lado bate e o outro lado apanha. Episódios dos quais a história humana está cheia. Episódios que devem (e podem) ser encerrados açoitando-se os que bateram e condecorando com medalhas os que apanharam. E, uma vez encerrados, os restos amarelados e ressequidos desses episódios podem ser colocados nas vitrines dos museus, para que atestem a limpeza de consciência das pessoas, em vez de atormentá-las com o remorso.

---

[*] Radovan Karadžić, criminoso de guerra, foi presidente da República Sérvia da Bósnia-Herzegovina; Ratko Mladić, igualmente criminoso de guerra, foi chefe do Exército Sérvio. Ambos foram condenados por crimes de guerra na Bósnia-Herzegovina em 1992-5.

Infelizmente, apesar do conselho de Žižek, não é possível compreender totalmente as ameaças do totalitarismo apenas examinando com atenção Kolyma ou Dachau, esses laboratórios onde os limites da escravização humana e da desumanização foram investigados (como Hannah Arendt os descreveu). Para compreender bem essa ameaça nós precisamos ver onde ela é mais tóxica e sinistra, e onde não foi extinta. Precisamos olhar nos lugares onde ela ainda preserva o seu poder tóxico e, portanto, ainda não está pronta para sepultamento numa vitrine de museu. Precisamos ir além das cercas pontiagudas. Precisamos ir às ruas apinhadas de passantes como você e eu.

O sofrimento sempre dói, mas raramente enobrece. Nem é preciso dizer que causar sofrimento destrói moralmente o torturador. Mas as vítimas também não escapam ilesas e imaculadas do pogrom de impulsos e freios morais. Não é verdade que elas aguardam a sua chance de pagar aos torturadores na mesma moeda? Sim, mas antes disso aprendem os segredos do tipo de vida no qual essa moeda é de uso corrente. Psiquiatras americanos que tratavam vítimas do Holocausto logo depois da guerra descreveram a aflição dos seus pacientes usando o termo "síndrome da culpa": "Por que estou vivo, quando tantos morreram diante dos meus olhos?!". Mas logo mudaram de opinião. "A síndrome da culpa" desapareceu do vocabulário psiquiátrico e foi substituída por "síndrome do sobrevivente".* "Estão esperando por mim, querem acabar comigo, e vão mesmo acabar comigo se eu não agir antes deles, se eu não desferir o primeiro golpe…".

A síndrome do sobrevivente é hereditária; cada geração passa adiante os frutos envenenados do martírio passado. Os descen-

---

* Curiosamente, na versão polonesa, Bauman emprega uma palavra de uso raro, *przeżytnik* ("pessoa que viveu alguma coisa"); *przeżytnictwo* é o fenômeno de viver uma situação e continuar vivo (e reviver o passado pela memória), em oposição a *ocalony/ocalona* ("sobrevivente") e, por fim, *ocalenstwo* ("o fenômeno de sobreviver").

dentes de vítimas, livres das experiências nas quais esses legados se baseiam, preservam apenas o mito coletivo do sofrimento hereditário; nessas circunstâncias, "as lições de sobrevivência" extraídas das experiências de martírio não são propícias a testes práticos. Isenta da necessidade de lidar com fatos, a visão de um mundo repleto de conspiradores e de pensamento conspiratório entra na comunidade de "sobreviventes" e exerce sobre ela uma influência controladora. Para usar a formulação de Alain Finkielkraut,* com a ajuda dessa visão os sobreviventes podem compartilhar a glória dos seus antepassados torturados ao mesmo tempo que exigem reparação e passe livre para suas próprias ações implacáveis. Agora podem agir sem pagar o preço que seus antepassados tiveram de pagar pelas memórias dos seus descendentes.

Forçados a "participar do espetáculo sangrento" (a expressão usada por Jan Błoński em referência a anos de tormento sob a variedade hitleriana de totalitarismo), tanto as vítimas como as testemunhas caladas de crimes sabem muito bem que há métodos para se livrar de problemas humanos, sejam eles reais ou supostos. (Esses métodos são desumanos? Possivelmente. Mas também são eficazes.) Sabem que *a humanidade é capaz de desumanidade*. Portanto, alguém, em algum lugar, em algum momento, pode recorrer a esses métodos. E, nesse caso, se o medo se torna insuportável, também será necessário usá-los. O preço de ficarmos vivos é matar os que podem, querem e vão acabar nos matando. A síndrome do sobrevivente sugere que a sobrevivência é o objetivo da vida. Está implícito que quem desfere o primeiro golpe sobrevive aos que não tiveram tempo de fazê-lo. Se o golpe for desferido a tempo, e além disso for certeiro — um nocaute —, não há medo de vingança ou de castigo.

O mundo depois do Holocausto promove as guerras "preventivas". Das experiências dos que estão no Iraque depreende-se

---

* Alain Finkielkraut, filósofo e intelectual público francês, é membro da Académie Française. Publicou muita coisa sobre identidade judaica e antissemitismo, bem como sobre colonialismo francês.

que, para impedir um massacre previsto, este mundo está preparado para liberar propensões assassinas. E, como se pode aprender com as experiências de Abu Ghraib ou Guantánamo,* este mundo pós-Holocausto é inescrupuloso com aqueles que podem, talvez, desferir um golpe contra os escrupulosos. Os dois lados tiram proveito das lições do Holocausto. Em seu livro *O efeito Lúcifer*, Philip Zimbardo descreve minuciosamente o mecanismo infernal desse efeito, ilustrando suas afirmações com revelações de pesquisas conduzidas inteiramente num mundo pós-gulag, pós-campos de concentração.

A lista de Schindler, de Spielberg, não usa meias-palavras: nos anos de crematórios e de desprezo, o nome do jogo era sobreviver aos outros, e com isso garantir a sobrevivência *desses* e não *daqueles*. Sob os aplausos dos críticos, Spielberg pôs a serviço da "arte da sobrevivência" a mesma ferramenta sinistra do assassinato moderno, cujo uso Raul Hilberg[†] considerava o primeiro passo para o extermínio dos judeus europeus (seu destino foi decidido, escreveu ele, no momento em que os primeiros burocratas alemães prepararam as primeiras listas de residentes judeus nas cidades). Schindler, o herói do filme, louvado com talmúdica referência como o "salvador da humanidade", rejeita a oferta de trocar as *suas* judias — as da *sua* lista — por "*outras* judias". E a plateia explode em aplausos quando Schindler retira do trem para Treblinka *seu* homem, o da sua lista, que, diferentemente de outros passageiros, provavelmente tinha sido embarcado no vagão de gado por engano e negligência. Como lembra Janina, futuras vítimas com números se rebelaram no Gueto de Varsóvia contra futuras vítimas sem números quando estas últimas tentaram se juntar às suas colunas em marcha. "Por causa delas, inocentes vão morrer!", gritaram elas — provando que tinham

---

* Prisões no Iraque e em Cuba (em território controlado pelos Estados Unidos), respectivamente.

† Raul Hilberg foi historiador, fundador do campo acadêmico de Estudos sobre o Holocausto, e autor de *Destruição dos judeus na Europa*.

assimilado à perfeição a linguagem dos seus torturadores. Antes de mandar as pessoas para a morte, Deus confunde suas línguas.

Depois de ouvir em Bruxelas a palestra de Janina sobre diferentes interpretações das lições do Holocausto tal como apresentadas em filmes, um cineasta belga perguntou-lhe por que *As duzentas crianças do dr. Korczak*, a obra-prima cinematográfica de Wajda, não era exibida em cinemas americanos e por que os críticos americanos nada diziam a respeito. É simples, respondeu Janina: a mensagem de Wajda (e de Korczak) contraria frontalmente a versão dominante do que pode ser aprendido com o Holocausto. Korczak não salvou uma única vida — nem mesmo a sua! A única coisa que Korczak salvou da mácula e da destruição foi a dignidade humana de duzentas crianças... Mas isso é motivo para perdoá-lo por sua negligência na guerra pela sobrevivência? Pode contar como razão para se honrar sua memória?!

Elias Canetti foi o primeiro a alertar sobre os legados tóxicos do Holocausto. "A forma mais elementar e óbvia de sucesso é continuar vivo."[17] Esse critério de sucesso deu origem ao culto dos "sobreviventes" e pôs a "atitude do sobrevivente" num pedestal. Os que aceitam essa atitude, adverte Canetti, "querem sobreviver aos seus contemporâneos", e nesse particular estão dispostos a "matar para sobreviver aos outros"; "[querem] ficar vivos, para que outros não sobrevivam".[18]

Resumindo as lições que aprendeu com os anos de desprezo, crematórios e aniquilação, Janina escreveu que os algozes geralmente desumanizavam as vítimas antes de matá-las, e que o desafio mais difícil que ela enfrentou foi continuar humana em condições desumanas. E, mais uma vez, o que aprendemos com a matança humana realizada em nome da pureza racial, e com a matança humana em nome da pureza de classe, é a facilidade com que "pessoas decentes", pais de família exemplares, esposos fiéis e vizinhos prestativos, podem ser convencidos de que o nobre objetivo de purificar o mundo faz da zelosa participação na limpeza uma virtude, uma responsabilidade das "pessoas decentes".

A informação mais chocante das reportagens de Hannah Arendt sobre o julgamento de Eichmann foi o testemunho de psiquiatras convocados para avaliar a sanidade do réu. Eles afirmaram que não só Eichmann era "normal" segundo todos os critérios de "normalidade", mas também que poderia até ser considerado um modelo de cidadão virtuoso — como, de fato, era visto pelos vizinhos.[19] Se tivesse vivido perto de mim, será que eu o reconheceria entre aqueles vizinhos que se curvavam com um sorriso e educadamente respondiam às minhas saudações? Estremeço só de pensar no que um vizinho agradável, que conheço apenas de amáveis saudações e sorrisos diários, poderia estar fazendo "durante suas horas de trabalho". O resíduo dos tempos totalitários é essa constante desconfiança em relação aos nossos vizinhos.

Mas isso ocorre também com a autodesconfiança ("Se fosse o caso, eu também poderia dar uma ajudazinha nisso..."), o que estimula mais ainda a desconfiança em relação aos vizinhos. Se ela existe, e com frequência existe, é forçosamente suprimida e empurrada para os recantos sombrios da consciência. Transformar a maldade em propriedade inata, permanente e acima de tudo *exclusiva* dos vizinhos está na ordem do dia para aqueles que querem se livrar do medo da própria perversidade, a qual, embora por enquanto adormecida, pode despertar a qualquer momento. A consciência de Christopher Browning foi abalada pela descoberta de que, se "*homens* comuns" convocados para o Batalhão da Reserva 101[20] eram capazes de tamanha ignomínia, todos *nós, homens* comuns, também poderíamos ser transformados em feras. Mas, para proteger a consciência dos seus leitores, bem como a própria, Daniel Goldhagen corrigiu a frase de Browning: se "*alemães* comuns" do Batalhão 101 eram capazes desses crimes, todos *eles, alemães,* eram capazes de crimes parecidos. E não porque a fera resida *nos humanos* e possa ser posta para trabalhar nas tarefas mais perversas quando o chicote e os arreios certos

Antes que escureça 193

são encontrados, mas porque os *alemães*, tomados de ódio contra os *judeus*, estavam ansiosos para praticar até mesmo as ações mais maldosas contra eles.

A grande maioria das pessoas nas ruas dos "melhores bairros" e nas salas de aula das universidades convidadas para participar dos experimentos de Philip Zimbardo chocou o pesquisador, aterrorizou-o e o deixou abalado com a facilidade com que "se conformariam, cumpririam ordens, obedeceriam e seriam imediatamente convencidas a fazer coisas que não se imaginavam fazendo quando fora daqueles campos de força situacionais".[21]

A devastação moral é o legado duradouro (por quanto tempo?!) de ambos os sistemas totalitários. Stanisław Ossowski, preocupado com o futuro de uma nação submetida a um teste superior às suas forças, escreveu sobre estados de espírito maniqueístas[22] que se tornaram e continuam sendo reflexos instintivos.[23] Não são estados de espírito em que caímos hoje só para nos livrarmos deles amanhã e esquecê-los totalmente no dia seguinte; eles são a característica da maneira "normal", costumeira, de as pessoas perceberem o mundo, seu próprio lugar nesse mundo e a receita da sua própria sobrevivência. Essa forma habitual de ver as coisas é confirmada pelo senso comum e honrada pelo calendário dos rituais públicos.

Os legados dos dois sistemas totalitários são enganosamente parecidos nesse sentido. Mas esses legados diferem também, e profundamente, pelo menos em seu efeito sobre a mentalidade dos poloneses (o totalitarismo alemão teve um tipo de efeito sobre os alemães e outro tipo de efeito sobre os poloneses). O totalitarismo importado dos soviéticos e que tentou criar raízes na Polônia prometia a participação dos poloneses em benefícios que ele previa, e os convidou a tomar parte nos procedimentos que supostamente facilitariam e acelerariam o cumprimento dessa previsão. A versão hitlerista, brutalmente estrangeira, que desde o começo colocava os poloneses clara, irrevogável e inequivocamente do outro lado do muro, entre as vítimas, é uma história bem diferente. Analogias entre as duas experiências tropeçam e caem nessa diferença. Seria inútil e sem sentido qualquer tentativa de falar num mesmo fôlego sobre cinco anos de ocupação de Hitler e sobre meio século da República Popular da Polônia — falar como se ambos pudessem ser reduzidos ao mesmo capítulo de martírio nacional. E não ajudaria, de forma alguma, a lidar com os legados dos tempos totalitários.

Jean-Paul Sartre certa vez chocou o público leitor com a afirmação paradoxal de que os franceses nunca foram tão livres como no tempo da ocupação alemã... o paradoxo, disse ele, era só aparente, porque caímos na escravização através da arapuca da coerção disfarçada de livre escolha, e os ocupantes tornaram essa arapuca inacessível para os franceses. Os franceses ficaram *sem* escolha. Se os franceses ficaram sem escolha, cem vezes mais os poloneses! Na verdade, alguns tiranos alemães tentaram aliciar os franceses prometendo-lhes um lugar à mesa quando a *Neue Ordnung** finalmente triunfasse graças à sua colaboração. Já os poloneses foram informados desde o início — e de um jeito que não dava margem a dúvidas — de que a *Neue Ordnung* não previa para eles nenhum papel que não fosse o de burro de carga, e não previa nenhum uso para a Polônia que não fosse o de *Lebensraum*† para os mil anos do Reich. Não havia, portanto, como escapar da luta contra os ocupantes. A única questão era saber com que rapidez essa luta deveria começar e que arma deveria ser usada. O instinto de autopreservação, a obrigação moral e o patriotismo — todos falavam a mesma língua. Em uníssono, disseram: não desistam, resistam, lutem...

Para usar uma expressão que viola a tradição linguística, a "ocupação soviética" foi de fato muito diferente. A República Popular da Polônia era um país de vitoriosos, não de derrotados. Ela prometia conduzir os que foram arrasados pela guerra e pela

---

* Alemão para "Nova Ordem".
† Alemão para "espaço vital".

pobreza de antes da guerra para uma terra de fartura, abundante de um jeito que aquela gente jamais conhecera. Terra para os camponeses, trabalho para os operários, educação para as crianças, saúde para todos... Livrar-se do medo de desemprego e da pobreza... E, além disso, dignidade humana para todos, respeito a todas as formas de trabalho, tesouros culturais para todos e o fim da divisão do país entre os poderosos e os ricos, de um lado, e os magros capangas que se curvavam diante deles, do outro; e o fim dessa coisa de pisotear e humilhar as pessoas. Um país finalmente elevado pela alavanca da solidariedade (sic!),[*] elevado até o nível de uma comunidade real, não mais fragmentada por disputas. Em outras palavras, justiça social firmemente assentada no sagrado tripé da liberdade, da igualdade e da fraternidade. Nessas circunstâncias, seria natural para o instinto de preservação, para a obrigação moral e para o patriotismo começar a falar novamente uma língua comum, só que, dessa vez, a mensagem seria o oposto da antiga. Bastava começar a crer na promessa. Ou, se houvesse dúvida sobre a honestidade dos que faziam a promessa, ou sobre sua capacidade de cumpri-la, era imperativo suspender a dúvida e lhes dar a oportunidade de dissipar as desconfianças.

Numa Polônia inscrita no mapa do *Lebensraum* alemão, o totalitarismo alemão rejeitou brutalmente até mesmo aqueles poucos que simpatizavam com sua visão de mundo, ignorando a questão de saber de onde vinha essa perspectiva. O totalitarismo soviético tentava as pessoas com seus slogans, atraindo e seduzindo até mesmo muitos daqueles que não estavam, de modo geral, convencidos das virtudes do país de onde ele vinha.

Para as pessoas que se condoíam da pobreza hereditária e do atraso civilizacional que afligiam seus compatriotas, era

---

[*] Solidariedade foi um sindicato criado em 1980 que veio a ser o principal grupo de oposição (em seu apogeu, em 1981, tinha 10 milhões de membros); tornou-se o maior movimento social, contribuindo para o fim do monopólio do partido governista (PZPR) e organizando a primeira eleição livre e pluralista (em 1989).

difícil resistir ao charme dos slogans comunistas. Esses slogans apelavam, em doses iguais, a sentimentos de justiça social, de um lado, e, de outro lado, simplesmente ao amor à pátria. Que tipo de patriota — alguém que coloca o bem da nação acima dos próprios interesses de classe — não desejaria que as boas coisas prometidas nesses slogans fossem compartilhadas por seus compatriotas?!

No entanto, logo ficou claro que slogans eram uma coisa e a prática, outra coisa bem diferente. O abismo civilizacional entre a Polônia e o resto da Europa aprofundou-se em vez de diminuir. A vida boa das promessas nunca chegou. As novas divisões nada tinham de diferente das divisões antigas, em nenhum sentido, exceto na ostentação. E, acima de tudo, assombrava-nos o fantasma de um poder terrível e implacável, que não tolerava oposição e era alérgico não apenas a ideias que contrariassem seus pontos de vista e entrassem em choque com suas histórias, mas também a todas aquelas que não surgissem como resposta direta a uma inspiração, a uma ordem ou a uma concessão suas. O que as cortinas amarelas eram para o privilégio das novas elites,* a fraseologia da emancipação social e do poder do povo era para a insensibilidade de líderes e para sua falta de escrúpulos.

A ocupação por Hitler deixou muitas feridas no corpo e na alma da nação, mas a hipocrisia não foi uma delas. No entanto, essa era exatamente a ferida que o totalitarismo stalinista queria infligir, e, num grau ainda maior, também o autoritarismo que se seguiu. A produção em massa de hipocrisia era característica inseparável, apesar de não intencional e não admitida, do comunismo soviético e daqueles regimes que esse comunismo estava preparado para tolerar em sua "esfera de influência". Do povo

---

* Havia cortinas amarelas nas janelas de certas lojas onde se vendiam produtos raros; só pessoas que ocupavam cargos importantes no Estado e na administração do Partido tinham o direito de entrar nesses espaços. As cortinas ocultavam os produtos, e um "cidadão comum" não podia sequer ver o que estava à venda e quem podia comprar. Essas lojas foram fechadas em 1956 (mas foram criados outros sistemas para a distribuição privilegiada de produtos).

era exigido que se convertesse numa congregação de obediência e disciplina obtusas, não necessariamente de fé. À exceção de um breve período inicial de *Sturm und Drang*,* pouquíssima gente acreditava nos slogans propagados, e isso incluía as elites governantes. Repetir esses slogans nas ocasiões públicas, entretanto, era obrigação de todos. Com o passar do tempo, a fé foi ficando desconfortável para os que estavam no poder: afinal, a crença na infalibilidade de princípios levava, inevitavelmente, à exposição da falibilidade dos intérpretes que se proclamavam infalíveis.

Pelo acordo não escrito que regulava as relações entre os detentores do poder e o povo, os primeiros deveriam se comportar como se estivessem totalmente empenhados na implementação do seu programa de prosperidade e justiça social. Já as pessoas, por sua vez, deveriam falar em público como se confiassem mesmo que era exatamente isso que os detentores do poder faziam dia e noite. A regra vaihingeriana de *Als Ob*† talvez não se aplicasse de maneira geral, mas com certeza valia para os encontros diários entre os detentores do poder e o povo polonês. Não era um acréscimo ao sistema, mas a condição imprescindível para a sua durabilidade. Em seus anos de exílio, Soljenítsin sugeria a seus compatriotas que começassem a praticar "um dia sem mentiras". Achava que um dia assim seria suficiente para provocar o colapso do sistema soviético. Jamais saberemos se ele estava certo, mas a suposição não parecia mais absurda do que o sistema a que se referia.

Na Polônia, dúvidas sobre o realismo da sugestão de Soljenítsin resultavam de considerações geopolíticas, por assim dizer. Em

---

* Corrente literária do fim do século XVIII que precedeu o período romântico alemão. Bauman se refere ao clima de entusiasmo por — e de crença em — mudanças radicais, parecido com o da Polônia nos primeiros anos da Segunda Guerra Mundial.

† A "filosofia do como se" é o "sistema defendido por Hans Vaihinger em sua grande obra filosófica *Die Philosophie des Als Ob* (1911), que propunha que o homem aceitasse voluntariamente falsidades ou ficções para viver em paz num mundo irracional" (*Enciclopédia Britannica*).

Ialta, o chamado "Ocidente" lavou as mãos no tocante a qualquer intervenção nos assuntos internos dos povos que viviam a leste do Elba. Desde então, suas ações, mais do que suas palavras evasivas, confirmaram, reiteradas vezes, que ele não tinha intenção de voltar a sujar as mãos com esses assuntos, a despeito do fato de que seus próprios slogans, repetidos à exaustão, diferiam dos slogans ouvidos a leste do Elba. Os poloneses, mesmo aqueles que exibiam os sentimentos anticomunistas mais amargos e se comportavam como os rebeldes mais radicais, não podiam contar com ajuda externa; e só loucos e românticos inveterados poderiam sonhar em duelar sozinhos com o poder do vizinho oriental. Afinal, o resultado dessa tentativa não seria menos trágico para a nação do que os desfechos de todos os outros levantes poloneses, começando pelo levante de novembro e indo até o levante de Varsóvia.[*] Além disso, a possibilidade de implosão — do colapso infligido pelo Império Soviético a si mesmo — não ocorria a ninguém. Estava ausente não só dos círculos nacionais, da intelligentsia sóbria e capaz de raciocinar, mas também dos inúmeros "institutos sovietológicos" do mundo, todos eles abençoados com fundos e com cérebros do mais alto calibre, e respeitadíssimos pela intelligentsia. A ideia ainda primava pela ausência quando, anos depois, os pés de barro do colosso soviético foram ficando cada dia mais fracos. Nessas condições, viver uma mentira era uma condição de sobrevivência para o mentiroso e não menos — talvez até mais — um bote salva-vidas para o regime hipócrita. Quanto ao regime, a rigor não precisava do consentimento daqueles sobre os quais reinava: podia se arranjar perfeitamente bem com seu consentimento ostensivo e honestamente desonesto.

Seja como for, a mentira continuou e por muitos anos não parecia ter chegado nem perto do que a nação era capaz de aguentar. Como Witold Wirpsza resumiu sombriamente em seu poema "Carta sobre a consciência":

---

[*] Bauman se refere ao Segundo Levante de Varsóvia, em 1944, não ao primeiro, o Levante do Gueto de 1943.

Dizem eles: estamos construindo o socialismo.
E estão certos, apesar de mentirem...
Nossos pensamentos,
Sentimentos, imaginação aprenderam
A bajular; rastejam nessa fissura
Que suas barrigas abriram no vazio.
Todo catecismo será aprendido
E sabido de cor![24]

Surpreendentemente (ou talvez nem tanto?!), herdeiros, porta-vozes e os praticantes mais zelosos da hipocrisia na Polônia pós-comunista podem ser encontrados hoje nas elites governantes. Nesse sentido, as coisas parecem ter voltado à norma que o regime comunista tinha violado: as pessoas — pelo menos as que não falam em nome do poder reinante — parecem ter parado de prestar atenção a palavras (desde que não haja jornalistas abelhudos por perto), enquanto o que as pessoas dizem não tem a mínima importância para os detentores do poder (é assim pelo menos nos intervalos entre as eleições, que ficam cada vez mais longos, devido ao encolhimento da memória pública em geral, e da memória das promessas pré-eleitorais em particular).

A hipocrisia não é a única herança dos anos de cativeiro. Como nos advertiu anos atrás Juliusz Mieroszenwski (citado por Michnik em seu sombrio resumo dos lados claros e escuros da vida polonesa pós-comunista, publicado num livro intitulado *W poszukiwaniu utraconego sensu* [Em busca do senso perdido]): "Qualquer luta com os soviéticos deve começar rechaçando o método soviético de insinuações, denúncias e levantamento de suspeitas negativas... Insinuações e denúncias não devem ser assunto de nenhuma polêmica. Devem apenas ser ignoradas como desprezíveis".[25] Essa advertência acabou se revelando mais um caso de pregação no deserto.

Como não sou nem de longe sábio, espirituoso e sagaz como Lem, começo citando sua confissão pública, feita pouco antes de morrer:

> Houve um tempo em que o Partido anunciava seu programa enquanto se encaminhava para uma eleição. Hoje isso foi substituído por rótulos e trocas de acusações [...]. A política hoje é uma área na qual o concreto já não tem importância [...]. Por que a concorrência entre partidos foi transformada numa competição sobre a habilidade de pintar a visão de uma sociedade melhor? Aqui, por exemplo, a ideia da Quarta República virou moda. Por que a Quarta, e não a Quadragésima? Tudo é piada, tudo é farsa de segunda categoria. Nosso pensamento político dissolveu-se num atoleiro de slogans, enquanto no topo flutua a pátria, alguma Águia, alguma Fé... os Kaczyńskis abraçaram o poder com imenso apetite, mas até agora esse poder está limitado ao que acontece no Sejm* e à sua volta, dentro da camarilha política, que além disso está repleta de conflitos. Meu medo é que o tamanho da mordida que deram no pão do poder supere sua capacidade de digerir.[26]

Nada a acrescentar, nada a tirar. Mas um sociólogo não resiste à tentação de dizer mais alguma coisa. O encontro com as realidades do capitalismo deve ter chocado muita gente (uma dessas realidades foi laconicamente apresentada por Claus Offe: se no passado os chefes faziam fila para conseguir trabalhadores e os trabalhadores faziam fila para conseguir produtos, hoje os produtos fazem fila para conseguir consumidores e os trabalhadores para conseguir emprego[27]). A crônica opacidade da situação, a indefinição das oportunidades, dos perigos e de outras regras do jogo; a incerteza sobre o que ainda é um direito e o que é uma nova obrigação; sobre para onde ir, a quem recorrer, quem tem poder para nos conseguir o que queremos, como persuadi-lo ou persuadi-la a conseguir, como aproveitarmos nossa criatividade para conquistar alguma coisa que antes nos era "devida"...

---

* Câmara baixa do Parlamento bicameral da Polônia.

Na Polônia, a súbita vagueza de contornos que no fim do século anterior afetou todos os residentes do planeta foi muito mais rápida, e por isso mais chocante. As formas se desintegraram rapidamente, não dando aos olhos tempo de se reajustar. Balcerowicz* não se foi, mas as certezas se foram. Elas desapareceram e não voltaram. A liberdade que os poloneses deveriam e poderiam esperar, mas na verdade não esperavam, chegou num pacote misturada com incertezas. Novas alegrias com novos temores. Não surpreende, portanto, que muita gente começasse a desejar uma grande simplificação, que tornasse o quê e o onde claros, e com a qual se pudesse ter uma ideia melhor de quem é isso e quem é aquilo; o que tem de ser feito e o que é proibido; o que será recompensado e o que nos trará uma pancada na cabeça; o que será permitido e o que não será, e o que fazer para aumentar o número do que será.

Varsóvia, antes apenas em tons de cinza, vibra de cores. E nós, afinal, fomos treinados para o daltonismo. Sem um remédio rápido para as insuficiências de visão, talvez pudéssemos pintar o mundo de maneira a combinar com as capacidades da nossa visão? Pouquíssimos gostariam de voltar aos tons de cinza, mas seria proveitoso ter um pouco mais de preto e branco, pretos mais pretos e brancos mais brancos... De modo que volte a ser evidente o que é desagradável e o que é agradável, e como ficar longe do primeiro e abraçar o segundo. Assim sendo, a ideia dos Kaczyński não era absurda, não era lunática como parecia.† Aqui o Terceiro (o desagradável‡), e ali o Quarto (o agradável). Aqui os Terceiristas (Abaixo com eles! Distância deles!) e aqui os Quartis-

---

* Leszek Balcerowicz é economista e político polonês (ministro da Economia e primeiro-ministro), autor e implementador dos métodos restritivos aplicados durante a transição de um mercado regulamentado para uma economia de livre mercado.

† Bauman se refere ao filme no qual os irmãos Kaczyński atuaram na infância: *Os dois que roubaram a Lua.*

‡ Aqui, na verdade, Bauman usa expressões básicas de crianças (em polonês *cacy* e *be*) para ressaltar o caráter específico da política implementada na Polônia pelos irmãos Kaczyński.

tas (Chegue mais perto, aconchegue-se). Tudo é simples de novo. Simples pelo menos nos domingos e feriados nacionais, porque nos dias úteis ainda é difícil (não é sem motivo que o número de feriados, rituais e mensagens do topo está aumentando). Os que conseguem achar sentido e uma mensagem edificante em sua vida diária merecem uma Mercedes e uma garagem para estacioná-la!

"A política da história" é perfeitamente adequada a essa finalidade. Diferentemente da vida diária, a história se presta a manipulações, e essa é sua maior virtude. No caso da história, não é fácil verificar fatos e apontar mentiras, especialmente quando a memória nacional é equiparada aos arquivos de segurança do Estado protegidos por leis de confidencialidade nacional.[*] Mas a versão polonesa da política da história tem outras vantagens quando se trata de conseguir votos. Pelo menos duas delas valem menção.

A atual elite política vem do segundo ou mesmo do terceiro escalão do exército Solidariedade. Esse grupo atraiu uma quantidade considerável de pessoas que só sentiram os primeiros impulsos patrióticos depois da chegada de Balcerowicz, quando o comunismo já era coisa do passado (ou foi só então que esses impulsos se tornaram publicamente visíveis). Precisam, portanto, de credenciais; ao mesmo tempo, as credenciais têm que ser retiradas

---

[*] Bauman se refere aqui ao Instituto da Memória Nacional (IPN). Há uma breve descrição do IPN feita pelo historiador Jan Grabowski: "O Instituto foi criado em 1998 para ser o guardião dos gigantescos arquivos da polícia secreta comunista polonesa. Foi-lhe concedido também um abrangente mandato jurídico e educacional, o que fez dele uma câmara de compensação para pesquisa e informações históricas. Centenas de historiadores, arquivistas e advogados foram contratados para ajudar o Instituto a cumprir o seu mandato. Depois das eleições polonesas de 2005, o IPN se tornou uma ferramenta útil nas mãos da coalizão populista-nacionalista que detinha o poder. Algumas das nomeações recentes para cargos de influência no Instituto foram duramente criticadas, tanto pela falta de padrões acadêmicos quanto pelo nacionalismo militante". (Jan Grabowski, "Rewriting the history of Polish-Jewish relations").

dos indivíduos mais ativos que, como Wałęsa, Kuroń, Michnik ou Geremek,* ocupam as fileiras da frente e são, por isso, mais visíveis; e daqueles que, como Czesław Miłosz ou Ryszard Kapuściński,[28] são vistos no palco mundial como a personificação da glória polonesa; e das demais restantes "autoridades concorrentes". Como observou Barbara Skarga,† Jarosław Kaczyński satisfez "os baixos instintos de pessoas mesquinhas, como vingança e ressentimento" ao declarar, numa entrevista para a RZECZPOSPOLITA em maio de 2007: "Essa constante referência na vida política polonesa àqueles que são considerados autoridades é terrível [...]. É a tragédia do pensamento polonês [...]. Precisamos nos livrar deles, e há esforços em andamento justamente para isso".[29]

Não é a primeira vez que a tática de reescrever a história é usada para autorizar legitimações recém-emitidas. Na União Soviética, a história da Grande Guerra Patriótica era reescrita à cada chegada de um novo líder (o primeiro-secretário do Partido). Assim, na nova versão, a batalha tida como ponto decisivo da guerra passaria para aquele momento no qual o novo secretário estivesse usando uniforme do Exército. Stefan Niesiołowski pode ter falado com algum excesso de entusiasmo, mas decerto não estava muito longe do cerne da questão quando concluiu, de maneira reconhecidamente exagerada, que

todo tipo de indivíduo suspeito, antigos apoiadores de Moczar, escumalha, colaboradores comunistas, pessoas que na época da República Popular eram tão quietas quanto camundongos debaixo de uma vassoura, ou, mais genericamente, sabe-se lá onde estavam e o que faziam, agora falam como se fossem os heróis da luta pela independência, grandes patriotas, proclamando-se os únicos poloneses ou católicos e anticomunistas inveterados; brutal e in-

---

* Todos esses [Lech Wałęsa, Jacek Kuroń, Adam Michnik e Bronisław Geremek] foram pessoas muito ativas na oposição às autoridades pré-1989, e prisioneiros políticos.
† Barbara Skarga foi filósofa e historiadora da filosofia polonesa, especializada em ética e epistemologia, e também professora da Universidade de Varsóvia.

transigentemente atacam qualquer um que, por variadas razões, não compartilham suas opiniões.[30]

E, em segundo lugar, da política da história pode-se tirar um remédio para nossos azares e problemas "geracionais" particulares. Muitas pessoas mais velhas têm motivos de arrependimento e tristeza quando olham para trás. Quase todas coletaram sofrimento e derrota em quantidade suficiente para concluir que sua vida foi um fracasso, que são uns fracassados. Reescrever a história é uma terapia. Ao moldar a massa da história criativamente, é possível transformarmos os fracassos da nossa vida em erros que nos foram infligidos, e esperar uma compensação. Esse processo pode se tornar um exorcismo — um exorcismo eficaz, ainda que só extemporâneo e temporário. O pesadelo da "inadequação individual", tão comum no mundo da modernidade líquida, em que pessoas estão condenadas à responsabilidade pessoal por sua vida, desaparecerá por um tempo. De outro lado, políticos de todas as colorações cortejam os jovens, vendo nisso uma oportunidade de acumular capital político. Na Polônia, os detentores atuais do poder desfrutam de um suprimento particularmente grande dessas oportunidades, e a resolução da purga foi uma delas. Ficou claro que essa resolução não dizia respeito aos jovens, por isso a juventude poderia interpretá-la como uma promessa de que as passagens para o avanço seriam desbloqueadas, como aconteceu no período dos expurgos comunistas. Isso estimulou alguns jovens a exigir mudanças — por exemplo, pôr fim à prática da habilitação.* A habilitação, como um deles explicou, era uma arma nas mãos de professores da República Popular na sua autodefesa contra o quadro dos jovens. E, ao nomear uma pessoa muito jovem, com pouca experiência meritocrática, para o cargo de ministro das Finanças, o primeiro-ministro Jarosław Kaczyński explicou,

---

* Na Polônia (e em outros países da União Europeia, como França, Itália, Alemanha), o nível acadêmico seguinte ao mestrado.

provavelmente esperando aplausos dos jovens, que os "velhos" tinham arruinado as finanças e os jovens precisavam consertá-las. Essa nota é tocada zelosa e apaixonadamente em todos os concertos públicos. Os jornais noticiaram que:

> Na opinião do [vice-primeiro-ministro] Goziewski, os autores das mudanças nos estatutos do Ministério dos Negócios Exteriores queriam acima de tudo tornar mais fácil para os jovens trabalhar na diplomacia. "A ideia por trás do projeto é criar para um maior grupo de pessoas a possibilidade de se envolverem no serviço internacional", disse o vice-primeiro-ministro. Ele simultaneamente enfatizou que o Departamento de Negócios Exteriores precisa de mudança geracional.[31]

A conjectura sobre como tudo isso poderia acabar ocorreu a Lem depois que ele revisitou *Os dois que roubaram a Lua*, de Kornel Makuszyński.* "Meu medo", escreveu Lem,

> é que haja aí a prefiguração dos destinos dos irmãos Kaczyński. E não porque eles desempenharam os papéis de Jacek e Placek[†] na juventude, mas por causa do epílogo, no qual se revela que a Lua de que os gêmeos se apossaram aparece feliz e imaculadamente ao anoitecer. Nada mudou! Da mesma forma se verá que o poder dos irmãos Kaczyński é um episódio da nossa história, talvez com anos de duração, mas transitório. E usar termos como Quarta e Quinta República não mudará nada aqui.[32]

No entanto, eu não compartilharia do otimismo de Lem nesse caso. Em primeiro lugar, o que pode ser destruído de repente talvez leve anos para ser reparado, especialmente quando o que for arruinado se cura tão lentamente e exige uma convalescença

---

* O livro que serviu de base para o roteiro do filme citado no qual os irmãos Kaczyński desempenharam os papéis principais (na infância).
† Nomes dos protagonistas de *Os dois que roubaram a Lua.*

tão longa como a espinha dorsal moral da sociedade e de suas elites políticas, os costumes da democracia, uma aversão a mentiras ou as normas civilizadas de coexistência humana. Em segundo lugar, esse "episódio da nossa história" pode ter consequências dolorosas, agravando a propensão polonesa à *skirtotymia* (do grego antigo *skirteo*: "Eu pulo"),[33] a tendência notada pela primeira vez por Lem. Para colocá-las nas palavras inspiradas de Elżbieta Neyman escritas nos tempos da República Popular, os poloneses devem mais uma vez "viver num estádio".

Então, em terceiro lugar: no fragmento já citado, Lem declarou que as tempestades que o grupo governante atual desencadeia — e o faz numa base diária — só podem ser vistas "no Sejm e à sua volta". "A apatia política", a preocupação e o pesadelo dos amantes da democracia no mundo inteiro, aflige a Polônia nos dois extremos do continuum "governo-povo". Esse peixe está apodrecendo a partir da cabeça e do rabo, ao mesmo tempo! A indiferença é recíproca, a separação também. Para o governo, o país é uma chateação, e lidar com seus problemas é uma infeliz necessidade que interfere na possibilidade de cuidar de coisas que realmente importam (como falar mal pelas costas e derrubar uns aos outros); o governo fala para o povo, mas exige que a polícia e as forças especiais ouçam (e escutem clandestinamente) suas respostas. As pessoas, por sua vez, não esperam salvação do governo e não se preocupam muito com "brigas lá no topo". Elas se ocupam bravamente de assuntos locais e privados, em vez de ligarem para a "grande política". Perdem o interesse pelo governo, e, nesse caso, o fato de o governo ter perdido interesse pelo povo certamente endossa os desejos do próprio povo.

Não é um bom presságio para a jovem democracia polonesa, ainda à procura do seu *modus vivendi*. É verdade que pensar em categorias de "nós" e "eles" não é novidade na política da nossa história. Mas hoje "eles", que estão totalmente preocupados em "acabar" uns com os outros, personificam a "absoluta alteridade" originária de Marte (talvez) ou das cavernas dos trogloditas (mais provavelmente).

É fácil entender por que a memória histórica foi escolhida como campo de batalha para as lutas de poder atuais. Nesse campo, é fácil surpreender o oponente e ter êxito no combate contra ele. Aqui nós estamos no alto do morro, e nosso oponente está no vale. Aqui o chão é duro, lá é lamacento. Nossos inimigos terão dificuldade para posicionar seus soldados, pois há tantos buracos nesse campo. Além disso, todas as máquinas para furar novos buracos estão em nossas mãos (os arquivos da Segurança do Estado foram primeiro rebatizados como a instituição da "memória nacional", e depois trancados à chave; a chave foi cuidadosamente escondida da multidão barulhenta). Essa escolha do campo é significativa para a batalha: na guerra da qual essa batalha é apenas um episódio, esse campo tem especial conveniência, porque a memória é essencialmente uma presença contínua do passado — e o passado difere do presente no sentido de que (aparentemente, aparentemente...) tudo que a ele pertence já aconteceu e não será desfeito. Isso agrada àqueles que professam a irreversibilidade das trajetórias de vida e a irreversibilidade do destino e seus veredictos. Mas a questão do objetivo final — ou seja, do que realmente está em jogo nesta guerra — é totalmente diferente. A resposta pode escapar até mesmo aos que participam das escaramuças, sempre preocupados com a batalha seguinte.

Está em jogo nesta guerra não a memória nacional, mas sim a *subordinação da política à pragmática da religião*. Podemos falar aqui, em resumo, da "religionização da política". A moda contemporânea de assustar as pessoas com a "politização da religião" desvia a atenção do objetivo real das lutas polonesas de hoje e das que são travadas no resto do mundo.

Política e religião são regidas por pragmáticas totalmente opostas. A política é "a arte do possível" (implicitamente, *nem tudo* é possível na política). Meio de brincadeira, Odo Marquard deduz que *Zweifel* (dúvida) vem de *zwei* (dois), e diz que onde há duas opiniões — duas pessoas divergem em suas opiniões — também há uma dúvida recíproca; e onde há dúvida a pomposidade e a agressividade desaparecem; e onde não há orgulho e arrogância também não há vontade de brigar; e onde as pessoas hesitam em esbofetear umas às outras, cedo ou tarde elas começam a conversar, ainda que seja por não conhecerem outra forma de (co)existência. Assim as negociações começam: disputas, concessões. Quem sabe — talvez os adversários acabem se entendendo e esqueçam por que motivo estavam brigando, o que foi que lhes provocou uma zoeira na cabeça e deu vontade de ir à luta.

Com a religião é bem diferente. Se existe um Deus e Deus é a verdade, então há também uma verdade, e tudo o que a contradiga certamente vem de sussurros de Satanás. Tudo o que não for de Ahura Mazda[*] teve início com Ahriman[†] — *tertium non datur*; é o oposto da política, que supõe que verdades — como as pessoas que as aceitam como verdade e as apresentam como tal — são falíveis porque nascem de buscas nas quais as pessoas podem se extraviar; nascem nessas buscas e nelas residem. Na religião, em vez da multiplicidade de opiniões que a política teria de levar em conta, existe apenas uma relação flagrantemente assimétrica entre ortodoxia e heresia, na qual a ortodoxia não precisa levar a sério a heresia (e não tem permissão para fazê-lo). Os que afirmam o contrário e aconselham os dois lados a abrir os ouvidos em vez de calar a boca da oposição só podem ter sido plantados por Satanás. Em vez de esperar sabedoria da parte deles, o que deveríamos esperar é confissão de pecados e de más intenções. Essas pessoas deveriam cobrir a cabeça de cinzas e usar cilícios. O mestre da política "religionizada" é chamado de "O Grande Lustrador" por Adam Michnik. Escreveu Michnik: "Ele tem certeza de ser o possuidor da verdade definitiva... O Grande Lustrador sabe muito bem que o mundo dos lustrados está sob domínio do mal, o qual precisa ser erradicado; os portadores do mal são pessoas más, que precisam ser desmascaradas".[34]

---

[*] "Senhor da Sabedoria", a divindade criadora no zoroastrismo (religião iraniana).

[†] Um diabo com quem Ahura Mazda briga constantemente.

"Politizar a religião" só pode significar abrir-se para a diversidade da criação de Deus, para a multiplicidade do mundo e de suas percepções, para a variedade das alegrias e dos sofrimentos humanos e para as diferentes maneiras de vivenciá-los. Essa abertura foi recomendada, em nome de Deus, "que é amor", por João Paulo II. Mas o que acontece hoje na Polônia (embora certamente não só na Polônia) é resultado da *religionização da política*, o que contradiz seus ensinamentos. Isso faz lembrar as proclamações famosas (e tão assimétricas!) de George W. Bush e Osama bin Laden de que "quem não está conosco está contra nós"; e dos confrontos entre ocupantes e terroristas em meio às ruínas do Iraque, descritos como a batalha entre o bem e o mal (ou como a "última batalha" e o apocalipse que prenuncia o Juízo Final).

Hoje há menos religião politizada do que política religionizada. Em nosso mundo intoleravelmente complicado, não é de surpreender que as pessoas sonhem com uma grande simplificação, com divisões claras e com lições inequívocas. Em vez disso, o que há são múltiplas mensagens irritantemente confusas e desnorteantes, barulhentas e contraditórias, que se entrecruzam e tentam eliminar umas às outras. Sua tarefa principal parece ser questionar o outro lado e comprometer a sua confiabilidade. Nessa situação, versões de fé estritamente monoteístas, juntamente com uma visão maniqueísta, em preto e branco, da ordem (ou melhor, do caos) das coisas parecem ser o último bastião de toda e qualquer ambiguidade: *uma* verdade, *um* caminho, *uma* fórmula certa para a vida. Cada uma dessas variedades aparece aos seus seguidores e convertidos como a única que merece confiança, e como um abrigo de certeza — a última esperança dos que buscam a pureza, a clareza e a eliminação da dúvida e da hesitação. Cada uma delas promete tesouros que o resto do mundo maldosa e obstinadamente nega: a aprovação de si mesmo, a calma espiritual, a segurança contra erros e o acerto garantido.

Fazer política à imagem de um confronto entre o bem e o mal e comparar o conflito de interesses com um duelo entre

Deus e Satanás é um método fácil de simplificar o mundo ou torná-lo "transparente". Esse método está firmemente radicado na tradição. Em certo sentido, é também uma interpretação específica (perversa) do legado do Iluminismo, que conduziu à prática abençoada de extrair sentido e lógica do caos, procedimento desejado pelas vítimas da "liquidificação" do mundo, por pessoas assoberbadas pelo caos e cansadas de desordem. Essas vítimas, com muitas outras pessoas que temem compartilhar o destino dessas vítimas, muito agradeceriam uma proposta desse tipo de procedimento. Para os políticos astutos, aí está uma oportunidade de ouro, que não se pode desperdiçar. E lugar algum é mais propício a um procedimento para desmascarar o demônio do que o campo de batalha chamado "memória".

Numa de suas palestras na Towarzystwo Kursów Naukowych (TKN Sociedade de Cursos Científicos), Adam Michnik explicou a submissão de intelectuais às autoridades em conflito com o povo citando, entre outras coisas, sua convicção amplamente compartilhada de que as leis da história são inexoráveis, a direção dos acontecimentos já foi determinada e a resistência à história produz apenas mais vítimas que, mesmo tombando ao longo do caminho, não mudarão o curso dos acontecimentos. A oposição à história seria apenas, metaforicamente falando, uma tentativa de deter um veículo enfiando um pedaço de pau entre os raios de suas rodas — um esforço fadado ao fracasso desde o início e perigoso tanto para o arteiro que tenta parar o carro como para o seu entorno. Assim, disse Michnik, numerosos intelectuais, embora cientes de que a "a violência triunfa e a vontade da maioria da sociedade está sendo violada", achavam que tinha que ser assim — que não poderia ser de outra forma, porque o resultado já tinha sido decidido, porque a história condenou a humanidade ao progresso; e "vendo as coisas objetivamente", o que quer que resista à história só pode ser resultado das artimanhas indignas e irracionais de reacionários. Portanto mais um dos "*ketmans*" observados e catalogados por Miłosz?*

Como declarou Vladimir Maiakóvski, de acordo com Stálin o maior poeta da União Soviética, o indivíduo não é nada:

> O que é um indivíduo?
> > Nenhum bem terreno.
> Um homem,
> > mesmo o mais importante de todos,
> não consegue levantar uma tora de madeira de dez metros[35]

Na verdade, se alguma coisa hoje nos perturba nessas palavras, depois de tantos anos, e num mundo totalmente diferente, é talvez, acima de tudo, sua honestidade, o fato de que os pressentimentos que temos medo de verbalizar, apesar da nossa paz de espírito e do respeito por nossos interlocutores, foram pronunciados em alto e bom som.

Pois a verdade é que, apesar de nós, os "intelectuais", os herdeiros do Iluminismo e pessoas totalmente civilizadas no sentido moderno, tendermos a todos os dias fazer nossas orações rituais perante o altar do indivíduo livre, e portanto supostamente onipotente, lá bem no fundo da alma ainda não acreditamos de fato nessa onipotência do indivíduo — ou na nossa, aliás. Paradoxalmente — mas, pensando bem, não tão paradoxalmente assim, no fim das contas —, a autoridade dos indivíduos nunca decaiu tanto como agora, nos tempos do nosso culto do indivíduo (todos os indivíduos) e dos seus "direitos humanos" (todos os direitos).

---

* Czesław Miłosz, em sua obra-prima *A mente cativa*, comparou os intelectuais que vivem e trabalham em ditaduras ao sistema religioso chamado *ketman*, descrito por Arthur Gobineau em *Religions et philosophies dans l'Asie Centrale* (1933). Praticar *ketman* é realizar uma atividade dupla: no primeiro plano submeter-se ao poder e ser dócil, mas, no segundo, de forma oculta, buscar um jeito independente de pensar. As opiniões de Miłosz sobre *ketman* são explicadas mais minuciosamente a seguir.

Tabelas estatísticas registram diligentemente o apoio mais forte a esse ou àquele partido, ou a maior popularidade desse ou daquele sabão em pó. Elas indicam quais livros são mais lidos, quais filmes são vistos com mais frequência e quais shows têm maior público. Essas tabelas despiram os indivíduos da autoridade que os pioneiros da modernidade previram e prometeram lhes dar. Os indivíduos importam, mas só quando desaparecem na multidão ou nela encontram o seu reflexo.

Em 1956, um quarto de século depois que Maiakóvski deixou o mundo por vontade própria, Günther Anders notou, sem qualquer vestígio do entusiasmo de Maiakóvski, que "o jogo prossegue, independentemente do que possamos fazer; independentemente de jogarmos ou não, ele é jogado com a nossa participação". E acrescentou, num tom ainda mais deprimente: "sairmos dele não mudará coisa alguma". Significa que o indivíduo é um zero, um nada? Pouco mais de meio século depois da morte do favorito de Stálin, o francês Pierre Bourdieu e os alemães Claus Offe ou Ulrich Beck parecem não ter qualquer dúvida nesse assunto. Embora usando palavras diferentes, fizeram a mesma observação: quanto mais livres os indivíduos, menor a sua influência sobre o desenrolar da partida. Quanto mais tolerante (indiferente?) for o mundo em relação ao que o indivíduo faz, mais fraco é o nosso controle sobre o jogo que jogamos e sobre aquele no qual somos jogados. Percebemos o mundo como um bloco gigantesco que não podemos tirar do lugar — um bloco que, além disso, é opaco e sem janelas, não nos permitindo olhar lá dentro para ver o que o torna tão pesado. Nossa opinião de que esse peso não é uma ilusão e sim uma verdade sagrada está sendo confirmada por pessoas de Varsóvia, que do alto de suas posições burocráticas repetem reiteradamente que "fazem o que fazem só porque têm que fazer", porque "não há outro jeito", porque do contrário haverá problemas, porque fazer qualquer outra coisa provocaria uma catástrofe inimaginável para o país e para a nação. Recitam isso em uníssono com aqueles de outras capitais.

Embora possam defender medidas diferentes, todos eles concordam que "Não Há Alternativa" (ver a descrição desse estado de coisas e a crítica arrasadora apresentada por Jacek Żakowski em seu *Anti-TINA*).[36]

Quanto maior o coro e mais retumbante o seu lamento, menores as chances de se entender e verificar o refrão. Ou, como sugeriu W. I. Thomas, colega de Florian Znaniecki, se as pessoas acham que uma opinião é verdadeira, ela se torna verdadeira como resultado de suas ações. Em outras palavras, quanto mais forte a crença dos indivíduos na sua falta de poder, mais difícil lhes será encontrar e usar poder dentro deles mesmos. TINA ["There Is No Alternative", "Não Há Alternativa"] é uma excelente ferramenta para limpar a consciência. E um excelente profilático: basta usá-la conscientemente e a consciência não terá qualquer chance de ficar sabendo de sua própria sujeira.

Alguns anos atrás, num período muito curto, participei dos festejos de aniversário de dois *indivíduos*: Vaclav Havel e Jacek Kuroń. Foram excelentes oportunidades para refletir mais um pouco sobre a minha ideia do papel dos "indivíduos".

Havel e Kuroń eram certamente indivíduos, *indivíduos* muito mais individuais do que outros. Apesar disso, não tinham nenhuma das coisas que parecem indispensáveis se um indivíduo quer escapar da sua suposta impotência inata. Não tinham porta-aviões, lançadores de foguete, polícia ou prisões, riqueza ou fama, produtores de televisão ou bandas de trovadores ou fãs devotos. Não apareciam na TV cercados por multidões embevecidas em adoração; seus nomes não estavam nas primeiras páginas de jornal. Mas, apesar de tudo, os dois, cada qual à sua maneira, mudaram o jogo jogado por seus compatriotas, o jogo no qual os próprios jogadores eram jogados. Provocaram essas mudanças recorrendo a apenas três formas muito primitivas de armamento, conhecidas de todos desde a Idade da Pedra: esperança, coragem e teimosia — mas recorriam a essas armas muito mais frequentemente do que eu, e provavelmente do que a maioria de nós.

Sobre a esperança, Havel costumava dizer que não deveria ser equiparada a prognóstico. A esperança não se curva devotamente a estatísticas sobre tendências, e certamente não joga a toalha quando elas lhe são desfavoráveis. Em referência a Havel, Richard Rorty recordou as palavras de Kenneth Burke: "Para saber o rumo que o futuro vai tomar, é preciso saber que músicas as pessoas estão cantando".[37] No entanto, ele citou essas palavras junto com o lema de Havel segundo o qual nunca dá para saber este ano que canção as pessoas cantarão no próximo. Lembrando disso, podemos encontrar coragem para continuar esperançosos — para nos apegarmos à esperança também conhecida como "idealismo teimoso" (assim chamada noutro lugar por Maria Janion). Vaclav Havel reuniu essa coragem, assim como Josef Lipski e Jacek Kuroń.

O bispo Chrapeck repetia teimosamente: viva de maneira a deixar rastros no mundo. Havel, Lipski ou Kuroń provavelmente especificariam que tipo de rastros deveriam ser esses, recomendando um jeito de viver que nos fizesse deixar o mundo melhor do que quando aqui chegamos. E ouvindo esse conselho eles certamente melhoraram o mundo, ainda que só um pouquinho. Conseguiram fazê-lo apesar de nenhum deles ter a expectativa de que suas esperanças fossem completamente realizadas, e apesar do fato de que sem dúvida há espaço para algumas reservas significativas sobre os frutos dessa sua teimosia (como eles mesmos reconheciam).

Mas melhoraram o mundo pelo menos o suficiente para baixar o preço que agora precisamos pagar pela esperança, pela coragem e pela teimosia. Assim, graças a eles, ficou um pouco mais fácil levar uma vida que esteja de acordo com o conselho que propagaram e eles próprios seguiram. O mundo chegou mais perto, ainda que apenas por alguns passos, de atender ao postulado de Jacek Kuroń: "A verdade (ou melhor, várias e muitas vezes contraditórias verdades) pertence a cidadãos livres". Já se aproximando do fim da vida, Kuroń pôde dizer de consciência limpa: "Basta desejar, ter uma ideia e um pouco de persistência para fazer mais uma vez alguma coisa realmente importante na nossa Polônia". E nos lembrar: "Portanto, vale a pena desejar. E vale a pena tentar. Apesar de tudo".[38]

Então talvez as reflexões sombrias de Günther Anders não impliquem necessariamente as declarações que Maiakóvski fez com o entusiasmo que seria mais adequado a um projeto inteiramente diferente?! Não, elas não implicam, se formos um Havel, um Kuroń ou um Lipski. E não implicam se os seguirmos teimosamente, e tivermos a coragem de enfrentar as consequências. É verdade que não são muitos os que estão à altura da tarefa. Duvido que eu esteja. Mas desconfio que poderia ter investido mais energia em tentar, se não tivesse dito a mim mesmo que não poderia.

Miłosz escreveu sobre *ketman* num livro intitulado *Mente cativa*. O protagonista desse livro era a mente — e todos os que exercem controle sobre ela e permitem que se torne cativa. Assim, não falava sobre a mente média — a que todos nós temos, em maior ou menor grau, e chamamos de "razão". Falava sobre a mente cuja posse é uma espécie de privilégio — a mente que, por definição, é regida apenas por uns poucos escolhidos, aqueles que escrevem e aqueles sobre os quais se escreve; a mente que, em contraste com a razão, nos ensina não o que é necessário, mas o que deveria e precisaria ser feito. Para realizar apropriadamente nossa tarefa, a razão precisa se "manter cativa": tem que ser mantida na trajetória designada sem se extraviar, e tem que impedir que se extraviem aqueles a quem ela mostra o caminho. Quanto mais fielmente obedecer aos comandos e quanto mais obediente for àqueles que estão no poder e exercem o direito de comandar, melhor essa razão servirá ao seu propósito.

Se a razão, como o Paweł de Fredro, mantém a "calma, não perturba ninguém", a mente, como Gaweł, irmão de Paweł, "inventa as brincadeiras mais malucas".* Essa é a vocação da mente, sua

---

* "Paweł e Gaweł" é uma história muito conhecida, sobre dois irmãos — um deles obediente, o outro encrenqueiro —, escrita por um dos mais destacados poetas da Polônia, Aleksander Fredro.

raison d'être. A mente precisa de liberdade; a mente respira liberdade. Assim, "mente cativa" é um *oximoro*. A que essa expressão estaria se referindo? A uma mente disfarçada de razão? A uma mente reduzida à razão (saudável, claro, saudável...)? E em nome de quê? Enganar o poder? (Nos anos 1960 em Varsóvia, no teatro estudantil Stodoła, ouvia-se a seguinte piada: "Somos governados por imbecis completos... mas falo como um meio imbecil!". E o satirista russo Voinovich definiu o realismo socialista, equivalente artístico da mente cativa, como "um elogio ao poder em termos que o poder entende".) Mas a essência do poder é não haver como enganá-lo — ou nem sequer como tentar enganá-lo — sem nos enganarmos ao mesmo tempo. Para a mente, a razão é uma pílula para dormir. Em pequenas doses diárias, é narcótico. Numa dose grande, é veneno. Mas perguntar o que a mente faz quando restringe sua liberdade inata e não a usa é como perguntar o que o vento faz quando não sopra, ou o que acontece com um rio quando ele não flui. A mente só é mente em territórios inexplorados, marcados pela razão com um aviso: *Hic sunt leones.** E isso é o máximo que conseguimos arrancar dela. Não mais que isso, é verdade, mas também não menos. E, na minha opinião, não é pouca coisa, não mesmo.

Repito: os *ketmans* são truques da *mente*. São indispensáveis para a mente que recusa a sua vocação — como o fez são Pedro antes de se tornar santo. Relacionando-os, Miłosz explicou como muitas pessoas aparelhadas com mentes tentaram (conseguiriam?) se enganar pensando que não estavam se enganando. Por mais de quatrocentos anos, "pessoas aparelhadas com mentes" têm sido chamadas de "intelectuais". Os *ketmans* são o equipamento profissional dos intelectuais, ou, melhor dizendo, um componente essencial dos seus kits de primeiros socorros.

O restante, que constitui a grande maioria, na verdade não precisa deles. Pessoas aparelhadas com a razão não percebem

---

* Expressão latina, significa "Aqui há leões" e denota uma zona selvagem ainda não explorada pelos seres humanos.

o mundo como material para a transformação criativa e, assim sendo, acham que não devem explicações às outras ou a si mesmas se resistem a transformações. O mesmo é claramente verdade para aquelas que nem sequer pensam em mudanças, para começo de conversa. Aquelas, no entanto, que acham a caverna de Platão apertada demais zombam do estilo de vida do "troglodita platônico". Incapazes de esquecer os raios de luz "lá fora", condenam como estupefaciente e desumanizante a rotina diária que os habitantes da caverna seguem sem sair da caverna. Mas essa rotina, especialmente quando praticada por tempo o bastante para se tornar um hábito, protege sua individualidade. Na verdade, a destruição do eu é o que espera os poucos bravos que ousam deixar a caverna platônica para ir um pouco além do seu limiar. Como Richard Sennett aprendeu com os padeiros de Nova York cuja vida observou atentamente durante os últimos quarenta e tantos anos, a rotina que torna o mundo imutável e entediante torna-o ao mesmo tempo seguro. Na verdade, ela torna o mundo previsível e relativamente isento de surpresas. E, embora dissolva o orgulho profissional dos padeiros, essa rotina lhes permite compor sua vida.

· 7 ·

Olhando para trás — pela última vez

É hora de refletir sobre as lições que resultam de tudo isso. E, em particular, de perguntar se é possível aprender alguma coisa da qual nós e os outros possamos nos beneficiar quando tentamos compor nossa vida. Deveria ser possível aprender algo desse tipo, mesmo porque os desafios que hoje enfrentamos são incrivelmente parecidos com os desafios enfrentados por gerações de pessoas que nasceram, cresceram e até envelheceram na República Popular da Polônia; e isso é verdade apesar do claro contraste entre os dois conjuntos de desafios. Tanto aqui como lá, o que estava em jogo era uma vida digna. Estar livre de humilhação. Tornar o mundo em que temos de viver melhor do que era ou é, e, se isso for impossível, pelo menos melhorarmos a nós próprios dentro dele. A maior preocupação era, e ainda é, levar uma vida que deixe um rastro. Marx disse que as pessoas criam sua própria história, mas o fazem em condições criadas por outros. No entanto, acaba que, independentemente das condições sobre as quais quase não têm controle, as pessoas se preocupam com, e lutam com, questões extraordinariamente parecidas enquanto criam sua própria história.

François Lyotard certa vez escreveu sobre crianças humanas (e quem de nós não é, ou não foi, uma criança humana?!): "Privada da fala, incapaz de ficar em pé, hesitante sobre os objetos do seu interesse, incapaz de calcular suas vantagens, insensível à razão, a criança é eminentemente o humano porque sua aflição anuncia e promete coisas possíveis".[1]

Ser criança significa simplesmente que tudo ainda está por vir, lá, naquele lugar secreto chamado "o futuro", cuja existência é reconhecida, mas cuja forma se desconhece; qualquer coisa pode acontecer, e se não for agora, será depois. Nada ainda pode ser tido como impossível, e nada até agora foi irrecuperavelmente perdido. O mundo do *possível* é ilimitado, e mesmo que tivesse limites seria difícil dizer onde ficam e como encontrá-los. Todo desejo tem a mesma chance de ser atendido, e não há sentido em tentar avaliar riscos e ganhos em meio às infinitas possibilidades ainda não testadas. O vocabulário das crianças não tem recursos para distinguir entre o que é "real" e o que não passa de sonho, ou entre uma "expectativa racional" e a pura fantasia (foram adultos que fizeram essa distinção). Múltiplos caminhos aguardam os nossos pés, e cada um nos chama, nos instiga, nos tenta a experimentá-lo; assim também os lugares para os quais essas estradas provavelmente levam e os estilos nos quais podemos viajar. Ser criança é não ter "passado", cuja principal característica é que ele nos vincula, nos agarra pelo pescoço, nos captura, sem dar esperança de libertação; mas também que temos múltiplos "futuros" que prometem desatar todos os laços e romper todas as correntes. Ser criança é ser livre de um endereço permanente, mas ter um bilhete com data em aberto, válido para a viagem. Em outras palavras, infância significa *possibilidades infinitas*.

A possibilidade deve ser conduzida à realidade e tornar-se realidade; tem que ser persuadida — convencida, tentada, forçada — a deixar de ser o que foi até aquele ponto: "apenas uma possibilidade". Essa assistência (ajuda? violência?) geralmente recebe o nome de criação ou educação. Seu objetivo é a maturidade: *o fim da infância*. Para nos tornarmos plenamente *humanos*, precisamos primeiro deixar de ser criança. Para um adulto, o termo "infantil" é um insulto, e falar do comportamento infantil de

Olhando para trás — pela última vez

uma pessoa adulta é afronta, ato de desrespeito ou de condenação. Um "adulto" é alguém que não-é-mais-criança. Mais exatamente, um ser destituído de quaisquer possibilidades exceto aquela que se tornou realidade. A mais valiosa das possibilidades que os educadores tentam transformar em realidade é a escolha de um só caminho, direto e claro, em meio à perturbadora infinidade de perspectivas e de bifurcações desnorteantes. Devemos seguir esse caminho sem nos extraviarmos nem olharmos para os lados, protegendo-nos assim de cruzarmos uma fronteira impenetrável — e difusa, portanto traiçoeira — entre realidade e fantasia. Essa fronteira é preciosa para supervisores da ordem social e para filósofos, os guardiães da ordem mental.

Ganhamos alguma coisa no processo de crescer e amadurecer: a capacidade de diferenciar entre *comme il faut* e *comme il ne fau pas*[2] — entre o permitido e o proibido, o aprovado e o condenado, entre "você tem que fazer" e "você pode até ficar impune", entre "cuidado com isso" e "se você fizer isso já era". Ainda que esses ganhos signifiquem perder a liberdade, subordinar-se, ser tornado obediente, humilde e dócil, ganhamos uma vida em paz e tranquilidade de espírito. Pessoas maduras conhecem o seu lugar e ficam nele, resistindo à tentação de enfiar o nariz ou os dedos onde não deveriam. Foi assim na Primeira, na Segunda, na Terceira e na Quarta Repúblicas. Foi assim na República Popular da Polônia, postumamente reconhecida como um buraco na história.

Também é fácil perder alguma coisa no processo de crescer e amadurecer: a ousadia e a teimosia, o desejo e a coragem de dizer "não", a tendência a rejeitar as coisas como são só porque elas são o que são e insistem que não poderiam ser diferentes. A audácia de recusar a cenoura e a coragem de ignorar o relho... A dignidade da resistência — a resistência a ser "posto em seu lugar", tratado bruscamente, ou com desprezo, tiranizado, amedrontado, ignorado, descartado. Em suma: podemos perder a *dignidade humana*.

"Não é permitido deixarmos o mundo do jeito que está",[3] escreveu Janusz Korczak em seu caderno, possivelmente para ter certeza de que esse mandamento ditasse suas ações. Józef Tischner escreveu um lembrete diferente: "Vamos parar de acertar contas com o mundo e começar a acertar contas com nós mesmos".[4] Parecia uma réplica. Mas era mesmo uma réplica? Uma expressão de oposição? Apesar das aparências, parece que não. Deixa de contrastar com o apelo de Korczak quando se acrescenta outra observação, também anotada por Tischner: a de que a "liberdade não nos vem de um livro; a liberdade nos vem como resultado do encontro com outra pessoa — uma pessoa que é livre".[5] Como pensador, Tischner era excepcionalmente consistente. Era consistente até mesmo nas descrições e vivissecções da inconsistência, desse constante defeito humano ao qual ele voltava com frequência em seus escritos — ao qual tratava com tristeza, mas também com característica sabedoria e compreensão dos seres humanos e seu destino.

Quando colocamos uma coisa ao lado da outra, surge uma mensagem harmoniosa e inequívoca, uma mensagem que de forma alguma contradiz o ditado de Korczak: acertemos contas conosco e não com o mundo em relação ao fato de que nem sempre conhecemos pessoas que sejam livres. Acertemos contas conosco, porque as pessoas que nos conheceram claramente não ficaram mais livres porque nos conheceram. Acertemos contas conosco mais ainda pelo fato de que não somos suficientemente livres. Se fizermos isso, o mundo deixará de ser como é; não será mais o mundo no qual é raro, muito raro, penosamente raro, conhecermos pessoas que sejam livres. Em outras palavras: não deveríamos acertar contas com o mundo em vez de acertar contas conosco. De outro lado, não há como acertarmos contas conosco sem também acertarmos contas com o mundo.

Não deixaremos o mundo do jeito que é se não nos deixarmos do jeito que somos. E de forma alguma deveríamos nos deixar "como somos", porque o mundo sofreria; porque o nosso acerto de contas com nós mesmos não traria grandes benefícios. O círculo se fecha. "Ninguém pode ser completamente livre se estiver cercado por pessoas escravizadas", diz

Tischner. "O limite certo da nossa liberdade não é, como se costuma dizer, a liberdade de outra pessoa, mas a escravização dessa pessoa"; "A libertação de alguém começa dentro. Mas não pode começar se a pessoa não encontra a liberdade de outra e não fica encantada e empolgada com isso".[6]

Mas o que é essa coisa, essa liberdade, que Tischner disse ainda que "colocaria em primeiro lugar [...] entre todos os valores apreciados na Polônia"? Essa pergunta pode ter muitas respostas se consultarmos exaustivamente o conteúdo das bibliotecas, mas Josip Brodsky, o pensador e poeta que teve um destino semelhante ao nosso, parece mais perto da essência das coisas quando diz que livre é a pessoa que "não reclama quando experimenta a derrota"; que, em outras palavras, *assume a responsabilidade por suas ações e pelas consequências de suas ações*. Aqueles que não fogem da responsabilidade e não tentam se proteger dela atrás de alguém que tem costas mais largas do que as suas, e que não rebatem a acusação de deserção e covardia dizendo "recebi ordens para", "tive que" ou "eu não poderia fazer de outro jeito". Aqueles que em suas próprias ações se opõem à perversa sugestão que Fiódor Dostoiévski pôs na boca do Grande Inquisidor, de que "o homem não é atormentado por nenhuma ansiedade maior do que a de encontrar rapidamente alguém a quem possa entregar o dom da liberdade com o qual nasceu a infeliz criatura".[7]

Mas o que significa, então, assumir a responsabilidade pelas consequências das nossas ações? De que consequências estamos falando? Obviamente falamos do impacto que nossas ações, ou nossa inação, terão no destino de outras pessoas. Porque, seja o que for que façamos — e sejam quais forem as ações que evitamos praticar —, isso muda as circunstâncias nas quais as pessoas à nossa volta atuam: transforma a série de metas que elas podem razoavelmente estabelecer para si mesmas, assim como os meios que podem usar para atingir essas metas.

Isso ocorre independentemente de termos pensado em tal coisa ou de estarmos cientes da interdependência dos nossos destinos; de percebermos que, assim como as ações de *outras* pessoas influenciam o *nosso* destino, *nossas* ações e *nossa* inação fazem parte do destino *delas*. Percebendo ou não, querendo ou não que seja assim, somos responsáveis por tudo o que acontecerá a todos nós, juntos. Mas enquanto não levarmos em conta esse fato, e enquanto continuarmos a nos comportar como se não fosse assim, tanto nós como aqueles que estão à nossa volta somos, por assim dizer, "joguetes do destino". Não somos livres. A libertação só vem quando decidimos transformar destino em vocação; quando, em outras palavras, assumimos responsabilidade pela responsabilidade que de qualquer maneira é nossa, e da qual não podemos nos libertar — que podemos no máximo esquecer ou trivializar, garantindo que nossa lembrança dessa responsabilidade não guie nossas ações e com isso favoreça a escravização em detrimento da liberdade.

Assumindo responsabilidade por essa responsabilidade sobre o destino de outros — que carregamos, quer aceitemos ou não, quer saibamos ou não —, abrimos os portões para a liberdade. Mas os abrimos também para o risco de erro, pelo qual nos culparemos e nos castigaremos de agora em diante. Juntamente com a aceitação do risco de *erro*, risco sem o qual a liberdade nunca virá, nós abrimos os portões também para que nossa *consciência* funcione, a partir de agora, como nosso juiz — o juiz que ao mesmo tempo investiga e dá a sentença, severo e incorruptível, e de cujos veredictos não conseguimos escapar explicando que foi outra pessoa ou nossa própria ignorância que nos forçou a fazer o que fizemos, ou nos impediu de fazer o que deveríamos ter feito.

· Notas ·

Introdução (*pp. 7-14*)

1. Zygmunt Bauman, Roman Kubicki e Anna Zeidler-Janiszewska, *Humanista w ponowoczesnym świecie: Rozmowy o sztuce życia, nauce, życiu sztuki i innych sprawach* (Um humanista no mundo pós-moderno: Conversas sobre a arte da vida, ciência, a vida da arte e outros temas). Poznań: Zyska i ska, 1997.

2. A primeira nota não tem data, mas a segunda foi escrita em 3 de janeiro.

3. A análise das diferenças entre as versões em inglês e em polonês das memórias de Zygmunt Bauman merece mais espaço e será tema de um artigo acadêmico.

4. Janina Bauman, *Winter in the Morning: A Young Girl's Life in the Warsaw Ghetto and Beyond 1939-1945*. Bath: Chivers Press, 1986-7. [Ed. bras.: *Inverno na manhã: Uma jovem no Gueto de Varsóvia*. Trad. de Carlos Alberto Medeiros. Rio de Janeiro: Zahar, 2005.]

5. Para mais informações sobre a influência do livro de Janina Bauman na obra e na vida de Zygmunt Bauman, ver Izabela Wagner, *Bauman: Uma biografia* (Trad. de Carlos Alberto Medeiros. Rio de Janeiro: Zahar, 2020) e "Janina and Zygmunt Bauman: A Case Study of Inspiring Collaboration" (in: J. Palmer e D. Brzeziński (Orgs.). *Revisiting Modernity and the Holocaust: Heritage, Dilemmas, Extensions*. Abingdon, UK: Routledge, 2022).

6. Janina Bauman traduziu esse texto lindamente para o polonês; o original está guardado nos Papers of Janina and Zygmunt Bauman, nas Coleções Especiais da Universidade de Leeds.

1. A história de mais uma vida? (*pp. 15-46*)

1. Milan Kundera, *Testaments Betrayed*. Nova York: HarperCollins, 2004, p. 92. [Ed. bras.: *Os testamentos traídos: Ensaios*. Trad. de Rubens Figueiredo. São Paulo: Companhia das Letras, 2017.]

2. Este fragmento (citado em polonês) pode ser trecho de uma carta de Ossowski para Bauman.

3. Para mais sobre o tema, ver Janina Bauman, *Nigdzie na tej ziemi* (Łódź: Wydawnictwo Officyna, 2011, pp. 51-2).

4. Ver Maria Dąbrowska, *Dzienniki powojenne*, v. III: *1955-1959*. Varsóvia: Czytelnik W-wa, 1996, p. 111. Quando nenhuma referência bibliográfica em inglês é fornecida para trecho citado, trata-se sempre de passagem originalmente em polonês traduzida por Katarzyna Bartoszyńska para o inglês [e daí para o português].

5. Ibid.

6. Jean Baudrillard, *Seduction*. Nova York: St Martin's Press, 1990, pp. 131-2. [Ed. bras.: *Da sedução*. Campinas: Papirus, 1991.]

7. Kundera, op. cit., pp. 174-5.

8. Wisława Szymborska, "Some People Like Poetry". *The New Republic*, 28 out. 1996.

9. Apud Dąbrowska, *Dzienniki powojenne*, p. 135, 2 jul. 1956.

10. Kundera, op. cit., p. 220.

11. O trecho se encontra no capítulo 2 deste livro.

12. Bauman reproduz suas próprias palavras do texto que é o capítulo 2 do presente livro.

13. Bauman se refere ao artigo de Roland Barthes "Écrivains et écrivants", de 1960, publicado em *Essais critiques* (Paris: Seuil, 1964, pp. 147-54 [Ed. port.: *Ensaios críticos*. Lisboa: Edições 70, 2009]). Jean-Charles Falardeau explica a diferença entre *écrivains* (escritores) e *écrivants* (autores) da seguinte forma: para os primeiros, escrever é verbo intransitivo, ao passo que os últimos são homens transitivos ("*L'écrivain est celui pour qui écrire est un verbe intransitif, celui qui 'travaille sa parole et s'absorbe fonctionnellement dans ce travail'. Il se distingue de l'écrivant, lequel est un homme transitif, 'celui qui pose une fin — témoigner, expliquer, enseigner' — dont la parole n'est qu'un moyen*" ["O escritor é aquele para quem escrever é um verbo intransitivo, 'o que lapida sua fala e nesse trabalho fica funcionalmente absorvido'. Ele se distingue do autor, que é um homem transitivo, 'aquele que estabelece um objetivo — testemunhar explicar, ensinar' — e cuja fala é somente um meio"]). Ver Falardeau, "Écrivains et écrivants". *Liberté: Art & Politique*, v. 3, n. 5 (17), 1961, p. 712. Acessado em: <www.erudit.org/fr/revues/liberte/1961-v3-n5-liberte 1026915/30110ac.pdf>.

14. Esta frase é uma metáfora da vida dos livros, enquanto o progresso da civilização, no que diz respeito às vidas humanas, é medido pela redução da mortalidade infantil e pelo aumento da longevidade.

15. [Os títulos se traduzem respectivamente por *A nós, liberdade!* e *Depois de nós, liberdade!*] Para mais informações sobre este quadro, ver <www.tate.org.uk/art/artworks/constant-after-us-liberty-t03705>.

16. Romana Kolarzowa, "Pani Dulska Polskę zbawi" ("A sra. Dulska salvará a Polônia"). In: Anna Jamroziakowa (Org.). *Rewizje, kontynuacje*. Poznań: Wyd. Humaniora, pp. 121-39, 1997, p. 129.

17. Maria Dąbrowska, *Dzienniki powojenne*, vol. vi: *1914-1965*. Varsóvia: Czytelnik W-wa, 2009, nota de 27 out. 1948, p. 111.

18. Kolarzowa, "Pani Dulska Polskę zbawi", p. 130.

19. Aqui Bauman criou palavras e também empregou velhas expressões de gíria — jogava muito com a língua e seus sons. Esta frase no original polonês é: "*Nurzam się w języku, beltam-barachtam*".

2. De onde venho (*pp. 47-87*)

1. Para mais informações [sobre a presença e herança judaicas em cidades da antiga República das Duas Nações], ver <https://sztetl.org.pl/en/towns/A>.

2. Para mais informações ver Izabela Wagner, *Bauman: Uma biografia*.

3. Essa importante frase é construída a partir de duas versões: do inglês, até "melhor dizendo", e depois do polonês. A versão posterior começou com "Uma porção significativa dessa intelligentsia de cidade pequena era de 'ascendência judaica'". Isso reflete a questão crucial e a tensão na categorização de "judeu", "judaico-polonês", "judeu polonês" ou "polonês judeu". Estendi-me sobre isso em *Bauman: Uma biografia*, mas vou me concentrar nas diferenças significativas contidas na identidade e na percepção de poloneses judeus ou judeus poloneses nos escritos privados de Bauman em duas línguas em texto específico.

4. Na versão polonesa, Bauman escreveu que foi em Wolsztyn, a cerca de oitenta quilômetros de distância.

5. Mais sobre Tosia e a razão de ela não ter emprego pode ser encontrado em Wagner, *Bauman: Uma biografia*, capítulo 2.

6. Em polonês, Bauman escreveu *Żydek*.

7. Para a família de Bauman em 1968, ver Wagner, *Bauman: Uma biografia*, capítulo 8.

3. O destino de um refugiado e soldado (*pp. 89-130*)

1. Para a história de Izbica, ver <https://sztetl.org.pl/en/node/291/99-history/137382-history-of-community>.

2. *The Wandering Jews*. Nova York: Norton, 2001. [Ed. bras.: *Judeus errantes*. Trad. de Simone Gonçalves. Belo Horizonte: Âyiné, 2020.]

3. Ibid., p. 113.

4. Ibid., p. 114.

5. Sobre essas percepções diferentes, ver Jan Gross, *Żydzi i Sowieci. Opowieści kresowe 1939-1941*. Cracóvia; Budapeste; Siracusa: Austeria, 2020.

6. A. Żbikowski, "Pogromy i mordy ludności żydowskiej w Łomżyńskiem i na Białostocczyźnie latem 1941 roku w świetle relacji ocalałych Żydów i dokumentów sądowych". In: P. Machcewicz e K. Persak (Orgs.). *Wokół Jedwabnego*, v. i. Varsóvia: ipn, p. 262.

228 Minha vida

7. Ver M. Bartniczak, "Ze starych I nowych dziej. W Ostrowi Mazowieckiej. Nazwa, Herb i geneza miasta". *Ziemia*, 1972, pp. 52-74. Acessado em: <ziemia. pttk.pl/Ziemia/Artykul_1972_006.pdf>.

8. Ver <https:// judaism_enc.en-academic.com/17999/SHEMAIAH> para mais informações.

9. Para mais informações, ver Izabela Wagner, *Bauman: Uma biografia*, capítulo 4.

10. Bauman escreveu "Pérsia" no original, porém em 1942 já não era Pérsia, mas Irã: em 1935, o país solicitou a todas as suas relações diplomáticas que assim o chamassem. (Agradecimentos a Paulina Bozek pela informação.)

11. Bauman escreveu usando a transliteração polonesa.

12. Jerzy Urban, "Od lachociągu do rurociągu". NIE, n. 16, 2007.

4. Amadurecimento (*pp. 131-69*)

1. Vladimir Maiakóvski, *Poems*. Moscou: Progress, 1972.

2. Czesław Miłosz, *Wyprawa w dzudziestolecie* (Uma excursão pelos anos 1920 e 1930). Cracóvia: WL, 1998, p. 6. (Z. B.)

3. *Polish Jews (1947-1950): A Social Analysis of Postwar Polish Jewry*, de Irena Nowakowska, foi publicado em Israel somente em 1986 (em Jerusalém, pelo Centro Zalman Shazar) e na Polônia apenas em 1996 (por Wydawnictwo IFiS PAN, a editora da Academia Polonesa de Ciências). Foi sua tese de doutorado, defendida em 1950, mas, por razões políticas, impossível de ser publicada antes das mudanças de 1989.

4. Małgorzata Melchior, *Zagłada a tożsamość*. Varsóvia: IFiS PAN, 2004. A autora desenvolve a obra de Irena Hurwic-Nowakowska (ver o obituário de Hurwic--Nowakowska, *Studia Socjologiczne*, 2006, p. 181. Acessado em: <www.studiaso-cjologiczne.pl/img_upl/studia_socjologiczne_2006_nr2_s.13_17.pdf>).

5. A versão polonesa, mais breve, citada por Bauman, é: Joanna Beata Michlic e Emanuel Tanay, "Passport to life". In: Marian Turski (Org.). *Losy żydowskie Świadectwa żywych*. Varsóvia: Of.Wyd. "ADIUTOR", 1996, p. 66; o original apareceu em inglês como: Joanna Beata Michlic, *Poland's Threatening Other: The Image of the Jew from 1880 to the Present*. Lincoln: University of Nebraska Press, 2006, p. 190. Ver especialmente capítulo 5, sobre as percepções de judeus durante a ocupação alemã.

6. Adolf Rudnicki, *Wniebowstąpienie: Ucieczka z Jasnej Polany; Regina, Regina Borkowska*. Varsóvia: Iskry, 1985.

7. Jerzy Jastrzębowski, "Differing Ethical Standpoints". In: Antony Polonsky (Org.). *My Brother's Keeper: Recent Polish Debates on the Holocaust*. Londres: Routledge, 1990, p. 120. (A nota no original polonês diz: Zob. Zygmunt Bauman, *Nowoczesność i Zagłada*, Warszawa 1992, s. 277, tłum. Franciszek Jaszuński.)

8. Para mais informações sobre dissonância cognitiva, ver o estudo fundamental conduzido por Leo Festinger e seus colaboradores nos anos 1950 e publicado como livro sob o título de *When Prophecy Fails: A Social and Psycho-*

Notas 229

logical Study of a Modern Group that Predicted the Destruction of the World, escrito em coautoria por Henry Ricken e Stanley Schachter (Nova York: Harper--Torchbooks, 1956).

9. A citação feita por Bauman e atribuída a Szaynok na verdade é uma citação de Jan T. Gross. Na versão inglesa de *Fear*, Gross escreveu: "Os judeus também foram assassinados diretamente por poloneses que queriam ficar com suas propriedades" (*Fear: Anti-Semitism in Poland after Auschwitz, An Essay in Historical Interpretation.* Princeton University Press, 2006, p. 40). Esta citação é diferente da feita por Bauman: "propriedades judaicas mudaram de mãos durante a guerra". As diferenças devem ser abordadas. A primeira citação (feita por Gross) acusa diretamente os poloneses; a segunda (por Szaynok) fala em "tom neutro": as mercadorias mudaram de proprietário — não sabemos por que, nem como, ou quem é o novo proprietário. (Este exemplo é um dos numerosos casos de escrita cautelosa em polonês sobre esse tema sensível nas relações entre judeus e poloneses.) Autores e editores costumam praticar autocensura, provavelmente para evitar repercussões que na Polônia poderiam levar a um processo judicial (a lei que pune autores que conspurcam o bom nome da nação polonesa entrou em vigor em 2018, mas mesmo antes disso historiadores vinham sendo acusados de caluniar a nação). Para mais informações sobre as consequências desta lei, ver <www.wsws.org/en/articles/2021/02/11/pole-f11.html>. Cheguei a versão polonesa de *Fear* e há muitas mudanças (o livro foi traduzido por Gross ou, melhor dizendo, ele o "reescreveu", como me disse numa conversa privada). O título deste subcapítulo também é diferente, com "vizinho polonês" substituído por "pessoas privadas" ("A apropriação de propriedade judaica por pessoas privadas"). Bauman provavelmente leu a versão polonesa do livro, e com certeza também leu artigos surgidos na imprensa polonesa depois da publicação de *Fear*. Foi um "acontecimento nacional" amplamente discutido. Bożena Szaynok foi citado várias vezes por Gross — não na seção intitulada "A apropriação de propriedade judaica por vizinhos poloneses", mas em outros pontos do livro (que tratam de outros assuntos).

Ainda que, aqui, Bauman atribua incorretamente a autoria da frase que cita de *Fear*, Szaynok poderia ser o autor de declaração semelhante. No original traduzido aqui (bem como em artigos para a imprensa que Bauman publicou em polonês), em vez de uma referência precisa, ele nos dá uma referência genérica à obra de Szaynok: "Ver Szaynok: 'The Role of Antisemitism in Postwar Polish--Jewish Relations'. In: Robert Blobaum (Org.). *Antisemitism and Its Opponents in Modern Poland*. Cornell: UP, 2005, pp. 265-83".

Quando Bauman usa o termo "colapso moral" está fazendo uma citação de Jan T. Gross, da edição polonesa de *Fear*, que é mais longa pela frase adicional: "a história de colapso moral".

10. Ver o semanário *Kuźnica*, 30 set. 1946. (Z. B.)

11. Janina Bauman, *Beyond These Walls: Escaping the Warsaw Ghetto, A Young Girl's Story*, Virago: 2006, p. 250. (Z. B.)

12. Bereś publicou *Pół wieku czyśćca: Rozmowy z Tadeuszem Konwickim* (Meio século de purgatório), sob o pseudônimo de Stanisław Nowicki (Londres: Aneks, 1987; Varsóvia: Przedswit, 1987; Varsóvia: Oficyna Wydawnicza

Interim, 1990; Cracóvia, 2002; traduzido em francês como *Un demi-siècle de purgatoire*, Paris: Noir sur Blanc, 1993).

13. Apud Anna Bikont e Joanną Szczęsną, *Lawina i Kamienie*. [Varsóvia:] Prószyński i Ska 2007, pp. 82-3. (Z. B.)

14. Friedrich Nietzsche in: Adrian Del Care e Robert Pippin (Orgs.). *Thus Spoke Zarathustra*. Cambridge: Cambridge University Press, 2006, p. 111. [Ed. bras.: *Assim falou Zaratustra*. Trad. de Paulo César de Souza. São Paulo: Companhia de Bolso, 2018.]

15. Apud Anna Bikont e Joanną Szczęsną, op. cit., p. 91. (Z. B.)

16. Ver Michael Newman, *Ralph Miliband and the Politics of the New Left*. Nova York: Monthly Review Press, 2003.

17. Celina Budzyńska, *Strzępy rodzinnej sagi*. Varsóvia: Żydowski Instytut Historyczny 1997, p. 453. (Z. B.)

18. Ibid. (Z. B.)

19. Para mais informações sobre esta formação militar específica, ver Izabela Wagner, *Bauman: Uma biografia*, capítulo 6.

20. *Forbidden Songs* foi um filme famoso, mas as sessões para o público em geral começaram quase um ano depois da passagem de Bauman por Białystok. Para mais informações, ver Wagner, *Bauman: Uma biografia*, capítulo 6.

21. Faz-se necessária uma monografia sobre as unidades do KBW. Era uma instituição dinâmica e complexa, de forma alguma executora cega dos desejos de Stálin, como costuma ser apresentada pela maioria dos historiadores.

22. Para mais informações, ver Y. Rapoport, *The Doctors' Plot of 1953*. Cambridge, Mass.: Harvard University Press, 1991.

23. "O Comitê Central discutirá e examinará o assunto cuidadosamente para evitar erros e excessos", citação do discurso de Nikita Khrushchev [em 24-25 fev. 1956]. Acessado em: <https://novaonline.nvcc.edu/eli/evans/HIS242/Documents/Speech.pdf>. No entanto, no original polonês Bauman usa a versão polonesa do discurso, popularizada também por Władysław Gomułka, o líder polonês eleito em outubro de 1956; essa versão traz o termo *okres błędów i wypaczeń*, que funciona como conceito descrevendo o "período de erros e distorções". Era uma expressão polonesa amplamente usada em 1956, e ainda está presente no vocabulário que descreve o stalinismo. A palavra "erros" é adequadamente traduzida, mas *wypaczen* ("distorção") foi alterada da tradução original do discurso — lá era *przegiec* ("inflexões"). Esses termos substituíram a palavra "crimes". Para mais informações, ver Robert Kupiecki, "Od VIII Plenum do VIII Plenum 1953-1956. Odchodzenie od kultu Stalina w Polsce". *Kwartalnik Historyczny*, R99, n. 2, 1992. Acessado em: <https://rcin.org.pl/Content/3711/PDF/WA303_3934_KH99-r1992-R99-nr2_Kwartalnik-Historyczny%2005%20Kupiecki.pdf>.

24. Adam Mazur e Łukasz Gorczyca resenharam um monumental livro de fotografias sobre o MDM, "peça exemplar de realismo socialista [...] de claras influências de estilos estéticos pré-guerra de vanguarda construtivista e de pictorialismo", em que, "além de imagens de operários trabalhando e de artistas decorando edifícios do MDM, há também fotos expressivas e modernas de máquinas, dos canteiros de obras e da própria arquitetura". Para mais informações, ver <https://culture.pl/en/work/mdm-marszalkowska-1730-1954>.

25. No original, as citações eram: *"półfeudalna struktura Polski została złamana"* (a estrutura feudal da Polônia foi quebrada) e *"robotnicza i chłopska młodzież zapełnia uniwersytety"* (a juventude operária e camponesa enche as universidades). Czesław Miłosz, "nie". *Kultura. Szkice. Opowiadania. Sprawozdania*, Paris, v. 5, n. 43, p. 4, 1951.

26. No original está *"na kimś, kto rozumiał dynamikę przemian zachodzących w Polsce, spory kilkuosobowych stronnictw (emigracyjnych, ZB) robiły wrażenie bezużytecznej zabawy, a same postacie tych polityków wyglądały na figury z wodewilu"* ("para alguém que entendesse a dinâmica das mudanças que ocorrem na Polônia, as disputas dos vários partidos [exílio, ZB] davam a impressão de distração inútil, e os próprios personagens desses políticos pareciam figuras de vaudeville"). Ibid., p. 4.

27. Albert Camus, *The Plague*. Nova York: Vintage Books, 1991, p. 297. [Ed. bras.: *A peste*. Trad. de Valeria Rumjanek. Rio de Janeiro: BestSeller, 2008.]

28. Ibid., p. 308.

29. Primo Levi, *If This Is a Man*. Nova York: Orion Press, 1959, pp. 101, 41. [Ed. bras.: *É isto um homem?*. Trad. de Luigi del Re. Rio de Janeiro: Rocco, 2013.]

30. A ser publicado em inglês dentro em breve pela Polity. In: Mark Davis et al. *Zygmunt Bauman*: *Selected Writings*, v. ii: *History and Politics*. Cambridge: Polity, 2023.

31. Zygmunt Bauman, "Notes beyond Time". In: D. Brzeziński et al. *Culture and Art*. Cambridge: Polity, 2021.

32. Bauman, "O frustracji i kuglarzach". *Kultura*, n. 12, pp. 5-21, 1969.

33. Muito provavelmente Bauman se refere à carta enviada em 2005, quando ainda tentava descobrir onde os documentos solicitados estavam guardados.

34. Isso provavelmente ocorreu no começo de 2000, pois o ipn foi criado em 1999. Finalmente, em 2014-5, trabalhando nos arquivos do ipn para *Bauman: Uma biografia*, encontrei as preciosas caixas contendo alguns documentos e outros manuscritos digitalizados. Enviei as informações para Zygmunt Bauman, e suas filhas, depois de um longo processo burocrático, recuperaram as cópias em 2019.

35. Bauman muito provavelmente cita esse poema da *Gazeta Wyborcza*, publicado em 2006, em 2 de setembro, e o artigo de Anna Bikont e Joanna Szczesna sobre *lustracja pisarzy* checando o passado dos autores — um elemento da chamada "descomunização" ou "caça às bruxas". Woroszylski, autor do poema, foi vítima desse tratamento dado por jornalistas de direita (ver <https://wyborcza.pl/7,76842,3589766.html>). Bauman conheceu Woroszylski porque este publicou vários artigos dele no fim dos anos 1950 na revista *Po Prostu*. Woroszylski foi editor dessa importante revista durante o Degelo de Outubro (1956). Era um comunista engajado, e, até certo ponto, Woroszylski e Bauman tinham muitas coisas em comum (engajamento, críticas ao comunismo, revisionismo). O poema é sobre o passado comunista e a experiência que não havia como negar, parte dos antecedentes compartilhados dessa particular geração de judeus poloneses nascidos nos anos 1920.

5. Quem sou eu? (*pp. 171-9*)

1. O dia em que Bauman entrou pela primeira vez no Ginásio Berger e foi vítima de segregação racial (ver capítulo 2; para mais informações, Izabela Wagner, *Bauman: Uma biografia*, capítulo 2).

2. Ver "We, Polish Jews". In: Lisa-Maria Hiemer et al. (Orgs.). *Handbook of Polish, Czech, and Slovak Holocaust Fiction*. Oldenbourg: De Gruyter, 2021. Acessado em: <www.degruyter.com/document/doi/10.1515/9783110671056-108/html>; ibid., "Polish Flowers" [poema].

6. Antes que escureça (*pp. 181-217*)

1. Jean Améry, *At the Mind's Limits: Contemplations by a Survivor on Auschwitz and Its Realities*. Bloomington: Indiana University Press, 1980, p. 47.

2. Ibid., p. 42.

3. Ibid., p. 47.

4. Ibid.

5. Ibid.

6. Ibid., p. 48.

7. Ibid., pp. 51-2.

8. Ibid., p. 52.

9. Ibid., p. 53.

10. Ibid., p. 57.

11. Ibid., p. 58.

12. Ibid., p. 51.

13. Ibid., p. 60.

14. Henryk Grynberg, *Uchodzcy*. Wolowiec: Czarne, 2018.

15. Bauman cita o título de um poema do poeta futurista polonês Bruno Jasieński, "foneticamente grafado "Nuż w bżuhu" ("Uma faca no estômago", 1921). Bauman cometeu erros nessa grafia "futurista", ao passo que no original polonês escreveu *norza w bżochu*, na declinação certa. Em seu poema, Jasieński "polemicamente demandava o direito de '*pis in all colors!*'". Ver Sascha Bru, *European Avant-Gardes: 1905-1935. A Portable Guide*. Edimburgo: Edinburgh University Press, 2018, p. 16).

16. O Lênin que Žižek coloca num pedestal provavelmente relegaria a revolução conclamada por Žižek à categoria — por ele considerada com desprezo e zombaria — de *Kathedersozialismus*. Mas esse assunto é lá com Žižek e Lênin, e, como tenho pouco respeito por qualquer dos dois, para ser honesto, não me importo muito, nem estou particularmente preocupado.

Os salões de Žižek se multiplicaram pela Europa; toda capital que se prezasse tinha alguns. Para os chamados intelectuais, ou aqueles que ocupavam escritórios abandonados por intelectuais e esqueceram de remover inscrições anteriores da porta, Žižek serve como canal para direcionar o sangue ruim que eles experimentam vindo das pontadas de uma consciência culpada. É preciso reconhecer que ele desempenha brilhantemente esse papel, pois seus gritos militantes são tão incoerentes quanto aquelas pontadas. O mais importante é que,

Notas

graças à sua existência, sabemos (em 2007 d.C., mas o pensamento de quem vai além disso hoje?) quais são as citações que devem ser espalhadas por nossos artigos como prova de engajamento intelectual. Papel semelhante foi desempenhado, em sua própria época, na Inglaterra — para meu desencanto, mas também para minha grande diversão —, pelo hoje quase completamente esquecido Louis Althusser. Parafraseando Voltaire, podemos dizer que, se Lady Žižek não tivesse dado à luz um filho, os intelectuais teriam que inventá-lo. Prevejo que a moda Žižek passará da mesma maneira que passou a moda Althusser. Mas me abstenho de prever para a pessoa de Žižek um destino semelhante ao de Althusser. [Louis Althusser matou a mulher e foi internado num hospital psiquiátrico.]

Mas há também números crescentes de salões intelectuais (redações, conferências, debates televisivos à noite) — aqueles que ainda não têm mestrado, doutorandos que ainda não têm seu primeiro emprego e ainda não deram um primeiro mergulho profundo neste "tipo de mundo (ainda não nosso)", e que está repleto de pistas falsas, mas também de abundantes luzes piscantes fortes e coloridas, e todas elas acenam, porque nenhuma foi visitada ainda... É pensando nelas que surge a minha convicção de que Žižek está brincando com fogo.

A moléstia que Pitirim Sorokin diagnosticou como a doença profissional dos sociólogos — essa mistura de amnésia coletiva e complexo de Colombo — em nossa realidade líquido-moderna já é uma epidemia amplamente disseminada. Apesar daqueles que em nosso tempo percebem a virtude da "reflexividade", vivemos numa cultura não de lembrança, mas de esquecimento. Alguns esquecem que, entre outras coisas, foi porque a República Popular da Polônia os livrou da "idiotice da vida rural", lhes deu uma instrução negada aos seus pais e mães, lhes ensinou a pensar em si mesmos como a "classe dominante" e a considerar a humilhação e a falta de respeito como um insulto e um dano que exigem vingança, que eles hoje são capazes de escrever tratados eruditos sobre a perversidade das intenções que serviram de farol para a ideia de uma "Polônia Popular". E outros esquecem os becos sem saída, os terrenos baldios e os pântanos inundados de sangue produzidos a partir das ideias de filosofia leninista que nasceram das intenções do Iluminismo — e estão prontos a começar tudo de novo (convencidos, claro, com a ajuda de Žižek, de que desta vez se sairão melhor — mais efetivamente, embora não necessariamente com mais delicadeza).

Camus nos ensinou e alertou (muito embora, como se pode ver, não tenha conseguido nos ensinar e alertar de forma eficiente) que, na verdade, estupro, crueldade e assassinato não são novidade na história humana — no entanto, a descoberta da nossa própria sociedade é o sequestro, a crueldade e o assassinato cometidos sob a bandeira da liberdade, da igualdade e da fraternidade, e de outras ideias igualmente elevadas. O eixo da estratégia leninista, em torno da qual giravam sua filosofia e sua política, era a impaciência — e a ideia resultante de *encurtar caminho*. Marx disse que o capitalismo entraria em colapso, apanhado em suas próprias contradições, esgotado por seus próprios excessos e humilhado por sua própria amoralidade, dando espaço para uma ordem social livre dos seus males. Se é assim, por que diabos deveríamos esperar que tudo isso aconteça?, indagava Lênin. Ao paredão e ao campo de prisioneiros de Solovki com aqueles que, por estarem convencidos das suas virtudes ou por serem indiferentes aos seus defeitos, ainda se agarravam ao capitalismo; e, se necessário, o mesmo também com aqueles que a queda do capitalismo deveria libertar da escravidão, mas que não tinham pressa de alcançar essa liberdade — enquanto isso, cozinheiros podem assumir seu lugar no governo, a partir de amanhã. Aconteceu — como *tinha que* acontecer — que essa ideia, em vez de apressar a chegada desse amanhã, empurrou-o mais para longe, e por isso foi preciso colocar no paredão, ou despachar para os campos, um número cada vez maior dos escolhidos para libertação.

Tenho consciência de que, para quem nunca teve os dedos queimados, brincar com fogo pode não parecer assim tão assustador (pode até parecer uma promessa de futuras delícias), mas sei também que soprar os dedos queimados não garante, por si, nenhuma sabedoria de vida, nenhuma virtude moral. Mas *hic Rhodus, hic salta* ["Aqui está Rhodes, é aqui que você pula!", das fábulas de Esopo]: é essa escolha, entre duas estratégias que estão longe de ser ideais, que temos diante de nós. Fiz a minha escolha, embora ciente dos riscos dessa escolha. Sei também que a impaciência do estilo leninista, e a paixão de Lênin por atalhos, andam juntas com a predisposição natural dos jovens — e que, por conseguinte, esse ou aquele jovem imprudente, o tempo todo confiando (com ingenuidade, e com que ingenuidade!) na imunidade dos seus dedos às chamas, será levado a fazer a escolha oposta. Meu medo é que o coro dos salões de Žižek acrescente combustível a essa ardente tentação. Os jovens têm ao menos um jeito de se explicar, de se justificar. Não têm é como se defender. Žižek não viveu o totalitarismo de verdade (foi criado já nos sujos resquícios do totalitarismo), por isso tem direito à distância e à indiferença, mas se volta para pessoas parecidas com ele — ou com biografias ainda mais respeitáveis — que podem optar por não fazer uso desse direito ao distanciamento, à ironia e à vida de salão (pois, afinal, é apenas um direito, e não um dever, e certamente não uma necessidade da história!). É o que chamo de brincar com o fogo.

Entre parênteses, fico surpreso (e irritado!) com a tendência generalizada a considerar Žižek alguém de esquerda. A impaciência e o desejo de cortar caminho, e a separação das pessoas entre plantas úteis e ervas daninhas, situam-se politicamente, por assim dizer, "fora do espectro": estão igualmente à vontade — e legalmente — tanto na esquerda como na direita (embora, num e noutro caso, nos extremos). Comunismo e fascismo, quando se tratava desses princípios estratégicos, facilmente se entendiam; a única diferença era entre aqueles que, como resultado da implementação desses princípios, viriam a lotar os gulags e aqueles que acabaram nos campos. Hitler falava para o nacionalismo alemão típico do mesmo jeito que Lênin falava para o socialismo russo típico dos "mencheviques".

Lênin pode ser interpretado (como acontece com o Antigo e o Novo Testamentos, ou como o Corão) — e de fato é interpretado — de diferentes maneiras, e cada interpretação é, necessariamente, *à la carte*. É possível, e necessário, interpretá-lo de outra forma — pelo menos como foi profeticamente interpretado por alguém que não é amplamente lido na Polônia (hoje, ou na Repúbli-

Notas 235

ca Popular da Polônia, embora nos dois casos por prostituições inteiramente diferentes), e foi, portanto, apagado da memória dos jovens: Rosa Luxemburgo. Profeticamente porque conseguiu interpretá-lo sem saber ainda — sem ter como *saber* — o que eu, e Žižek, e até mesmo, com um pouco de esforço, os que são mais jovens do que ele, *não podemos deixar de saber*. O que *não nos é permitido* não saber. (Z. B.)

17. Elias Canetti, *Crowds and Power*. Harmondsworth: Penguin Books, 1973, p. 291. [Ed. bras.: *Massa e poder*. Trad. de Sérgio Tellaroli. São Paulo: Companhia das Letras, 2019.]

18. Ibid., p. 293.

19. Hannah Arendt, *Eichmann in Jerusalem: A Report on the Banality of Evil*. Londres: Penguin Classics, 2006. [Ed. bras.: *Eichmann em Jerusalém: Um relato sobre a banalidade do mal*. Trad. de José Rubens Siqueira. São Paulo: Companhia das Letras, 1999.]

20. Christopher Browning, *Ordinary Men: Reserve Police Battalion 101 and the Final Solution in Poland*. Nova York: Perennial, 1996.

21. Philip Zimbardo, *The Lucifer Effect: How Good People Turn Evil*, Londres: Random House, 2011, p. xii. [Ed. bras.: *O efeito Lúcifer: Como as pessoas boas se tornam más*. Trad. de Tiago Novaes Lima. Rio de Janeiro: Record, 2012.]

22. Para mais informações, ver Friedrich Cain, "The Occupied City as a Sociological Laboratory: Developing and Applying Social Psychology in Warsaw 1939-1945". *Journal of Urban History*, v. 43, n. 4, 2017. Acessado em: <https://journa ls.sagepub.com/doi/10.1177/0096144217705332>.

23. Na versão polonesa Bauman usa o termo médico *instynktownym odruchem* ("reflexo instintivo").

24. Witold Wirpsza, *Z Mojego życia*. Varsóvia: Czytelnik, 1956, p. 63.

25. Mieroszewski apud Adam Michnik in: Irena Grudzińska-Gross (Org.). *In Search of Lost Meaning: The New Eastern Europe*. Pref. Vaclav Havel, introd. John Darnton. Berkeley; Londres: University of California Press, 2011, p. 111.

26. Stanisław Lem, "Wladza mózgu". In: *Rasa drapieżców: Teksty ostatnie*. Varsóvia: Wydawnictwo Literackie, 2006.

27. Claus Offe, *Der Tunnel am Ende des Lichts. Erkundungen der politischen Transformation im Neuen Osten*. Frankfurt: Campus, 1994, p. 15.

28. Miłosz e Kapuściński sofreram uma campanha de ódio baseada em sua suposta "colaboração com o regime comunista". Ver A. Paprocka, "Poeta Exul: Społeczne i polityczne tło emigracji Czesława Miłosza". *Pisma Humanistyczne*, n. 5, pp. 51-61, 2003; J. M. Nowak, *Dyplomata: Na salonach I w politycznej kuchni*. Varsóvia: Bellona, 2014.

29. Ibid., "Powróćcie do swojego etosu". *Rzeczpospolita*, 12 maio 2007. Acessado em: <https://archiwum.rp.pl/artykul/681552-Powroccie-do-swojego-etosu.html>.

30. Stefan Niesiołowski, "Nie ten smok" (Não este dragão). *W drodze*, n. 3, 2004. Acessado em: <https://wdrodze.pl/article/nie-ten-smok>.

31. Não consegui localizar a fonte desta citação.

32. Stanisław Lem, "Wladza mózgu". In: ＿＿＿. *Rasa drapieżców: Teksty ostatnie*. Varsóvia: Wydawnictwo Literackie, 2006.

33. Bauman atribui o termo *skirtotymia* a Lem, mas foi um conceito desenvolvido pelo psiquiatra e neurologista polonês Eugeniusz Brzezicki, chefe da Clínica Psiquiátrica em Cracóvia e sobrevivente de Sachsenhausen. A palavra define as características do que ele acreditava ser o principal tipo de personalidade entre os poloneses: de um lado, imprudência, arbitrariedade de "fogo de palha", bravata, teatralidade; e de outro — em situações críticas — persistência e fortaleza de ânimo.

34. Como explicou Adam Michnik: "O lustrador é o novo herói da nossa época. Combina o zelo fanático de um inquisidor com o cinismo frio de um incisivo oficial de investigação. Sua filosofia é simples: me deem um homem, e eu descubro alguma coisa para acusá-lo. O lustrador sabe perfeitamente bem que quase ninguém, nem ele mesmo, era exatamente um santo naqueles tempos menos que virtuosos. Mas é melhor ser um lustrador do que um dos lustrados" (Michnik, *In Search of Lost Meaning*, pp. 141-2). Michnik é contra a lustração. Os irmãos Kaczyński eram a favor. Hoje, o Grande Lustrador é um político de alto nível que apoia e implementa a lustração (e que tanto pode ser Jarosław Kaczyński como Antoni Macierewicz): ("Rana na czole Adama Mickiewicza. Ostatnia część eseju". *Gazeta Wyborcza*, 25 nov. 2005. Acessado em: <https://wyborcza.pl/7,75968,3034389.html>).

35. Vladimir V. I. Maiakóvski, *Poems*. Moscou: Progress Publishers, 1976, p. 236.

36. Ver J. Żakowski, *Anty-*TINA. *Rozmowy o lepszym świecie, myśleniu i życiu*. Varsóvia: Wyd. Sic!, 2005.

37. Zygmunt Bauman, *44 cartas do mundo líquido moderno*. Trad. de Vera Pereira. Rio de Janeiro: Zahar, 2011, p. 134.

38. Jacek Kuroń, *Siedmiolatka, czyli kto ukradł Polskę?* (Plano de sete anos: E então, quem roubou a Polônia?). Wrocław: Wyd. Dolnośląskie, 1997.

7. Olhando para trás — pela última vez *(pp. 219-24)*

1. François Lyotard, *The Inhuman: Reflections on Time*. Redwood: Stanford University Press, 1991, pp. 3-4. [Ed. port.: *O inumano: Considerações sobre o tempo*. Trad. de Ana Cristina Seabra e Elisabete Alexandre. Lisboa: Estampa, 1997.]

2. *Comme il faut, comme il ne faut pas*: em francês no original, "da maneira adequada" e "da maneira inadequada".

3. Janusz Korczak, *Nowe książki*. Varsóvia: Wiedza Powszechna, 1990, p. 33.

4. Reverendo Józef Tischner, *Pomoc w rachunku sumienia*. Cracóvia: Znak, 2002.

5. Ibid., *Filozofia człowieka*. Wykłady: Instytut Myśli Józefa Tischnera, 2019.

6. Ibid.

7. Fiódor Dostoiévski, *The Brothers Karamazov*. Nova York: Modern Library, 1996, p. 282. [Ed. bras.: *Os irmãos Karamázov*. Trad. de Paulo Bezerra. São Paulo: Editora 34, 2012.]

· Fontes ·

1. A história de mais uma vida?

"Historia jeszcze jednego życia?" (A história de mais uma vida), escrito em 1997, inédito; suplementado por "Dlaczego nie powinienem był tego pisać" (Por que eu não deveria ter escrito isso), o primeiro capítulo de *Ostatnie wspomnienia* (Últimas memórias), revisado em 2016.

2. De onde venho

"The Poles, The Jews, and I" (Os poloneses, os judeus e eu), escrito em 1987, inédito; suplementado por material de *Ostatnie wspomnienia*, revisado em 2016.

3. O destino de um refugiado e soldado

"The Poles, The Jews, and I", escrito em 1987, inédito; suplementado por material de *Ostatnie wspomnienia*, revisado em 2016.

4. Amadurecimento

Ostatnie wspomnienia, revisado em 2016.

5. Quem sou eu?

"Historia jeszcze jednego życia?", escrito em 1997, inédito; suplementado por material de *Ostatnie wspomnienia*, revisado em 2016.

6. Antes que escureça

Ostatnie wspomnienia, revisado em 2016; parcialmente publicado em polonês em Zygmunt Bauman, Roman Kubicki e Anna Zeidler-Janiszewska. *Życie w kontekstach Rozmowy o tym, co za nami i o tym, co przed nami* (A vida em contextos: Conversas sobre o que ficou para trás e o que está à nossa frente). Varsóvia: Wydawnictwo WAiP, 2009.

7. Olhando para trás — pela última vez

Ostatnie wspomnienia, revisado em 2016; parcialmente publicado em polonês em Zygmunt Bauman, Roman Kubicki e Anna Zeidler-Janiszewska. *Życie w kontekstach Rozmowy o tym, co za nami i o tym, co przed nami*. Varsóvia: Wydawnictwo WAiP, 2009.

ESTA OBRA FOI COMPOSTA POR MARI TABOADA EM MINION PRO E
IMPRESSA EM OFSETE PELA GRÁFICA SANTA MARTA SOBRE PAPEL PÓLEN
NATURAL DA SUZANO S.A. PARA A EDITORA SCHWARCZ EM JULHO DE 2024

À marca FSC® é a garantia de que a madeira utilizada na fabricação do papel deste livro provém de florestas que foram gerenciadas de maneira ambientalmente correta, socialmente justa e economicamente viável, além de outras fontes de origem controlada.